图书在版编目(CIP)数据

高中社会实践长效机制研究：社会实践课程建设与实施/王洋编著.—上海：华东师范大学出版社，2019
ISBN 978-7-5675-9745-7

Ⅰ.①高… Ⅱ.①王… Ⅲ.①社会实践-活动课程-教学研究-高中 Ⅳ.①G632.429

中国版本图书馆 CIP 数据核字(2019)第 206310 号

高中社会实践长效机制研究
社会实践课程建设与实施

编　　著　王　洋
责任编辑　刘　佳
特约审读　李　璨
责任校对　林青荻
版式设计　高　山
封面设计　卢晓红

出版发行　华东师范大学出版社
社　　址　上海市中山北路 3663 号　邮编 200062
网　　址　www.ecnupress.com.cn
电　　话　021-60821666　行政传真 021-62572105
客服电话　021-62865537　门市(邮购)电话 021-62869887
地　　址　上海市中山北路 3663 号华东师范大学校内先锋路口
网　　店　http://hdsdcbs.tmall.com.cn/

印 刷 者　上海盛隆印务有限公司
开　　本　787×1092　16 开
印　　张　13
字　　数　218 千字
版　　次　2019 年 10 月第 1 版
印　　次　2019 年 10 月第 1 次
书　　号　ISBN 978-7-5675-9745-7
定　　价　42.00 元

出 版 人　王　焰

(如发现本版图书有印订质量问题，请寄回本社客服中心调换或电话 021-62865537 联系)

25 基于上海市曹杨第二中学
年的实践与探索

基于上海市曹杨第二中学 25 年的实践与探索
教育部重点课题"高中社会实践长效机制研究"（DHA160355）研究成果

王洋 编著

长效机制研究

社会实践课程建设与实施

华东师范大学出版社

在实践中育人的成功探索

(代序)

教育的核心目的在于促进学生的发展,这种发展不能拘泥于单纯的知识和能力维度,更为重要的是学生内心的日渐强大和素质的综合提升,即要通过教育让每一个孩子充满自信,充满对成功的渴望以及对未来的希望,赋予每一个孩子适应未来生活的综合素养。当前的教育,正处于深刻的转型和变革之中,学校、课程、教学、学习的概念在不断重构,传统的"固定的人在固定的时间和地点学习固定的内容"这样的学习状况将得到根本性的改变,"任何人在任何时间和地点学习任何内容"将变成现实,这也就意味着,上到国家层面的教育政策制定,下到每一所学校、每一个家庭和每一位师生,都应该认真考虑当今时代的教育变革和人才培养模式创新问题,通过实实在在的教育改革行为不断拓宽人才培养路径,提升人才培养质量,让每一个孩子都朝气蓬勃地迎接未来,都寻找到适合自己的努力方向。

在未来社会,一个人在实践环境中的学习意识和学习能力将成为其个人及其所属整个民族的核心素养。一个人在未来生活中能否适应新环境、展现新作为,从根本上看不是取决于其在学校之中学到了多少东西,而是取决于其在社会上能够不断学到多少新东西,这种自我的综合学习素养和核心能力是未来人才培养的重要指标。显然,这样的人才是不能够单纯地通过静态的课堂教学培养出来的。

未来社会人才培养的新要求对当今时代的教育提出了新的变革空间。为了更好地促进学生成长,更好地实现学校教育的育人价值,我们必须努力创造一个适合学生全面发展、自由成长的崭新环境。这种环境要关注课程的丰富性、多样性和可选择性,要关注每一个孩子在学习能力、社会交往能力、表达能力等方面的个体差异性。更为重要的是,要拓展育人的载体和方式,扩大教育的"施力"范围,充分认可社会实践活动对于推动学生社会性发展和综合能力提升的重要价值和意义,让社会实践成为一种重要的育人方式,成为促进学校教育质量提升新的动力源。

上海市曹杨第二中学历来注重社会实践育人成效的挖掘和发挥。学校建校65年来,始终紧跟国家和社会发展的步伐,精准把握教育改革的脉搏,深耕社会实践的长效机制建设,积极组织和引导学生在社会大课堂中领悟人生真谛,提升创新思维、探究意识和综合实践能力,促进学生德智体美劳全面发展。学校的社会实践课程体系以及与之相配套的政策制度、操作模式等在全国形成了较大影响,同时也被教育部列为重点课题项目,足见学校社会实践活动的影响之大、成效之好。《高中社会实践长效机制研究:社会实践课程建设与实施》一书,既是教育部重点课题研究项目"高中社会实践长效机制研究"的最终成果,也是学校多年来社会实践实施理念与路径的系统总结,具有很强的理论意义与实践价值。综合而言,本书具有三个方面的显著特点:

其一,关注内容的时代性。综合近年来世界各国的教育变革,尽管改革的具体指向和举措不尽相同,但是其中有一个很重要的共同价值取向,那就是重视社会实践活动的育人价值,重视学生在开放性、实践性环境的自主学习。就国内的情况看,无论是习近平总书记在全国教育大会中对于"德智体美劳"五育并举的强调,还是《中国教育现代化2035》等文件中对于终身学习体系建构、创新人才培养和教育治理体系现代化建设等相关要求,实际上都在很大程度上强调了社会实践的育人价值。在这样的情况下,需要对社会实践育人的一系列理论性实践性问题进行细致思考,以更好地凝聚共识,推动发展。从这个角度上说,本书聚焦于高中阶段社会实践长效机制问题,很好地回应了教育发展的社会关切,具有非常鲜明的时代价值。

其二,核心观点的实用性。近年来,随着教育变革的深入,特别是教育领域对于实践育人的重视,社会实践活动作为一种独特的课程体系在很多中小学实施开来,这对于丰富学校课程体系,提升学校育人品质也产生了一定的价值。但是总体而言,高中社会实践有效实施的长效机制并没有建构,社会实践开展过程中"不想做、不敢做、不会做"的问题依然比较突出。本书基于曹杨二中25年的社会实践探究经历,以个案分析的方式呈现了高中社会实践存在的问题、变革的方向,特别是呈现了学校建构社会实践成效机制的操作策略,这些策略具有很强的实践性和推广借鉴性,对于高中学校建构个性化的社会实践长效机制能够形成可观的实用价值,这也是本书写作的深层次意义所在。

其三,写作方式的可读性。本书的写作过程中,作者很好地顾及到了理论性与实践性的结合。书稿的核心内容中,既有关于社会实践内涵、价值等维度的理论阐释,也有社会实践存在问题分析和建构路径总结等维度的经验总结,同时,在很多问题的阐述上都引用了一线教师和学生的观点,引用了社会主流媒体的相关报道。这种话语体系的呈现在很大程度上消除了纯粹学术著作的枯燥感,让读者乐于阅读,并能够真正从阅读中获得感悟和成长。

高中教育是人生求学的关键阶段。但是目前看来,一个十分遗憾的现实是这个阶段的学生学习普遍来说是十分被动、十分辛苦的。新高考改革为学校改变学生被动学习的角色创造了条件,它要求学生通过学会自我选择,培养自主精神和自主学习能力,实现更高层次的发展。而曹杨二中的社会实践长效机制建构,正是为学生实现这种“被动”到“主动”的学习转变提供了很好的平台和载体。这种源于实践的教育改革经验是一种最具生命力的教育发展方式,也是打造学校办学品牌、提升学校办学知名度的有效路径。真心期待像曹杨二中社会实践长效机制建构这样的教育改革成果越来越多地出现,也衷心祝愿曹杨二中的未来更加灿烂辉煌。

华东师大教育学部主任　博士生导师　教授

2019 年 8 月 6 日于华东师大中北校区

目 录

上 篇

理性的认知

第一章

高中社会实践长效机制建设的背景阐释

人类社会的改革与发展对人才培养的目标、理念和方式提出了新的挑战,在第三次教育革命的时代背景下,学校教育在人才培养的目标上应该坚持立德树人的基本导向,应该注重学生全面素质的培养和提升,应该努力强化学校课程和教学内容体系与学生生活世界之间的内在逻辑关联,让学生学会读书过程中的活学活用,在丰富的社会实践活动中了解社会、认识自然、获得知识、加深体验,进而实现自身素质的全面提升,实现学校教育的人才培养目标。这既是破解传统教育中"重知识传递轻社会实践"问题的有效举措,也是新时代背景下顺应教学变革要求的理性选择。

教育是培养人的社会活动,教育需要培养怎样的人,需要怎样培养人,对于这一根本性问题的思考和回答不是孤立的教育学问题,而是应该植根于对人类社会发展历史与现实的深刻把握和细致思考。

纵观人类社会的发展历史,社会发展的每一次大跨越、大进步,都与教育的大变革息息相关,每一次教育大变革都极大地影响或改变着人类社会的发展,谱写着人类历史发展的新篇章。当前,进入信息时代的人类社会正面临着第三次教育革命的冲击,第三次教育革命带来的是教育的根本性变革,是从规模化教育走向生态化、网络化、分散化、生命化和个性化的教育。[①] 在教育的性质、目的、内容、组织、方式、规模、影响等诸多方面均呈现出不同于以往的鲜明特征(参见表1-1),这些特征的存在意味着未来教育的整体转型必然需要更深层次、更具系统、更加持久的变革动力,也同样意味着学校教育在人才培养的内容、目标、理念和方式上应该进行更具时代感的思考和变革。

表1-1 第三次教育革命基本状况一览表[②]

性质	教育将突破时空限制,以个性化、协作化为特征
目的	培养基础性的数字化的劳动者、创造性的研发者、生物圈的管理者和优秀的服务者
组织	教育组织将以分散式、数字化、网络化、远程化、家庭化、个性化等多元化形式出现
内容	学校不再是简单的知识传授,注重从学历转向学力、能力的培养
方式	网络教育、游戏化学习、虚拟社区与现实课堂有机结合的新型教育模式不断涌现
规模	实施分散式、翻转式的个性化教育,教师与学生将是平等的互助者、学习伙伴
影响	形成终身学习体系和学习型社会

从我国基础教育改革与发展的实际情况看,素质教育自上世纪80年代被提出以来,一直是我国基础教育讨论的重点,是课程与教学改革的热门话题。为打破以往应试教育的问题症结,基础教育从课程的目标、内容、实施与评价方式上都做出了重要变革,尤其是2001年《基础教育课程改革纲要(试行)》的出台,调整了原有的课程结构,将综合实践活动课程作为全面提升学生综合素质的重要载体纳入中小学必修课程。在其内容设计上涵盖了信息技术教育、研究性学习、社区服务与社会

---

① 周洪宇,鲍成中.论第三次教育革命的基本特征及其影响[J].中国教育学刊,2017(3).
② 周洪宇,鲍成中.扑面而来的第三次教育革命[N].中国教育报,2014-05-02(7).

实践、劳动技术教育等多个维度,构筑了丰富的内容体系①。按照这种要求,学校教育必须打破原有的封闭的、单一的教学模式,教学内容必须超越传统的教材,教学地点也不仅仅局限于校园②。自此,综合实践活动作为一种重要的课程方式开始越来越多地进入学校,进入学生的生活和学习之中,成为学生的一种重要成长方式。2017年9月教育部印发的《中小学综合实践活动课程指导纲要》更是对我国中小学实践活动课程内容、课时及保障措施等作出了具体要求。按照《纲要》的要求,学生不仅需要在静态的课堂之中学习和成长,也应该从现实生活世界、自然界之中汲取成长元素,在实践之中积累经验,丰富体验,培养探究和创新意识,掌握适应未来社会的科学研究方法与知识综合运用能力。与此同时,还应该借助综合实践活动构建新型的学校与社会关系,推进学校治理体系现代化的同时也让学生社会责任感的培养有更现实的载体和更广阔的空间。

近年来,上海市中小学在信息技术教育、研究性(探究性)学习以及劳动技术教育三方面,于启动初期就进行了周密的课程化设计,无论是课程计划、教材建设、师资培训,还是课程管理、课程评价,都成了全国新一轮课改的"示范窗口"。但相比较而言,在社会实践方面,尽管有高一军训、高二学农等品牌课程,整体上尤其是规范化实施方面还存在很大不足。这就意味着,要充分发挥社会实践的育人价值,未来的基础教育课程和教学改革,应该在如何优化社会实践课程建设,建构社会实践长效机制上进行更深入地探索,并通过这种探索加强课程、教学与学生生活世界的联系,让学生学会读书过程中的活学活用,在丰富的社会实践活动中了解社会、认识自然、获得知识、加深体验,进而实现自身素质的全面提升,实现学校教育的人才培养目标。这既是破解传统教育中"重知识传递轻社会实践"问题的有效举措,也是新时代背景下顺应教学变革要求的理性选择③。

实践是人类的存在方式,从原始社会的钻木取火到当代社会的信息科技,从原始社会的甲骨文到现代的微博、微信,这些都体现了实践的内涵与特征。而且,随着社会的进步,实践方式也在不断发生变化。随着人们社会实践活动的发展,关于社会实践的理论也在发展④,社会实践在促进社会发展、教育改革、人才培养等领域中的多元价值也越来越受到重视。高中阶段是学生从学校走向社会的重要过渡阶

---

① 中华人民共和国教育部. 基础教育课程改革纲要(试行)[Z]. 2001 - 06 - 08.
② 刘芳. 中小学社会实践基地课程设计研究[D]. 武汉：长江大学,2016.
③ 杨晓. 研学旅行的内涵、类型与实施策略[J]. 课程·教材·教法,2018(4).
④ 曲强. 布迪厄社会实践观解读[D]. 长春：吉林大学,2012.

段,也是学生成人、成事、成才的关键时期,这一时期的社会实践活动自然而然地被赋予了更为特殊和重要的价值。关注高中社会实践长效机制的建构,既是对立德树人这一社会发展赋予教育工作的根本任务的回应,是对未来社会人才培养目标的有效对接,也是对社会实践育人价值的充分肯定。正是基于对这一问题的理性认知,我校在 2016 年申报的《高中社会实践长效机制研究》获教育部全国教育科学规划课题立项资助。我们希望通过研究,系统回答高中社会实践课程为何开展、如何开展、如何取得实效等系列问题。对于这一课题的研究,并非一时起意,而是基于对当代社会发展、人才培养、课程改革等问题的系统思考和对学校社会实践课程与教学改革经验的深刻把握。

第一节　强调道德重建的社会变革背景

在中国经济社会快速发展的今天,道德领域的问题越来越受到重视,提升社会的道德实力,倡导社会的道德重建,成为当下中国社会变革与发展的强音。现实世界之中,一系列道德事件勾勒出"感动与疼痛并存,谴责与反思交织,忧虑与希望同在"的图景[①],让中国社会的道德现状与道德建设问题备受世人关注且亟待有力的回应。在推动社会主义文化大发展大繁荣的背景下,如何看待和评价当代中国社会的诸多道德问题,如何解析产生这些道德问题的深层次社会根源[②],如何依托学校教育践行立德树人的根本任务,如何通过课程与教学的持续变革提升学校道德教育的有效性,这是破解德治难题,寻求道德重建路径过程中必须深入思考和努力探索的关键性问题。

一、道德缺失是社会发展的突出问题

社会的发展过程总是伴随着道德的追问,中国是世界上唯一一个文化发展未曾中断的国家,这为中国社会的道德建设提供了很好的积淀和基础。对于道德的强调,也一直贯穿中国历朝历代。近年来,中国经济社会改革与发展的成就举世瞩目,在经济社会发展的同时我们更应该反思,社会的道德发展水平是否与经济发展相适应,整个社会的道德状况是否达到了令人满意的程度和水平。令人遗憾的是,

---

① 秋石. 认清道德主流　坚定道德信心——再论正确认识我国社会现阶段道德状况[J]. 求是,2012(4).
② 杨义芹. 当前中国社会道德治理伦析[J]. 齐鲁学刊,2012(5).

当我们用道德的视角去审视当今时代的中国社会,大量"反道德"问题的存在时刻警醒我们,道德建设任重道远,道德危机并非危言耸听,在很多研究者的研究报告中,道德缺失已经成为中国社会发展的突出问题,如何唤醒全社会的道德意识,有效提升公民的道德水平,这已经成为值得人们反思的一个社会问题。

(一) 中国社会道德危机的现实表现

当代中国社会发展的道德缺失以及由此引发的道德危机表现在许多领域,集中体现在以下几个方面:

其一,生活空间层面的危机。人是客观现实的存在,人要实现改造世界、创造自我的社会价值与个体价值,首要的基础是具备生活的基础性条件,所以,一方面,物质资料生产应该成为人类最基本的历史活动,另一方面,人类需要通过共同努力为自己打造一个适宜生活的健康空间。从中国经济社会发展的现实看,改革开放之前,经济发展水平相对落后,物质资料生产和供应水平难以满足人类社会发展的基本需要,人类难以满足自己在吃穿住用行等方面的基本需求,也就在很大程度上制约了人类的自我解放水平,由此,要实现人类真正的自我发展,促使人类真正获得解放①,必须以丰富的物质资料生产为基础。然而,以此观照当下的经济社会发展,尽管市场经济的高效运行带来了物质资料的极大丰富,人类在生活资料的可选择性上获得了极大的满足,但是,市场既提供了消费者权力,同时也置消费者于消费风险之中②,这是因为伴随着物质资料的极大丰富,生活产品本身的质量问题越来越凸显,这些年不断出现的"毒奶粉"、"瘦肉精"、"地沟油"、"染色馒头"等问题,时刻在刺激着整个社会的神经,这些问题的存在,表面上看是给人类的健康生活带来了不利影响,但是其中更深层次的问题是社会道德和社会信任的滑坡③,如果这种滑坡趋势不得到有效的遏制,人类社会业已形成的道德诚信体系就会面临动摇的危险,人类的健康生活空间也就不复存在④。

其二,价值信仰层面的危机。当代社会道德危机的一个重要表现就是公民的道德信仰与道德价值危机。信仰是最重要的精神力量,社会的道德信仰决定了社会道德发展的层次和水平,决定了道德教育能否真正深入人心。当前,市场经济的快速发展和各种价值观念的冲突碰撞给整个社会的道德信仰和价值体系带来了很

---

① 马克思,恩格斯. 马克思恩格斯选集:第一卷[M]. 北京:人民出版社,1995.

② 李强. 中国社会变迁30年[M]. 北京:社会科学文献出版社,2008.

③ 王晓易. 温总理谈食品安全[N]. 羊城晚报,2011-04-29(B05).

④ 林滨. 从道德危机到存在危机——重建社会信任的思考[J]. 道德与文明,2011(5).

大的冲击,例如,在市场经济的范畴内,利益的追求是最为重要甚至是唯一的价值标准,在这样的价值标准中,重功利的市场观与超功利的道德价值之间就不可避免地会发生冲突①。受到市场经济所附带的价值观影响,很多人把自己的人生追求和价值追求与金钱利益直接挂钩,把物质享受和对金钱的追求作为人生的信条,更为可怕的是,当金钱、物质与道德产生冲突时,他们放弃了内心道德层面的拷问,倒向了对利益的盲目追随。对于整个社会而言,对经济效益、物质效益的追求固然必不可少,但是如果社会主体都将利益的追求作为价值和信仰,甚至大肆鼓吹道德无用论,无疑就会加剧社会的道德危机。因此,在当下的中国社会,我们不应该一味追求眼前利益和同样贪得无厌的享受与新奇的感官刺激②,而应该时刻用道德来约束自我,引领自我。而从教育工作的角度出发,如何重建整个社会的道德信仰,已成为公民道德教育面临的一个必要而紧迫的任务,也必然应该成为学校教育改革一个重要的关注领域。

其三,行为选择层面的危机。对于个体和社会的道德建设而言,道德理念、道德意识、道德价值和道德知识的积累与形成只是一个层面、一个领域,道德更为重要的是一种实践方式,应该从人类的道德行为选择中判断其道德水平。从教育的视角看,一方面,任何层面的教育,从幼儿园到大学、研究生,都在强调道德的价值,强调爱国、诚信、正直、友好、文明、宽容、仁爱等良好的道德品质,强调道德层面的成长应作为学生的首要成长;另一方面,不论是学校环境还是学校外的环境,违背道德价值的人和事时有发生,这些人和事以更加鲜活的方式冲击学生的头脑,并试图改变学校教育"灌输"给学生的道德观念。当这种冲突明显而急剧时,学生的道德选择就会出现危机,出现迷茫。他们不知道应该如何做出正确的道德选择和道德行为,特别是当自我利益与社会利益、国家利益存在冲突的时候,他们往往不知道如何通过合理的行为平衡三者之间的利益关系,这种行为选择方面的问题,不仅不利于学生个体道德价值的建构,而且容易引发日益严重的社会冲突和矛盾③,对整个社会道德体系的建设带来不利影响。

(二)中国社会道德危机的原因分析

社会的发展与变革具有非常鲜明的复杂性特征,必须用联系的、发展的观点看待复杂社会中的现实问题。当我们用复杂性的视角分析当代中国社会的道德危机

---

① 阎孟伟.道德危机及其社会根源[J].道德与文明,2006(2).
② 黎明.两千年纪末的历史反思[M].北京:中华工商联合出版社,1999.
③ 金素梅.试论公民道德危机及化解策略[J].中州学刊,2010(9).

时,我们可以发现,造成中国社会道德危机的原因是多方面的,其中最为重要的原因,至少应该包括四个方面:

一是市场经济发展自身层面存在缺陷和问题。社会的道德问题不能被简单地视作市场经济的自然衍生品,但是经济体系和经济活动本身有其特征和属性,就像一只"看不见的手",往往处于非理性、非有序、非科学的状态,这种状态的存在凸显了道德、法律等"看得见的手"的调控和约束价值,这实际上也就意味着,只有通过道德、法律等手段的综合作用,才能在一定程度上修正和遏制经济发展方式本身存在的问题,调整其功能性缺陷。从中国经济社会发展的现实情况看,中国特色社会主义市场经济是一种区别于西方的特殊经济模式,在探索经济体制改革、建设社会主义市场经济体系的过程中,我们更多的是凭借改革的雄心壮志"摸着石头过河",我们面临的问题以及处理问题的方式很多时候都是没有"参照物"的,如何建立市场经济的运行规则,如何在发展经济的同时提高社会文明程度、提升道德水平,这些都是亟需思考和破解的问题。如果不能将道德的元素及时融入市场经济改革和发展的过程之中,就会出现经济发展和道德建设"一手硬一手软"的问题,社会的道德滑坡和道德诚信危机也就会自然而然地显现。

二是机制制度以及社会管理层面的问题。有效的制度安排是维护道德稳定、道德发展的重要前提,换言之,如果整个社会的制度设计、管理配套等不能很好地维护正确的道德取向时,社会的道德滑坡和道德危机就容易产生。在社会管理的过程中,一个时常被提及的观点是"不能让老实人吃亏",这一通俗表达的背后是对健全的道德维护机制的渴望。对于社会发展而言,需要通过完善的制度设计提高非道德行为的行为成本、行为代价,让公民在进行道德与非道德选择的时候有更多的衡量标准,有更多的制度指引和约束,否则,在制度机制不健全的情况下,社会的非道德成本就会下降,非道德行为出现的概率就会大大提升。除此之外,社会的道德发展还涉及到社会管理、社会治理层面的问题,因为制度的执行、机制的运转最终都需要通过实实在在的社会管理行为实现,如何通过有效的社会管理降低非道德行为的发生概率,这也是社会道德水平能否得到有效提升的关键性问题。从现实的情况看,近年来经常发生的食品安全、考试舞弊、性侵学生等道德问题,表面上看是涉事企业和个人的问题,但是深究起来与管理体系的不完善、监督的不到位也都脱不了干系。

三是传统道德培养方式存在一定的内在局限。回顾中国的文化发展和社会发展历史,可以发现道德追求是一条贯穿始终的主线,但是,在中国独特的文化气质中,道德更多地被视作一种建立在"性善论"基础上的自我约束、自我反省和自我提升。几千年来,不论是文人雅士的成长路径,还是普通百姓的道德生活,个人修养式的道德生成方式都占据主导地位。与之相对,西方国家的道德培养方式更多地建立在"性恶论"基础之上,强调严苛规范的社会制度对于道德的约束和管制,强调制度体系保障下的道德契约精神。不论是中国的道德生成模式还是西方的道德生成模式,都与其文化基础密不可分,也很难直接地判断孰优孰劣。但是一个不容忽视的问题是,随着中国经济社会的转型发展,特别是市场经济的快速发展,各种利益交织越来越复杂,道德问题的复杂性日益彰显,在这样的情况下,道德教育的理念和模式必然也存在着极大的变革空间,如果我们还是一味地依赖道德上的个人慎独,忽视了外部的制度建设和机制保证,道德教育的有效性自然也就难以得到保障,社会的道德危机也就容易滋生。

四是目前社会现实中多元价值文化的交错影响。文化是社会进步的符号,具有鲜明的时代特征和引领价值,对于道德建设而言,社会的文化认同、文化体系和文化价值导向具有重要的基础性作用。随着中国对外开放格局的不断扩大以及市场经济的快速发展,各种文化、价值的交错影响成为当前社会文化发展的主要表现,这其中既有健康向上的文化,也充斥着拜金、奢靡、享乐等不健康文化。对于社会的道德建设而言,一个很重要的任务就是弘扬优秀文化,形成健康向上的文化氛围。例如对待消费观念问题,正确的消费文化应该是在不反对正常消费的基础上倡导节约风尚,要确保一定的物质基础,但是不能走向物质极端主义和享乐主义[①]。从目前的情况看,我们的道德观念和道德准备还没有很好地适应文化的快速发展,在中外文化、传统与现代文化以及科学与糟粕文化的复杂交织中,很多时候我们没有及时对负面文化进行纠正引导,没有用正确的文化价值守牢社会的道德底线,这也在无形之中加深了社会的道德危机。

二、学校教育是道德重建的关键领域

教育改革与社会改革有着密切的内在联系,有研究者指出,教育与社会的关系是教育研究与实践领域的重要关系,如何科学地认识和把握教育与社会的关系,不仅事关教育自身的改革发展,也关系到教育的社会价值以及社会的教育价值的系

---

① 葛晨虹.社会道德问题与道德实力重建[J].西北师大学报(社会科学版),2012(1).

统实现①。对于教育与社会的关系,相关的研究多如牛毛,但是,不论采用怎样的话语体系来表达这种关系,实际上都绕不开两个最基本的观点,即教育发展受社会发展制约,教育发展又反过来影响和作用于社会进步,这种辩证关系是教育与社会的基本关系②。正是因为教育与社会这种内在联系的存在,当社会发展出现问题的时候,教育总是被置于一个分析问题成因和设计问题解决路径的关键领域。换言之,人们总是希望通过教育的变革与发展不断破解社会问题,进而推动社会的不断发展演变。从这个思路出发,重建社会的道德价值观,破除道德危机的不利影响,教育,特别是学校教育,应该是一个重要的领域。

(一) 让立德树人成为学校教育的根本任务

文化价值传递作用是教育功能体系中的重要一环,也是教育与社会关系动态演变过程中颇受关注的一环,甚至在很多研究看来,教育的全部工作都可以纳入道德的范畴③。尽管随着时代的发展与社会的变迁,教育的内容、方式和理念每时每刻都在发生转变,但是它与道德的天然结合,它蕴含的道德价值与追求是无法改变的,这也就意味着,教育应该担负起廓清社会道德价值、提升社会道德实力的重要责任,意味着立德树人应该成为教育最初也是最终的依归。

教育与道德的培养有着天然的内在联系,道德实践活动既是教育的重要方式,又是教育本质的重要体现。不论何种方式的教育,都必然蕴含着道德教育的理念、目的和内容④,甚至在很多的教育研究文献与德育研究文献中,德育并非仅仅是教育的一种类型或者内容构成要素,德育甚至是教育的全部内容。任何教育活动,如果缺少了对于道德层面的关注,也就失去了教育本身最为重要的价值追求。回顾教育历史的发展,不论是久远的私学、家庭教育,还是现代的班级授课制,实际上都没有将德育与教育剥离,都在教育的过程中强调道德的元素。然而,一个令人担忧的现象是,当今时代的教育发展,随着科学门类分化的加剧,德育从教育中分离并被视作一项独立的教育内容,这本身对于德育的发展是一个新的空间。但是现实的问题是,当德育与其他类型教育的并列关系得以确立之后,教育实践体系并没有形成对德育的足够重视,或者说即便有足够的重视,更多的也是思想价值和认知层面的,与德育重要性相匹配的有效的德育路径、策略、模式等,都没有真正得以建

① 吴康宁. 教育究竟是什么——教育与社会关系的再审思[J]. 教育研究,2016(8).
② 南京师范大学教育系. 教育学[M]. 北京:人民教育出版社,1984.
③ 赫尔巴特. 普通教育学[M]. 李其龙,译. 北京:人民教育出版社,1989.
④ Fullan. M, Change forces: Probing the depth of educational reform [M]. London: Falmer. 1993.

构,德育在学校教育体系中甚至出现越来越边缘化的现象。在很多的教师看来,学校里既然有专门的德育课程体系,有专门的德育学科教师,那么学生的道德养成自然而然也就是这些课程、这些教师的主要任务,"三全育人"的德育体系并没有得到真正的建构,这不仅对德育体系造成了伤害①,也在一定程度上加剧了社会的道德问题。由此,回归教育的道德取向,倡导立德树人的教育价值追求,已经成为进一步推动教育变革的核心话题。

回归到中国经济社会和教育发展变革的现实情境之中,上至党和国家的教育方针、政策,下到各级各类教育变革的具体路径,都已经自觉地将道德的追求融入教育之中,将立德树人作为教育的根本任务。党的十八大指出:"把立德树人作为教育的根本任务。"十八届三中全会《关于全面深化改革若干重大问题的决定》进一步指出,"坚持立德树人",全面指引教育教学改革。2017 年召开的党的十九大,再一次重申了立德树人的教育根本任务。近年来,习近平总书记的一系列关于教育的重要讲话,也通过不同方式强调了教育对立德树人的价值追求。这一系列政策和论述都充分说明,立德树人既是教育的根本任务,又是教育的根本目的,忽视立德树人是当前教育中存在的突出问题②。

教育是一种社会活动,它区别于其他社会事物的本质属性是人的培养。人是活生生的生命体,有思想、有情感、有个性、有自己的精神世界。人是一个整体,德、智、体、美、劳不可分割,而德是方向,是人生发展的关键。每一个青年学生既要成才,又要成人,成人是成才的前提。立德树人是教育伦理的根本原则,纵览中外教育发展史我们可以看到,立德树人历来是一切有价值的教育活动的最终目的③,通过教育培养有道德的人,这是古今中外对教育的基本共识。

学校教育是教育最基本的形式,课程与教学是学校教育最基本的表现,从这种逻辑关系上看,学校教育应该是落实立德树人教育根本任务的主要阵地,而课程与教学的系统变革,则应该是学校教育实现立德树人的必由之路和根本保障。课程和教材是人类文明成果、民族优秀文化的重要载体,也体现了党和国家的教育意志、教育方针以及教育价值体系,是学校开展教育教学活动的最基本也是最重要的载体。同样,对于道德教育而言,课程和教学的改革也具有基础性作用,将道德的元素融入课程与教学,就能够为学生成长构筑完整的道德场域,让学生每时每刻都

---

① 王晓莉. 立德树人何以可能[J]. 全球教育展望,2014(2).
② 刘献君. 立德树人是教育的根本目的[J]. 中国高等教育,2014(3).
③ 王正平,林雅静. 立德树人:教育伦理的根本原则[J]. 道德与文明,2018(4).

能够通过学习加深道德体验，积累道德价值，生成道德情感。因此，通过课程与教材的系统变革推动立德树人根本任务在学校之中的贯彻落实，既是当下基础教育课程改革的应有之意，也是化解学校和社会道德危机，促进学生全面发展、有道德地发展的有效路径，具有多个维度的价值和意义①。

（二）让实践体验成为育德成效的重要保障

"立德树人"根本任务的确立，对于学校教育，强化了道德层面的整体设计与实施，突出了三个层面的重要转向：其一，从观念上看，强调道德作为教育的核心价值，教育的过程、教育的本质更多地要从道德的层面进行界定和衡量；其二，从目标上看，强调道德教育与其他类型教育共同发展，突出德育在整个教育体系中的首要地位，也进一步强化了学生道德意识、道德能力的建设和道德水平的整体提升；其三，从策略上看，要强调全部教育元素的德育价值，强化学科德育、课程德育，突出教师育德能力的提升，注重教学过程中德育元素的浸润和德育目标的达成。② 为了实现这样的创新与突破，教育者首先要以德立身、以德立学、以德施教，③同时，也特别需要通过课程与教学的系列改革，让道德的价值浸润到学生的日常活动之中。

对于学校教育而言，要实现立德树人的根本价值追求，必须依靠强有力的道德教育。改革开放以来，我国的德育教育研究和实践在各个领域均取得了长足的进步和丰硕的成果。这些进步和成果，既表现为对德育价值、本质等基本理论问题认知的不断深化，也表现为在实践当中综合西方德育教育模式创生本土德育经验的相关探索，主题和指向各异的德育模式的构建是最好的佐证④。在这一过程中，为了提升学校道德教育的有效性，德育的实践性指向越来越明显，基于实践探索、指向实践生成的各种德育模式纷纷呈现。这些模式尽管思考和探究的侧重点不尽相同，但是都在很大程度上突出了真实情境的德育价值，突出了实践体验性活动在道德生成中的重要作用。如情感德育模式把基于实践环境的情感体验作为提高德育实效的途径，认为道德教育要真正成为一种抵达心灵、发育精神的教育，一定要诉诸情感⑤。情感德育模式突出强调让学生在丰富的实践体验中加深情感积累，倡导通过组织学生参加社会实践活动，让学生在这种社会性经验的经历中亲历道德体

① 中国教育科学研究院课程教学研究所课程组. 深化课程教学改革是落实立德树人教育根本任务的必由之路[J]. 中国教育学刊,2017(7).
② 檀传宝. 立德树人实践应有的三大坚守[J]. 人民教育,2013(21).
③ 戴锐,曹红玲."立德树人"的理论内涵与实践方略[J]. 思想教育研究,2017(6).
④ 戚万学,唐爱民,韩笑. 改革开放四十年德育理论研究的主题及进展[J]. 教育研究,2018(10).
⑤ 朱小蔓. 情感德育论[M]. 北京：人民教育出版社,2005.

验,生成道德情感;再如活动德育模式把活动和道德实践作为学校道德教育应该追求的最高境界,把实践活动作为个体道德发生、发展以及道德个体价值实现的根本方式。这一模式对于学校德育课程的建设有重要的指导价值,它倡导从活动的角度、以活动的方式建构德育课程,增加课程的实践性和体验性[①];另如生活德育模式指出道德教育必须植根于生活,在生活中实现道德教育的核心价值和追求[②]。生活德育模式倡导道德教育应该回归生活,与学生的现实生活与真实体验相结合。脱离了现实生活和实践活动,道德的生成必将如"空中楼阁"一样缺乏根基,无法最终得以实现[③]。

基于上述分析,真正有效的道德教育,必然是植根于实践、指向于实践的,这也就意味着,社会实践活动是中小学德育不可或缺的重要载体,是实现德育有效性的重要场所。社会实践的理论和意义古今中外早有论述。无论是杜威的实践哲学、王阳明的知行合一理论、陶行知的行知教育实践还是毛泽东的实践论,都强调了学校德育中社会实践的重要性。社会实践为学生的"道德体验"创设了真实的情境,提供了广阔的资源。作为国家课程的重要组成部分,社会实践具有独特的德育功能和价值,其目标是使学生正确认识社会,践行社会服务,适应未来世界的公共生活,增强公民社会责任感,形成积极进取的生活态度。从某种程度上来说,立德树人,就要在实践中培养学生"爱学习,爱劳动,爱祖国"的价值和品质。"只有讲道理才是教育,认为教育就是讲道理",这是对教育的误解。教育既要讲道德,更要重实践。马克思主义认为,人的社会生活在本质上是实践的。作为一种感情的现实的人类活动,实践是人与外部世界进行物质、能量和信息变换的最基本的方式。人正是通过自己的批判和创造性实践,参加并影响着现存感性世界及其发展方向,促成了其向人的世界的生成运动。实践可以帮助学生加深对社会和国情的了解,增强社会责任感,磨练意志和品格,升华服务社会、奉献青春的精神。在实践中才能真正培养学生"爱学习,爱劳动,爱祖国"的积极情感,才能实现立德树人的价值追求。因此,在立德树人的落实中,要高度重视实践,充分认识到社会实践活动的丰富育人价值。在国家相关政策的指引下,结合学校实际,充分整合内外部资源,从课程的高度建构社会实践体系,并将社会实践纳入到学校课程、教学改革发展的整体规划,通过科学的谋划和实施以及主题式的实践推进,提升社会实践的质量,充分发

---

① 戚万学. 活动道德教育模式的理论构想[J]. 教育研究,1999(6).
② 唐汉卫. 生活道德教育论[M]. 北京:教育科学出版社,2005.
③ 高德胜. 生活德育简论[J]. 教育研究与实验,2002(3).

挥其独特的育人价值,这既是持续推进学校课程改革的需要,也是新时代背景下人才培养体系改革的应有之举。

上海市曹杨第二中学从实践中深刻认识到:只有通过社会实践活动,让学生置身于真实的"生活场景",面对真实的道德冲突,学生才会有深度的"道德体验",才能保证其德育实效性。二十多年来,曹杨二中以课程设计和实施技术为依托,遵循学生身心发展规律,用构建真实"道德生活体验场"的理念,把国家规定和校本开发的所有社会实践活动统整为一个"功能多维、层级有序"的课程体系,绘制了相应的课程图谱,对每项活动都明确了"道德水平、成长经历、学习能力、人生规划"的发展目标,保证了社会实践活动过程中"道德生活"的真实性和"道德体验"的丰富性,也让立德树人的教育根本任务在学校之中有了现实的支撑与保障。

第二节　聚焦核心素养的人才培养背景

纵观近年来的基础教育研究与实践,"核心素养"日渐成为焦点领域。"核心素养"理念的提出不是偶然的,而是在综合考虑新的社会发展阶段对人才培养特殊需求的基础上,综合世界各国基础教育改革经验做出了科学判断和理性选择的情况下提出的,它与过去的人才培养目标既有高度的衔接,也有重要的突破和创新。这种衔接表现为对教育事业以人为本一以贯之的遵循,这种突破则在于建构了一种全新的人才培养目标体系,成为引领新时代课程与教学改革的重要风向标,为课程教学更好地承担育人价值功能提供了新的空间与可能。

一、核心素养是未来社会人才培养的衡量指标

纵观人类社会的发展与变迁,无不与教育的变革与演进息息相关。在教育改革和发展的历史潮流中,不同的国家、不同的流派曾经提出和践行了不同的变革理想与实践,但是不论教育如何发展,"培养怎样的人"、"怎样培养人"始终是教育的核心问题,始终引领着人们对教育变革的思考与实践。

(一) 核心素养为理解"培养怎样的人"提供新的视角

在经济全球化、数字化快速发展,各种思潮和价值观不断交织的现代社会背景下,教育究竟应该培养怎样的人,这些人应该具备怎样的素养,如何将这些必备的素养通过合理的路径和手段"镶嵌"到生命个体的意识与行为之中,这是时代发展赋予教育工作的紧迫命题。

面向未来,社会到底需要什么样的人?他们应该具备哪些素养?如何培养未来的公民,才能使其能够更好地工作与生活,同时还能促进国家的繁荣昌盛?2014年3月30日,教育部印发的《教育部关于全面深化课程改革落实立德树人根本任务的意见》提出"研究制订学生发展核心素养体系和学业质量标准",将"核心素养"置于新时代课程与教学改革发展的核心地位。核心素养提出的原始价值在于培养全面发展的人,这一素养体系包含文化基础、自主发展、社会参与三个方面的内容,综合表现为人文底蕴、科学精神、学会学习、健康生活、责任担当、实践创新六大素养。在三大类素养体系中,文化基础强调学生人文社会科学和自然科学知识的习得,要求学生尽可能掌握人类社会发展的文明成果,培养内在的精神和价值,追求真善美,厚实人生发展的文化基础;自主发展强调学生管控自我学习的能力提升,要求学生能够根据自身的实际情况合理设置学习目标,有效管理自己的学习和生活,通过在复杂多变的环境中汲取学习和成长的营养元素,主动又高效地促进人生成长;社会参与素养强调的是学生与社会关系的建构,要求学生养成适应社会生活的道德素养和行为规范意识,树立和培养社会责任感,增强奉献意识,在社会实践之中把实现个人价值和实现社会价值有机结合起来,成为真正有理想、有信念、有担当的时代新人[1]。

现代学校教育体系建立以来的很长时期内,知识的传递一直是学校教育的重要任务,教师加班加点,学生分秒必争,其重要的目标任务就是在短时间内获取更多的知识。但是在新的社会发展态势下,知识的增长速度远非过去时代所能企及,在这样的情况下,学校原来的教育目标、教育方式,特别是知识的获取方式是否还能够适应社会发展的需求,这显然是需要打上问号的。随着外部社会的急剧发展,人们普遍认识到,当今社会知识的获取固然是重要的,但是知识的获取不应该成为教育的全部任务,相比较于知识获取本身,学生获取知识的方式,知识获取过程中的经验和体验,伴随知识学习过程学生所积累和形成的其他能力和素养,这些问题显然更值得关注。基于这样的认识,学校不应该成为单纯知识的灌输场所,要充分考虑未来社会人才的培养需求,重新建构人才培养的目标体系,既给学生打下坚实的知识与技能基础,也给学生其他能力素养的提升预留足够的空间,让核心素养取代知识本位、学科本位,成为教育改革发展的重要目标导向。

倡导核心素养导向的人才培养改革,首要的任务是科学界定核心素养。核心

---

[1] 杨鸿燕. 强化核心素养教育理念[EB/OL]. http://theory. gmw. cn/2017-03/18/content_24001991. htm,2017-03-18.

素养不同于一般的、独立的"素养"概念,它是一种系统性、整体性、综合性的素养观,强调的是学生适应未来社会生活的综合能力和必备品格。理解核心素养体系,需要把握三个维度:从核心素养的价值取向上看,它不仅关注到个体的能力和素养养成,也注重将国家社会的核心价值观念融入其中,倡导实现个体发展与社会发展的统一;从核心素养的指标体系看,它既关注学生知识和技能的储备,强调学科知识习得的基础性价值,也更加关注学生适应未来社会发展的综合素质和能力,强调为学生适应未来社会生活奠定基础和作好准备;从核心素养的内容设计看,它既关注国际社会教育改革发展对人才培养的共性认识,也兼顾我国文化传统和教育特色,是一种综合考虑基础上的统筹设计。

在我国,社会主义核心价值观包含了国家、社会、公民三个层面的价值准则。因此从结构上看,中国学生核心素养体系的核心应该是社会主义核心价值观,核心素养的具体指标应该以此为"圆心"进行建构,同时,这种价值观体系应该是符合中国国情和独特文化的,是实践的、可行的,也是通过学校教育能够真正培养和获得的①。

核心素养理念的提出,不仅是世界各国顺应教育发展而进行的主动思考与变革,更为重要的是,在人才培养的目标设计上,从"素质"到"核心素养"的话语转变,体现了对"教育培养怎样的人"这一根本性问题的进一步追问②,也为理解这一教育的根本性问题提供了新的视角。

(二)核心素养为变革"怎样培养人"提供新的思路

"培养怎样的人",核心是教育的目标问题,而对于教育改革和发展而言,还有一个更为重要的目标,那就是"怎样培养人"的问题,这一问题涉及到教育变革的理念、策略和具体的方法,是更具实践价值的问题。在笔者看来,核心素养不仅是一种设计教育目标的理念支撑,更是新的时代背景下推动课程与教学变革的实践指南,具有重要的实践价值。推动核心素养导向的课程与教学改革,成为当下教育发展中回答"如何培养人"这一实践性问题的新思路。

一线教师是人才培养的基本依靠力量,也是推进教育变革的基础力量,要真正发挥核心素养的教育变革价值,必须让核心素养的意识真正进入教师的内心世界,成为指导教师教学思想与行为变革的智慧支持。核心素养的内涵十分丰富,价值也极为多元,但是一线教师最为关心的是核心素养与课程标准的关系,具体而言,

---

① 搜狐教育网.什么是核心素养,为什么课改要提核心素养[EB/OL].https://www.sohu.com/a/165869598_479702, 2017-08-19.
② 柳夕浪.从"素质"到"核心素养"——关于"培养什么样的人"的进一步追问[J].教育科学研究,2014(3).

就是核心素养体系将会对课程、教学产生什么影响?[①] 从二者关系的角度看,一方面,核心素养的提出为学校课程和教学改革提供了引导和辐射价值,在核心素养的理念指引下,学科教学的育人价值得以突出,学科教学在知识传递的基础上更加自觉地为人的终身发展服务,单一的"教学"能够向综合的"育人"转变;另一方面,核心素养的达成,也依赖各个学科独特育人功能的发挥、学科本质魅力的发掘,只有乘上富有活力的学科教学之筏,才能顺利抵达核心素养的彼岸。由此,可以认为,核心素养与课程和教学改革有着天然的内在联系,它不仅决定了课程和教学的改革目标、导向,也规定和提供了课程与教学改革的实践路径。比如,教学改革要想走向核心素养,就必须要求教学由狭义走向广义,让学生的个性得到充分的展示和发展,让学生的生活充满情趣和快乐[②];比如,在核心素养的框架体系下,要注重学生评价理念和方式的变革,将核心素养的要求贯彻到评价过程之中,注重学生多维度、多领域能力和素质的全面提升[③];再比如,以核心素养为指向的教学是通过学习者间接经验和直接经验的交互完成的,核心素养要真正在实践之中落实落地,除了课程和教学内容的重组之外,更为重要的是需要与核心素养理念相配套的教与学方式的变革,当前的问题化学习、情境化学习都是需要关注的重要学习方式,也是与核心素养理念较相适应的学习方式[④]。

核心素养导向的课程与教学变革,是对传统课程与教学的一次重要突破和创新,它呼唤的是课程与教学在目标、实施、评价等维度的系统变革,了解和掌握核心素养视域下的教学设计的基本理念、思路和方法,是推动核心素养导向的课程与教学变革的前提性条件。

二、社会实践是培养学生核心素养的重要举措

当今时代全球化、经济化、信息化发展趋势明显,文化价值多元而又相互交融影响的时代特征正在试图塑造一个新的世界,在这样的时代背景下,如何更好地实现人才培养,如何构建适应未来社会发展的学生核心素养体系,这是世界各国教育改革普遍关注的问题。不同的国家、国际组织也纷纷围绕核心素养体系进行了研究,这些研究或基于国家独特的文化和教育背景分析,或基于大样本的实证调查,

① 施久铭. 核心素养:为了培养"全面发展的人"[J]. 人民教育,2014(10).
② 刘腊艳. 基于核心素养的教育改革:课程、教学与教师专业发展[J]. 现代教育论丛,2018(1).
③ 林璇君,林晓凡. 核心素养视域下的教学改革启示[J]. 教育现代化,2018(35).
④ 田保华. 课堂革命让核心素养落地[N]. 中国教师报,2017-12-06(4).

或基于相关研究文献的梳理、比较和分析。在众多的核心素养研究成果之中,最具影响力和认同价值的是世界经济与合作组织(OECD)、欧盟(EU)和联合国教科文组织(UNESCO)的核心素养研究框架体系(参见表1-2),这三大体系被视作核心素养研究的代表成果,也是世界各国建构本土化核心素养框架的重要参考依据。从社会实践、实践育人的教育看待三大国际组织的核心素养框架,可以发现,尽管三个核心素养框架在不同的指标体系有不同的侧重,但是对于实践能力、创新素养的重视是其中的共性问题,如三个核心素养框架都强调学生思考和分析问题能力的培养,强调学生要能够按照一定的步骤独立地分析和解决问题;三个核心素养框架都倡导学生基于实践的反思质疑精神,强调学生要主动地发现问题,培养批判精神和质疑精神;三个核心素养框架体系都要求学生主动探索和实践,在动手操作之中检验自己的想法,生成解决实际问题的能力。这充分表明,在学生核心素养的培养中,创新能力、实践能力是国际社会普遍认可和重视的重要能力与素养。

表1-2 三大国际组织核心素养框架的指标分类[①]

方面	维度	指标	指标描述	国际组织		
				OECD	EU	UNESCO
全面发展	品德素养	公民意识	能合理使用公民权利;能正确进行道德判断;具有伦理道德和社会正义感。	√	√	√
		尊重与包容	能够懂得尊重包容和关爱他人;具有同情心;懂得感恩;能够理解并包容事物的差异性和多样性。	√	√	√
		环境意识与可持续发展思维	关心和热爱自然;培养可持续的发展理念;有环保和节约精神。			√
	学习素养	数学素养	准确理解数学的基本概念;培养数学思维;积累数学知识;形成运用数学知识和思维解决实际问题的能力。	√	√	√

① 林崇德.21世纪学生发展核心素养研究[M].北京:北京师范大学出版社,2016.

方面	维度	指标	指标描述	国际组织		
				OECD	EU	UNESCO
		科学素养	培养和形成科学精神；掌握科学知识；运用科学知识论证问题。	√	√	√
		母语能力	学会基本的母语表达；掌握听说读写能力；母语的理解、表达、阐释能力；母语的综合运用能力。	√	√	√
		外语能力	运用外语进行交流、阅读和写作的能力。	√	√	
		学会学习	主动学习的意识；根据需要开展独立学习或者小组合作学习的意识与能力；终身学习能力。	√	√	√
	身心素养	身体健康	积极的生活情趣；健康的生活态度、习惯和方式；安全意识；自我保护能力。			√
		心理健康（自我管理）	自尊自爱，积极主动；恰当地管理自己的情绪和行为；养成自律、自省的习惯；面对挫折能保持坚强；具有积极的情感体验。	√	√	√
	审美素养	审美素养	学会欣赏艺术作品和表演；具有发现美、创造美的能力；愿意通过艺术上自我表达和对文化生活的持续兴趣来培养审美能力。		√	√
21世纪素养	非认知品质	沟通与交流能力	能够有效地与他人进行沟通与交流；与他人建立良好的关系。	√		√
		团队合作能力	能够与团队合作以完成共同目标；能够有效地管理与解决冲突；能够在团队中进行准确的自我定位。	√	√	√
		国际意识与全球化思维	能够积极理解和欣赏世界各地的历史文化；能够以开放的、多维的思维方式看待世界，具有全球视野。		√	

续　表

方面	维度	指标	指标描述	国际组织		
				OECD	EU	UNESCO
认知品质		问题解决能力	具有发现问题的意识;合理地思考和分析问题,有效地按照问题解决步骤处理和解决问题。	√	√	√
		计划、组织与实施能力	合理确定任务目标;有效组织行动的实施;合理整合相关资源;过程性的监督和保障。	√	√	
		批判性思维	能够对各种问题、现象等进行反思和质疑;发现问题所在;具有批判精神和批判技能。	√	√	√
		创新素养	具有主动进取的探索精神和好奇心;能够提出和实施新的想法;具有创新和冒险精神。	√	√	√
		信息素养	能够运用信息通讯技术有效地获取信息、分析评估信息、应用信息等方面的能力;遵循信息获取和使用的道德或法律规范。	√	√	√

从中国学生核心素养体系的确定看,社会参与是学生核心素养三大方面之一,实践创新素养则被视为学生六大核心素养之一。根据中国学生核心素养课题组的界定,社会性是人的本质属性,学生的社会参与,核心的任务在于处理好学生自我与社会的关系,养成基本的道德准则和社会规范意识,培养必要的社会责任感,提升创新精神与实践能力,实现个人价值实现与推动社会发展的和谐共振。根据这样的理解,要实现学生社会参与的目标达成,主要应该关注学生的责任担当和实践创新精神。责任担当,意味着学生应该形成正确的家国意识,学会合理处理个人利益与社会利益的关系,培养与时代发展相适应的道德品质、责任意识和家国情怀。实践创新则主要指向学生实践之中发现问题、分析问题和解决问题的能力,是一种

基于创新实践理念的具体行动,包括劳动意识、问题解决、技术应用等基本要点①。根据中国学生核心素养体系的内涵,实践与创新素养应该成为未来中国教育改革特别是人才培养理念与方式变革的重要指向。

从现实的教育变革看,培养学生的创新能力、实践能力一直是教育改革的难点问题,钱学森曾说:"中国至今还没完全发展起来,其中一个很重要的原因就是我国还没有真正地按照创新教学的理念去办学,导致目前缺少创新型人才,在国际地位上缺乏竞争力,这是个很大的问题。"尽管近年来的教育改革已经围绕学生的创新能力和实践能力进行了相应的变革探究,但是总体而言,中国教育在创新人才、实践人才的培养上依然问题重重。2018 年 7 月 10 日,世界知识产权组织以及美国康奈尔大学等组织发布了 2018 年全球创新指数排行榜,在全球 126 个经济体中,中国首次进入前 20 名,位列 17②,尽管这是中国参与该项排名以来的最好成绩,但是相比较于中国经济社会发展的总体表现,创新能力相对欠缺的现象依然明显。西班牙《阿贝赛报》曾以《PISA 实践能力测试上海学生位列第 7》为题报道上海学生在 PISA 测试中的表现,尽管该文章证明了亚洲地区学生创新实践能力培养的效能,但是同时也指出了上海学生实践能力与数学、阅读和科学素养形成的明显落差③。由此,从学生核心素养培育和全面发展目标达成的角度看,如何培养学生的创新精神与实践能力是当前基础教育改革必须关注的重要问题。

学生创新能力、实践素养的培养,有其阶段性的特征(参见表 1-3)。对于中学阶段的学生而言,他们的认知体系已经相对完善,具备了一定的知识与理论储备,在这样的情况下,如何引导学生在丰富的社会实践活动中培养发现问题、分析问题和解决问题的实际能力,培养创造性思维,这是摆在中学教育工作者面前的重要课题。而要培养创造性思维,就要通过教育不断丰富学生的经验和体验。对于中学阶段的学生而言,他们还没有真正踏入社会,也没有形成完善的理性思维方式。他们的经验通常指感觉经验,也就是人们在认识世界、改造世界的过程中,通过与外部事物的广泛接触和联系,经由感觉器官而形成理性认识④。这一认识的过程充分表明,经验本身是一个名词,但是获得经验的过程离不开实践,经验作为"动词"的

① 核心素养研究课题组. 中国学生发展核心素养[J]. 中国教育学刊,2016(10).
② 博科园. 中国首次进入全球创新榜前 20 位,众多单项指标排名全球第一[EB/OL]. https://baijiahao. baidu. com/s? id = 1605688087061876011&wfr = spider&for = pc,2018 - 07 - 11.
③ 参考信息网. 外报:PISA 实践能力测试 上海学生位列 7[EB/OL]. http://china. cankaoxiaoxi. com/2014/0409/ 372737. shtml,2014 - 04 - 09.
④ 冯契. 哲学大辞典[M]. 上海:上海辞书出版社,1992.

属性,应该成为当下中学社会实践活动开展的重要认知基础和理论支撑。

表 1-3 学生创新素养培养的阶段性特征①

阶段划分	初级阶段(萌芽期)	中级阶段(发展期)	高级阶段(成熟期)
相应学段	学前至小学中段	小学高段至初中阶段	高中及以上阶段
阶段特征	开放性阶段	独特性阶段	创意性阶段
创新思维力	思维的开放性	思维的独特性	思维的独创性
创新实践力	个体化的动手操作	同伴式的协同制作	团队性的规划设计
创新人格与心理	外界认可的安全感	自我认可的自信力	稳定持续的自主性

总而言之,学生核心素养的培养超出了原有知识与技能的单一维度,是一种全面综合能力的提升。这也就意味着,尽管我们一直在倡导基于核心素养的课程与教学改革,但是实际上,学生核心素养的培育,是不可能单单通过静态的课程与教学就能实现的,学生必须在丰富的亲身经历和体验中完善素养,实现发展。由此可见,具有实践性、体验性价值的社会实践活动,在培养学生核心素养的过程中有着独特的价值,社会实践活动应该成为培养学生核心素养,特别是创新与实践素养的重要路径与载体。

第三节 倡导实践育人的教育改革背景

当今时代,教书育人不再是狭义的知识传授与技能习得,而是以人为本,从生命发展的角度,立足学生的未来与发展,培养具有核心素养的社会人,让学生成为幸福快乐、自主自律、思想创新、能力多元的人。倡导实践育人,能够确保教育脱离单纯的静态的知识拘泥,赋予学生更生动、更有效的成长可能。也正是基于这种认识,重视和发挥实践活动的育人价值越来越成为当下教育改革的重要指向。在这种指向下,社会实践活动作为教育改革的关键措施,正在创造性地改变学生的学习方式,为学生提供一个多渠道获取知识、并将学到的知识综合应用于实践的机会,通过实践培养、锻炼、提升学生的关键能力②。

---

① 陈静静.创新素养培育的实践误区与解决方案[J].教育发展研究,2017(18).
② 张浩.研学旅行的灵魂是实践育人[J].人民教育,2017(23).

一、教育领域对实践育人的重视

对于人类的生命成长与发展而言,实践起着重要的基础性作用,一方面,因为劳动实践,猿人得以向现代人进化,为人类社会的建立提供了基础和可能;另一方面,也正是在丰富的实践活动中,人的人生观、世界观和价值观才能得以不断地形成和调整,生命个体也才能够更好地融入社会。同样,从教育的角度看,实践是教育工作育人价值发挥的重要方式,不论是认知性的实践、工具性的实践还是交往性的实践,都蕴含着丰富的育人功能,也正是因为对这些功能的认可,教育领域对于实践育人这一命题越来越重视,围绕这一命题开展的变革和行动构筑了教育改革一道特殊的风景线。

任何形式的教育都离不开知识、技能的传递,相比较与传统的静态的课堂,实践活动及其衍生的实践育人并不否认知识的价值,而只是通过另一种渠道帮助学生更好地体验知识、生成知识。在实践育人的理论体系下,教育活动的本质和价值可以从一场理性的实践活动的角度进行解读,实践就是学生知识的获取方式,也是知识得以不断更替发展的源头活水,将实践融入教学改革,既是实践教育价值发挥的必然要求,也是学生生命成长的理性选择。

基于上述认识,实践应该成为一种重要的教育方式,实践育人应该成为教育的重要价值选择。实践育人并非教育改革的新命题,从某种程度上说,任何的育人活动都是通过实践的方式进行的,将实践育人作为一个单独的命题,强调的是其与静态的、讲授式的课堂育人的区别,即突出教育工作者有目的、有计划的组织实践活动,让学习者在丰富的实践体验中加深对知识的理解,获得更充足的经验和感受,以此建构个性化的知识体系,同时,也通过实践体验的过程获得更多的能力,特别是实践创新能力。理解实践育人,就是要科学地把握实践育人的内涵与外延,一方面要认识到实践育人突出学生主体,聚焦学生创新实践能力和综合素养,落实立德树人;另一方面也要认识到实践育人期望的是一个完整的教育体系,需要架构一个综合性的育人环境,让学习者通过亲力亲为、亲身体验的方式变革知识的获取途径,实现自我的更好成长。

随着人们对实践育人问题认知的逐步深化,实践与知识获取之间的内在逻辑关系越来越清晰,在近年来的教育学研究中,研究者们也越来越倾向于从实践的角度来阐释教与学之间的互动过程,认为知识获取的过程与实践创新的过程有着天然的内在联系,从实践的角度强化教与学过程的情境性、过程性、互动性①,这恰恰与当下基础教育课程与教学改革的核心价值相契合。也正是因为如此,对实践活动或者实践类课程的重视越来越成为教育改革的方向。从政策制定的角度看,无论是中办发〔2000〕28 号《关于适应新形势进一步加强和改进中小学德育工作的意见》、教基〔2001〕17 号《国务院关于基础教育改革纲要(试行)》,还是沪教委德〔2010〕2 号《关于进一步落实中小学生社会实践工作的若干意见》,都从不同角度强调了实践育人的重要价值。从教育改革的角度看,最为直接的是高中新高考改革中综合素质评价的相关要求。根据教育部《关于加强和改进普通高中学生综合素质评价的意见》相关精神,综合素质评价主要是通过学生成长记录的方式真实描述和记录学生在校学习和生活的表现、过程和结果,以及参与社会公益活动、综合实践活动情况等,更加全面地对学生素质进行分析和评价。从综合素质评价的本质看,它在理念和路径上突破了以往学生评价的单一性、统一性标准,充分尊重不同基础、不同环境、不同特质学生的个体差异,评价的真实性、针对性和有效性更加凸显。因此,综合素质是作为一个独特个体所呈现出来的内在、有机、互融的整体性素质②,它既需要以智力因素作为基础,但又有着远超于智力因素的复杂性和系统性;它不是一个单一评价要素的简单叠加,而是一种融合性的有机整体③。从这样的分析来看,社会实践活动本身以及学生在社会实践中锻炼生成的多种能力与素养是其在综合素质评价中获得良好表现的重要前提和基础。由此,不论是基于实践活动教育价值的分析,基于中国基础教育改革的方向把握,还是基于适应新高考综合素质评价的现实需求,在高中阶段都应该充分重视社会实践活动,重视实践育人的价值与功能。

二、社会实践对劳动教育的承载

在学校人才培养理念和方式的改革过程中,强调学生的劳动教育是近年来广受重视的命题。从理念上说,劳动教育是教育的重要组成部分,德智体美劳"五育并举"既是国家教育方针的要求,也是素质教育的基本内涵。然而在实践中,受经济体制改革、社会分工细化、人口生育政策等因素的影响,整个社会对劳动的认识

---

① 周洪宇,胡佳新.知识视域下的实践育人及其价值[J].教育研究,2018(8).
② 刘志军.关于综合素质评价若干问题的思考[J].课程教材教法,2016(1).
③ 刘志军,张红霞,等.新高考背景下综合素质评价的意蕴、实施和应用[J].华东师范大学学报(教育科学版),2018(3).

发生了很大改变,劳动与教育脱离的现象颇为明显,劳动教育在学校教育中的地位不断被削弱,甚至出现了轻视劳动、看不起劳动人民的认识①,这不仅违背了"教育与生产劳动"相结合的基本方针,也不利于培养全面发展的优秀人才和立德树人根本使命的最终实现。习近平总书记在全国教育大会上强调,要把劳动教育纳入社会主义建设者和接班人的要求之中,强调努力建构德智体美劳全面培养的教育体系②。这一思想指引历史性地把劳动教育从传统意义上促进青少年全面发展的有效途径提升为重要教育内容,也预示着新时代劳动教育呈现出不同于以往的新内涵③,需要针对性的新体系、新设计、新载体。辨析并深刻把握新时代中学生劳动教育的内涵,把握社会实践与劳动教育的内在逻辑关系,依托社会实践建构劳动教育的有效实施路径,既是完成新时代中学劳动教育体系设计的基础,也是建构高中社会实践长效机制不能回避的重要问题。

(一) 对中学生劳动教育内涵的理解

劳动与教育的关系随时代发展呈现出不同的表现。在古代,教育的最主要载体就是具体的劳动,古代的劳动既是维系社会生产与发展的基本物质前提,也是展示、示范和传递劳动经验的主要教育形式,可以说,古代的劳动和教育是一体的④。随着社会的发展,教育的内涵与方式发生了很大变化,教育与劳动的关系开始变得复杂、模糊。当前对劳动教育的理解主要有两种方式,其一是将劳动教育德育、智育的重要内容,或是二者的综合体;其二是将劳动教育作为作为实现德智体美教育目标的载体和方式⑤。这些认知,都没有将劳动教育作为一种独立的育人方式,都没有全面把握劳动教育的独特内涵与育人价值。对于新时代中学生劳动教育的内涵,可以从四个方面进行把握:

其一,在教育地位上强调独立的价值。当劳动教育仅仅被视作是一种育人的手段时,其只是完成其他四个维度教育目标和任务的载体,难以取得与其他四育平等的地位,这也是学校教育体系中没有对劳动教育给予足够重视的直接原因。在去年召开的全国教育大会中,习总书记提出要在学生中弘扬劳动精神,教育引导学生崇尚劳动、尊重劳动,懂得劳动最光荣、最伟大、最美丽的道理,充分强调了劳动教育的重要性。新时代的劳动教育,应该被理解为"关于劳动"的教育,是与其他四

① 乔锦忠. 补齐劳动教育短板,重构"五育"教育体系[J]. 人民教育,2018(21).
② 宋敏娟. 教育与生产劳动相结合的时代内涵及其实现途径[J]. 毛泽东邓小平理论研究,2019(1).
③ 曾天山. 劳动教育的时代价值与落实机制[N]. 中国教育报,2018-12-27(8).
④ 班建武. "新"劳动教育的内涵特征与实践路径[J]. 教育研究,2019(1).
⑤ 曲霞,刘向兵. 新时代高校劳动教育的内涵辨析与体系建构[J]. 中国高教研究,2019(2).

种教育形态并举的教育范畴,有着自己独特的目标定位、内容体系和实施方式。基于这种理解,劳动教育不是其他教育形式的内容和达成方式,而是中国特色社会主义教育体系的重要一环,这是新时代教育发展对劳动教育的特有定位。

其二,在教育目标上超越静态的知识。在传统的教育体系中,知识的传承占据主导地位,从这个角度出发,劳动教育的目标很可能在实践中被狭隘地理解和实施为关于劳动知识的教育。实际上,新时代的劳动教育被赋予了更为丰富的内涵,除了基本劳动知识的传授之外,更为重要的还有劳动精神、劳动情感、劳动意识、劳动技能等领域的培养。而这些领域目标的实现,显然不能仅靠静态的教育,必须让学生在丰富的劳动实践中感知、体验和生成,这也就意味着,中学生的劳动教育在本质上应该体现为一种实践形态的教育。

其三,在教育空间上突破封闭的校园。受时空环境和教育资源的限制,学校内部的劳动实践、劳动教育在实施内容和方式上受到很大限制,难以承载起劳动思想、劳动技能和劳动实践教育的全部内容和价值。而对于中学生而言,广阔的自然空间是思维最丰富的源泉,是创造性的、探索性的智能最丰富的源泉,也是实施劳动教育的最好平台。因此,新时代的中小学劳动教育,要注重走出校园,充分挖掘和利用社会资源和自然资源,建构整合性、开放性的劳动教育实践体系,更广阔的外部空间理应成为中学生劳动教育的实施场域。

其四,在教育路径上重视自主的体验。当今时代的中学生,有着不同于以往的学习和生活经历,物质条件的改善和提高导致他们长时间脱离生产劳动一线,对于基本劳动技能缺乏必要的感知和体会。因此,新时代的中学生劳动教育,应该以丰富学生的劳动体验为基本实施理念,即要让学生在对劳动的亲自经历和感知中培养正确的劳动价值观,形成科学的劳动思想、劳动意识和劳动情感,进而树立起成长为具有创新思维、实践能力的高素质人才的意识,实现劳动教育内在价值与外在价值的统一。

(二) 对社会实践与劳动教育关系的把握

当我们从劳动教育的地位、目标、时空、路径上对其进行了全面理解之后,可以清晰地形成一种结论,那就是中学阶段的社会实践活动正是开展劳动教育的一种有效路径,这种有效性源于社会实践与劳动教育多维度的内在联系。

首先,社会实践拓展了学校课程和教学的内容,有利于培养学生的劳动思想和劳动技能。中学阶段的社会实践是一种特殊的课程体系,这种课程在内容和方式上有很大的弹性空间,从目前的情况看,完全有可能在社会实践之中安排相应的劳动教育体验和实践,这既是对学校原有的以学科为逻辑基础的课程体系内容上的扩充,也是培养学生劳动精神、劳动技能的有效载体。通过含有劳动教育内容的社会实践活动,学生的劳动价值观、劳动情感态度、劳动伦理责任、劳动权益意识等方面的培养具有了现实的载体。通过职业体验、实训操作、学工学农等实践活动,学生掌握基本的劳动技能,拓展提升劳动实践体验。

其次,社会实践拓展了学校教育的时空环境,提供了丰富的实践操作机会,有利于提升学生的劳动实践素养。学生的劳动实践素养,强调了劳动教育的"体知"特点,旨在引导学生在广阔的生产劳动与社会实践中增进知识、磨炼意志、增长才干、提高素质、培养社会责任感。劳动教育必须回归现实的社会生活,引导学生在丰富多彩的社会生活之中,愉快地体验,健康地成长①,从根本上打破单纯依靠学校教育环境开展劳动教育的"孤岛"现象。而社会实践活动对于社会资源的有效整合、对于封闭的学校教育环境的打破,恰恰给予了学生体验劳动、理解劳动的丰富平台,这些丰富的平台正是现有的学校教育所缺乏的。

基于上述分析,社会实践活动符合劳动教育在目标、内容、方式上的要求,在社会实践中开展劳动教育不仅具有理论上的可行性,同时也具备实践中的可能性。在现行的综合素质评价背景下对于每一所学校而言,开展社会实践活动基本已经成为常态,在这样的情况下,如何通过对社会实践内容体系和实施方式的科学设计,更好地建构社会实践与劳动教育之间的内在关联,使社会实践真正成为落实劳动教育方针、实现劳动教育价值的有效载体,这显然成为了一项十分重要和紧迫的任务。

(三) 以劳动实践承载劳动教育的多维价值

劳动实践是对学生开展劳动教育最重要、最基本的方式。教育部 2019 年工作计划中明确提出,要将学生参加劳动实践内容纳入中小学相关课程和学生综合素质评价,因地制宜组织开展家务劳动、校园劳动、校外劳动、志愿服务等形式多样的劳动实践活动。这样的要求意味着学校要更加重视劳动教育,要以更丰富的劳动实践承载起学校劳动教育应有的价值。从曹杨二中的实践看,尽管整个社会对劳动教育的认知经历了从模糊到清晰的转变,但在学校的育人理念和育人体系中,我们始终没有忽视劳动教育,始终把劳动实践作为社会实践的重要内容,始终注重劳动教育在培养全面发展人才过程中的独特价值。从历史沿革的角度看,社会实践

---

① 赵荣辉. 论劳动教育的实践取向[J]. 教育学报,2017(1).

活动一直是学校的办学特色,学校开展社会实践活动主要立足于两个关键点:其一,高中阶段是未成年人世界观、人生观和价值观形成的重要阶段,要通过社会实践活动帮助学生更好地实现从"学校人"到"社会人"的转化;其二,上海市二期课改和全国新一轮基础教育课程改革都强调要向学生提供品德形成和人格发展、潜能开发和认知发展、体育与健身、艺术修养和发展、社会实践等"五种学习经历",注重学生的全面发展。基于这两个关键点,学校开发了"多维有序"的社会实践课程体系,这一课程体系中包含了丰富的劳动教育内容和价值。例如,南京生存训练中,学生在"学会生存"中体会劳动的艰辛,形成尊重劳动、敬畏劳动的基本意识;在TEPP(技术工程项目实践)课程和传统农耕行项目中,学生不仅能够学会基本的劳动技能,学会基本的工业技术操作,更能够在传统农业与现代工业的认知与体验中感知劳动对生产发展的价值,萌发科技报国的积极情感;在职场日体验活动中,学生能够亲身体验不同职业对于自身劳动技能和综合素质的要求,感知不同职业发展演变的历史。在博雅西部行、军政训练、重走大师路等其他相关主题的社会实践活动中,学校也都注重将劳动教育的价值和意识贯穿其中,让学生真正在丰富的实践活动中牢固树立劳动意识、培养劳动精神、历练劳动技能,让劳动教育在社会实践中得到贯彻体现,从而探索形成了一条依托社会实践活动开展劳动教育的有效路径。

三、曹杨二中对实践育人的探索

上海市曹杨第二中学创建于1954年。1979年被市政府认定为上海市重点中学,实现了学校的第一次飞跃。

2005年曹杨二中被评为上海市首批实验性示范性高中,首批上海市普教系统名校长培养基地,在"文理相通,人文见长"的办学理念指引下,实现了学校的第二次飞跃。学校两次荣获全国文明单位称号,先后十余次被评为上海市文明单位,获全国首批绿色学校、国家体育传统项目学校、联合国教科文组织可持续教育(ESD)项目示范校、国际生态学校、全国学校艺术教育先进单位、全国女职工建功立业标兵岗、上海市德育先进集体、上海市中小学行为规范示范标兵学校等90多项荣誉称号。目前是上海市与教育部合作的"创新素养培育实验项目"学校。

2010年以来学校不断弘扬"文理相通、人文引领"的办学理念,努力办"上海市最对得起学生的学校",将"博雅君子"作为学生培养目标,寻求"助工薪子弟登国际舞台"的国际合作办学模式。2014年,稳步推进第三次飞跃,学校改革得到了教育部领导的充分肯定。学校向国内外著名大学(德国卡尔斯鲁厄、清华、北大、复旦、交大等)输送优秀人才的力度不断加大,进入德国大学学生人数和质量全国第一,清华、北大、复旦、交大录取数、高考一本率再创新高,达到历史最高水平。学校同时成为"清华大学新百年领军人才计划生源基地",2014 年清华北大自主招生名额上海前六,2014 年复旦博雅体验营人数全国第一,成为同济大学苗圃基地样板校。2014 年和德国洪堡大学进行战略合作,成为德国洪堡大学教育硕士实习基地。

学校新高考变革措施、"综合素质评价"体系建设与实施深受关注:学校新高考变革措施、"综合素质评价"体系建设与实施受到了中央深改小组的高度关注,得到了教育部的充分肯定,学校多次得到中央电视台新闻联播和 CCTV10 的专题报道。

2016 年 2 月,王洋校长在联合国教科文组织总部(UNESCO 巴黎)介绍了学校"一轴两翼"的培养模式,极大地拓展了学校的国际影响。

2016 年 3 月获市教委批准:由曹杨二中牵头,成立由曹杨二中、二中附校、民办兰田中学、梅陇中学、兴陇中学、沙田中学、朝春中心小学、普陀区社会实践基地和嘉定区江桥中学组建"曹杨二中教育集团"。学校努力打造普陀人民满意的教育园区、教育集团。

2017 年学校校园改扩建全面完成。9 月学校和同济大学合作成立同济大学附属上海市科技高中。2017 年学校获得首届全国文明校园称号,综合实力得到跨越提升。

在学校改革与发展的历史中,学校始终对社会实践活动的组织和课程的研发给予高度的重视,进行了持续性的探索。早在 2000 年,学校曾就重大社会实践活动对在校毕业年级学生的"道德自律、利他主义、平等观念、团队精神、合作精神、竞争意识、责任意识、爱国情感"等 8 项素养进行过测量(参见表 1-4),统计数据表明社会实践活动对全体学生形成道德自律、爱国情感、责任意识影响重大,而这些素养恰好是社会参与意识和能力增强的表现。

表 1-4 社会实践活动对毕业生各项素养培育成效调查表

项目	学生自评	生存影响	学军影响	学农影响	社会服务
道德自律	4.10	3.20	3.24	3.11	2.95
利他主义	3.42	3.26	3.24	3.37	2.93
爱国情感	4.54	3.91	2.83	3.09	2.98
平等观念	3.88	3.28	2.97	3.56	3.37

续　表

项目	学生自评	生存影响	学军影响	学农影响	社会服务
竞争精神	3.76	3.11	3.31	3.12	2.85
团队精神	3.79	3.37	3.31	3.65	3.18
合作精神	2.74	2.8	2.68	2.93	2.63
责任意识	4.2	3.82	4.33	3.76	3.24

2002年3月份,学校第一本《指导手册》出台,这本手册只是将学校的要求、教育基地及所在地的教育资源的情况整理出来,并将学生所需笔录的日记、体验感悟的文章汇集在一起。随着课程改革的深入,学校立足课程建构的理念,不断对社会实践体系进行规范化的设计,经过14年的探索,目前已经形成《课程建议手册》、《教师指导手册》和《学生活动手册》一系列面向不同主题的课程指南与指导手册。通过每项社会实践活动三类课程手册的设计,起到了课程操作指南的作用,确立起"社会实践课程设计的核心技术"的地位。

连续20多年来,学校坚持开发和完善学生社会实践活动课程。近年来,学校加强课程顶层设计和有效实施,结合时代特点和发展需求,遵循学生身心发展规律,把国家规定和校本开发的所有社会实践活动统整为一个"多维有序"的课程体系,取得了一系列的教育教学成果。2014年,本成果被评为首届全国基础教育教学成果上海市特等奖和国家二等奖。学校采取行动研究方法,持续改进,提出"道德生活体验场"的社会实践活动课程建设理念,构建了"功能多维、层级有序"与学校总课程融合的社会实践活动课程体系,并绘制了活动课程图谱,编制了相应的"课程建议、教师指导和学生活动"三类课程手册,使得课程设计理念、操作模式对内"可持续、可再生",对外"可复制、可推广",突破了中小学普遍存在的"不敢做、不愿做、不会做、随便做"的现实困境,在市内外多所学校推广效果良好。

在梳理分析我国城市高中社会实践课程的现状和问题后,依托上海市曹杨第二中学近三十年的实践经验积累,探讨我国高中社会实践课程长效机制的构建问题,是推动高中社会实践常态化、制度化、有效化的有效方式。也正是基于这样的考虑,2016年末,学校申报了全国教育科学规划课题《高中社会实践长效机制研究》,通过研究一方面致力于学校社会实践活动经验的辐射与推广,另一方面也从理论和实践两个维度明确高中社会实践长效机制建设的相关问题,为更好地实现社会实践活动的育人价值,促进学生全面发展、健康成长提供更加坚实的依据与支撑。

第二章

高中社会实践长效机制建设的理论解读

科学的认知是变革行动的前提。尽管高中社会实践活动开展的历史已经比较久远，但是对于这种特殊育人方式的内涵、价值、理论基础和政策依据，目前并没有系统的梳理和研究。本章之中，笔者从马克思主义哲学和课程与教学改革研究两个维度的实践概念出发，探讨了高中社会实践概念的本质特征及其外延表现。从哲学、心理学、教育学、社会学等角度，分析了高中学生开展社会实践活动的理论基础，全面呈现了社会实践活动的多维度价值。在此基础上，系统回顾了国家层面、区域层面以及高中学段的相关教育政策、制度，为高中开展社会实践活动寻找法理上的支撑。通过一系列理论的梳理和解读，明确了高中阶段开展学生社会实践的必要性与可能性。

社会实践活动在中小学教育体系中并不是一个新的话题,纵观中国教育改革发展的历史沿革,几乎每一时期的教育和教育家,都在以不同的方式倡导实践育人的重要价值,如孔子强调的"讷于言而敏于行";王守仁主张的"知行合一";陶行知提出的"教学做合一"等,尽管具体的表述不尽相同,但是其所传达的核心思想都蕴含了对于实践价值的认同和重视。近年来,随着课程改革的深入,中小学的社会实践活动更加丰富和扩展,实现了从相对单一的活动到相对系统的课程的巨大转变①,在这一转变的过程中,不论是教师、学生还是家长,都非常清晰地感受到让学生在丰富的实践活动中增长知识、提升技能、磨练意志,使之更好地融入社会,融入未来生活,把社会实践打造为育人的大课堂,不仅是有可能的,而且应该是极为必要的,应该成为中小学教育中一项非常重要的任务②。认识是行动的先导,建构完善合理的社会实践体系,发挥社会实践的多维度育人价值,首要的任务是对社会实践基本的理论问题形成科学的认知。

第一节　高中社会实践的内涵解析

对于社会实践内涵的理解有不同的维度和视角,其中最为基本的是哲学视角和教育学视角,综合运用马克思主义的实践观分析人类社会实践活动的基本概念和要素,同时,在基础教育课程改革的现实环境中加深对社会实践内涵的理解,有助于我们形成完善的社会实践概念,并对社会实践在新的教育时期体现出的新特征有更好的把握。

一、马克思主义哲学中的实践概念

马克思主义哲学理论体系中,实践的观点是最为基本的观点,也是最重要的观点,马克思主义哲学的实践观,既不同于唯心主义把哲学归结为精神活动的观点,也不同于旧唯物主义观点中实践等同于动物本能活动的认知取向。在马克思主义哲学看来,实践是人类的生存方式,是人类认识世界、改造世界的一切社会性客观物质活动,人在实践的过程中达到认识和改造世界的目的,同时也通过实践活动实现个体价值,彰显人之为人的基本特征。在马克思主义哲学看来,生产活动、处理

---

① 殷世东,孔丹丹. 论中小学社会实践[J]. 现代教育科学,2011(5).
② 高峰. 现代教育理念下的中小学社会实践[J]. 首都师范大学学报(社会科学版),2011(3).

社会关系的活动和科学实验是人类实践的三种基本形式。在教育改革发展的话语体系中，应该注重从两个维度对社会实践活动进行理解：首先，社会实践活动是具有对象性的，这种对象是客观现实的，这也就意味着认知活动与实践活动之间虽然有着天然的联系，但是二者不能混为一谈，"实践"更加强调生命个体改造世界的能动性活动，强调人在具体的活动中改造世界的同时也实现自我的成长发展；其二，社会实践活动虽然从表现形式上看是一种个体性行为，但是在马克思主义的实践观中，人是社会的组成部分，人的行为总是要通过社会关系、社会活动展现出来并实现其价值，因此，在强调实践育人的过程中，应该更加重视将实践活动置于广阔的社会生活之中。基于这样的认识，我们在倡导实践育人的改革中，一方面要合理把握理论与实践的关系，不要把所有的认知活动、学习活动都盲目地归结为实践活动，让实践的范畴无限扩大，从而导致其应有价值和属性的淡化；另一方面要充分认识到社会实践的整体性、系统性，不要把社会实践活动单纯地理解为学校的课余活动，而是要从学校整体课程设计的角度，着眼于全面育人的高度进行统筹思考。

二、课程与教学改革中的实践概念

知行合一作为知识的获取方式和能力的提升方式，自古以来就被奉做真理，尽管通过静态的阅读也能够获取知识，而且获取知识的效率比较高，但是这种知识仅仅经过他人的加工，缺少了学习者自身的实践体验，往往也就难以真正内化到学习者的内心世界。因此，真正的学习，必然是涵盖静态学习和实践学习的。特别是在强调应用能力、实践能力人才培养导向的当今社会，如何有效借助社会实践提升教书育人的成效，一直是世界各国课程与教学改革中的主流理念。

从课程与教学改革的角度探寻"实践"、"实践育人"的概念阐释，可以明显感觉到学界对于这一概念的认知是随着课程改革的进步不断延伸和变化的。在新一轮课程改革之前，学界对于社会实践的认识，集中来源于 1987 年颁发的《关于在普通中学开展社会实践活动若干问题的通知》中的说法，即中学社会实践活动的主要内容包括两个方面：一是社会活动，二是社会生产劳动。从这一基本界定出发，衍生出了很多的社会实践概念，有的强调社会实践是一种以学生为主体，通过学校组织实施，在社会舞台上呈现的广泛的教学形式[①]；有的则认为社会实践就是区别于理

---

① 王荣党.大学生社会实践的理论渊源[J].学术探索，2000(3).

论教学的实践教学环节①;有的则强调社会实践活动是一种重要的德育手段,是促进学生社会化的重要途径②;还有的观点认为,所谓社会实践活动,就是组织学生有计划、有目的地参加社会政治、经济、文化生活和教育活动③"等。综合而言,这一时期的社会实践概念与理解,更多的是从社会实践作为一种活动本身出发,强调的是活动本身的内容和功能,还没有把社会实践上升到课程建设的高度,没有考虑到社会实践的综合育人价值。

2001年,我国颁布《基础教育课程改革纲要(试行)》明确要求开展综合实践活动课程,第一次把社会实践上升到了课程的高度,这一历史性的课程改革文件中明确了社会实践课程内容包括:信息技术教育、研究性学习、社区服务与社会实践以及劳动与技术教育。社会实践进入课程设置,成为综合实践活动课程的一部分④。自新课程改革以来,对于社会实践和社会实践课程的理解更加丰富,但是这些理解大多围绕着课程建设和综合育人的角度,如认为社会实践活动是为了丰富学生的直接经验,发展学生的实践能力而组织的一种特殊课程⑤;也有研究认为,社会实践是在教师的组织下,学生走出学校,走向社会,在社会中通过实践性活动发展实践能力,增强学生与社会的联系,以实现学生精神世界升华、道德素质提升和实践能力锻炼的综合目的⑥。

基于上述概念分析可以认为,随着教育改革的深入,人们对于社会实践内涵的认识日趋完善和合理,其中有两个维度的界定颇受关注:其一,把社会实践活动作为学生道德生成的一种方式;其二,把社会实践作为学生知识获得和综合能力提升的一种重要途径。不论是哪个维度的界定,实际上都体现了社会实践活动的重要育人价值,而这也是重视和开展社会实践活动的基本逻辑起点。

第二节　高中社会实践的理论基础

从教育的角度理解社会实践活动,社会实践就不再是一种单纯的认识世界和改造世界的方式,更是一种以实践方式达成学校教育目标的特殊的教育形式,在这

---

① 戴东风.社会实践活动与大学生素质培养[J].石油大学学报,2000(6).
② 周甜.大学生社会实践活动的存在问题及对策思考[J].山东省青年干部学院学报,1999(1).
③ 王小云.大学生社会实践概论[M].北京:中国经济出版社,2005.
④ 钟启泉.《基础教育课程改革纲要(试行)》解读[M].上海:华东师范大学出版社,2002.
⑤ 夏心军.浅谈社区服务和社会实践课程的建设[J].教学与管理,2002(12).
⑥ 杨晓虹.中学社会实践活动的现状分析及对策研究[J].教育探索与实践,2006(5).

样的一种形式中,学生在学校和教师的组织下有目的、有意识地走入社会,在亲身经历和体验社会事务中丰富道德情感,储备文化知识,历练综合素质和能力,这一过程实际上就是教育开展的过程。从育人的角度看,学生社会实践是学校德育工作的重要环节,也是学校培养面向未来社会合格人才的重要路径,它与其他教育方式一起,共同促进学校的人才培养,实现学生的全面发展。高中学生社会实践作为一种有目的、有意识的社会活动,其本身不是偶然的、随机的和无序的,它需要有一定的理论作为指导和依据。哲学、心理学、教育学等学科中的相关理论,构筑了高中学生开展社会实践活动的理论基础。

一、社会实践的哲学理论基础

社会实践的哲学理论基础主要是马克思主义哲学关于实践的基本观点。在马克思主义哲学看来,生活和实践的观点是认识论的首要观点,也是马克思主义哲学的重要基本观点。马克思主义哲学认为,人的认识过程,本质上是在实践基础上的主客体的能动作用过程,主体与客体之间的关系,首先是实践的关系,从这个观点出发,认识的本质往往被界定为主体在价值目标的驱动下自觉地通过实践达成的对客体的能动反应,这种能动的过程之中,认知主体的经验得到积累,原有的认识也在与实践的对照中得到检验,即"实践是检验真理的唯一标准"。从马克思主义哲学的角度出发去理解社会实践,可以形成三个方面的基本结论:其一,教育的过程,表面上看是师生之间知识与技能的传递过程,但是更为本质的是一种多元立体交互的实践过程,在教学实践之中师生能够获得成长和发展,这是实践活动本身价值的体现,也是教育活动应有的价值指向;其二,学生的认知过程和学习过程遵循实践和认识的基本规律,即学生需要在"实践—认识—再实践—再认识"的循环往复中发展与深化自己的知识结构和能力体系,这就需要充分发挥实践育人的价值,让学生在丰富的实践活动中加深体验、检验真理,让实践不仅成为课程的有机组成部分,也成为学生的成长方式;其三,在马克思主义看来,劳动是人类最基本也是最重要的实践方式,发挥实践育人价值,一个极为重要的向度就是坚持教育与生产劳动的有机结合,这是实施素质教育,培养全面发展人才,提高民族素质的重要途径,也是学生社会实践的重要理论依据[①],特别是在当今时代背景下,如何创造机会让中学生接触劳动、感受劳动,在劳动的过程中积累知识、拓展能力,有着极为重要的

---

① 马奇柯.试论大学生社会实践的重要理论依据[J].湖北社会科学,2003(4).

意义。

二、社会实践的心理学理论基础

社会实践活动的心理学理论基础主要可以从建构主义学习观和班杜拉的观察学习理论进行分析。

建构主义学习观是近年来教育研究领域颇受关注的命题,很多教学方法的创新都源于对建构主义的借鉴。在建构主义学习观的理论体系中,学生学习的过程并非简单的知识传递过程,也不是学生单向度地对知识进行接受、吸收的过程,它特别强调学习过程中学生的主动参与和积极建构,这种需要建构的知识往往存在于实践活动之中,学生需要通过亲身实践和体验才能够获得对知识的正确感知。从这一观点出发,建构主义一方面强调情境教学,倡导教师通过设置接近于生活实际的教学情境,引发学生在"仿生"的环境中积极发现、探索和解决问题;另一方面也强调学生走出课堂,走出静态的学习环境,在社会实践之中开展探究型学习,将新的知识体系与原有的知识结构进行有效对接,在实践活动之中培养学生的探索精神和解决问题的能力。

与建构主义学习观相类似,美国心理学家班杜拉提出的观察学习理论也同样强调了学生在实践状态下的自我观察、体验和学习,也同样要求教师在教学的过程中注重把学生置于具体的学习情境之中,让学生切身感受不同情境对学习的不同影响,感受不同情境下应有的不同的学习方式和问题解决途径,这种基于实践环境的学习方式正是观察学习理论的核心观点。

除了建构主义学习观和观察学习理论之外,大量的教育心理学理论在研究学习问题的时候都倡导基于实践环境、基于真实情境的学习。在这些理论看来,在实践环境和真实情境中,学生不仅能够直观感受到知识的多种存在方式,加深实践体验,增强知识的内化程度和水平,而且这种基于实践环境的学习往往能够激发学生更为真切的学习积极情感,让学生树立起对知识的敬畏与喜爱,投入到学习之中的精力也会自觉提升。由此,从心理学的角度出发,以实践的方式开展学习是符合人的基本认知规律的,也能够在实践之中取得良好的效果。在社会实践之中通过隐形的心理干预方式达到实践育人的目的[①],这应是中学阶段社会实践课程设计和教学改革的重要价值指向。

―――――――――――――――

① 何云峰,王宁,毛荟. 多学科视角下"实践育人"的关照与释读[J]. 教学与管理,2018(1).

三、社会实践的教育学理论基础

从教育学的角度探讨社会实践的理论基础,最为重要的可能要提及美国著名教育学家、社会学家杜威的教育观点。针对传统的以"静坐"、"静听"为主要特点的教育模式所滋生的教育问题,杜威提出"从做中学"的观点,并且大胆预言在未来的教育体系中,学生从做中学的实践教育方式将在很大程度上取代传统的以传授为特点的被动式、说教式学习。通过杜威倡导的"从做中学"的学习模式,学生能够在亲身体验中加深学习的印象,积累更多的实践经验,同时也能够在实践的过程中充分认识到自身存在的价值。在杜威看来,学校教育虽然并非完全的实践环境,但是教师必须要对实践育人的价值有足够的认识,要努力在教学过程中帮助学习创设实践环境,从教学内容的选取和教学方式的设计上给予学生更多的"做"的机会,把实践作为教学目标达成的工具①。从这个意义出发,在教学过程中强调实践的环节,就是凸显"做中学"的价值,克服传统教学中的传授模式带给学生的被动体验,从而真正构建起一种符合学生认知特点和现代教学基本要求的实践教学模式。

近现代教育理念的改革发展日新月异,但是系统梳理来看,这些不断创新的理论,尽管在聚焦的具体内容上有所不同,但是其核心都在于破除传统的、静态的、被动的教与学模式带来的弊病,倡导学生立场的回归,倡导建构开放式、互动式、真实性和实践性的教育场景,让学生自我建构知识,这也就是说,作为一种育人方式的实践活动,与当下教育改革的核心理念不谋而合。

四、社会实践的社会学理论基础

从社会学角度看,通过实践的方式提升个体了解社会、融入社会和奉献社会的能力,这是更好地促进个体社会化的有效途径。社会系统理论和社会场域论构成了社会实践的社会学理论基础。

社会系统论是认识社会、变革社会的系统方法论,其核心的观点是将社会和社会问题视作一个相互联系的系统,通过分析系统内部的结构、功能、相互联系方式等,研究社会问题的社会规律,寻求社会变革的系列方法。在这一方法论体系中,任何社会个体都不是孤立存在的,都需要与其他个体、其他事物发生这样那样的相互联系;社会也不是一个个个体的简单叠加,而是各种元素相互作用、有机结合而

---

① 杜威.民主主义与教育[M].王承绪,译.北京:人民教育出版社,1990.

形成的系统整体,系统中的每个要素都相互关联,有其特定位置,起特定作用①。基于这样的认识,任何一个个体的成长都需要在更广阔的社会环境中与周围其他事物发生联系,在社会群体共同的价值引领下不断调整自我的认知和情感,将自己作为一个部分融合到社会整体系统之中,使得自己的成长与发展更好地嵌入到社会的整体变革与进步之中。

社会学家布迪厄认为,人类社会的构成至少可以从两个维度进行把握,即社会结构和心态结构。任何一个生活在社会之中的个体,都处于一定的社会关系网之中,并且通过这种特定的关系网对自己的位置进行定位。每一个生命个体是不同的,有不同的经历、不同的关系、不同的资本和不同的发展方向,但是每一个个体也都需要凭借自身特有的资本和习惯生活在一定的社会场域之中,通过实践性活动不断同时创造和建构自身以及生活在其中的社会②。因此,生活于一定社会环境之中的人类,总是要有一种"在场"的意识,不论是主动的还是被动的,他们都需要在社会环境的作用下发生发展。

不论从社会系统、社会场域的理论出发,还是从生命个体身心成长成熟的普遍规律出发,实践都是个体从"自然人"向"社会人"转化的催化剂。传统的教育模式中,学生往往以"自然人"的状态存在,他们更多地关注于自己的学习和生活,即使有一定的社会交际活动,往往也仅限于班级和学校的范围,空间和对象都是有限的,这种相对隔离的状态对其今后走向社会并更好地融入社会形成一定的阻碍。而社会实践活动,由于其时空范围的巨大延展性,能为学生更广阔地接触社会提供可能。在社会实践的过程中,学生不仅是学习者,更是社会活动的参与者,他们能够更深层次地接触和了解社会,通过体验明确社会关系和人际交往准则,通晓社会的道德体系,为将来更好地融入社会生活,实现完全的社会化奠定基础。这就是说,在社会实践的过程中,学生这种通过个人调整自己以适应新工作和特定组织角色的学习过程③,为个体从学校走向社会做了铺垫,打下了基础。

综上所述,在高中阶段开展社会实践活动并非一种随意的行为,其本身有着丰富、深厚的理论基础,这种多维度的理论基础不仅彰显了社会实践活动的丰富价值、意义,也同样显示了这一教学育人实践变革模式自身的合理性,显示了探索社会实践长效机制建设的必要性。

---

① 王晓,任文松.社会系统论视域下的社会治理创新[J].福建论坛,2018(9).
② 黄琳琳."场域—惯习"理论视域下的中学生网络德育[J].中学政治教学参考,2015(7).
③ 陈向阳.基于多学科视角的产学合作分析[J].教育与职业,2009(32).

第三节　高中社会实践的政策依据

作为一项改革活动,除了具有学理上的可行性之外,还应该符合时代发展、社会发展的现实,在相关政策的框架范围内寻求变革的空间。这也就意味着,高中社会实践活动的重视、意义的发挥和长效制度的建构,也应该充分考虑相关的教育政策,在对政策的分析中进一步明确研究与实践的价值。一般而言,教育政策是指政府或政党规定的有关教育的方针、政策,主要是某一历史时期国家或政党的总任务、总方针、总政策在教育领域内的具体体现①。从当前的教育理论研究和教育改革活动看,对教育政策的关注是共同的取向,鉴于它的重要性和该词使用的广泛性,教育政策早就成为教育理论界和教育行政学关注和探讨的一个重要领域②。着眼于世界各国的教育发展,教育政策上对国家教育的整体变革,下对每一所学校、每一个学生的成长与发展都具有重要的价值和意义。教育政策制定的科学与否,教育政策与教育改革发展实际的动态粘合程度,不仅是衡量一个国家教育发展整体质量的重要标准,也是推动教育实践变革的重要力量③。因此,在高中社会实践改革和重构的过程中,我们应该关注相关政策的界定和要求,并在这种关注与分析中寻找变革的空间,增强变革的信心。

一、国家宏观教育政策和制度中的有关论述

1999 年,中共中央办公厅下发的《中共中央国务院关于深化教育改革全面推进素质教育的决定》强调,要深化教育改革,全面推进素质教育,构建一个充满生机的有中国特色社会主义教育体系,为实施科技兴国战略奠定坚实的人才和知识基础。《决定》指出,全面推进素质教育是教育改革的关键问题。实施素质教育,就是全面贯彻党的教育方针,以提高国民素质为根本宗旨,以培养学生的创新精神和实践能力为重点,造就"有理想、有道德、有文化、有纪律"的、德智体美等全面发展的社会主义事业建设者和接班人。《决定》特别强调,全面推进素质教育,要坚持学习书本知识与投身社会实践的统一。针对学生的社会实践问题,《决定》认为,教育与生产劳动相结合是培养全面发展人才的重要途径。各级各类学校要着眼于实际情况,

---

① 叶澜. 教育概论[M]. 北京:人民教育出版社,1991.
② 张新平. 教育政策概念的规范化探讨[J]. 湖北大学学报(哲学社会科学版),1999(1).
③ 徐冬青. 未来中国教育政策的价值选择[J]. 教育发展研究,2013(11).

全面加强和改进学校的实践教育,使得实践教育真正成为学生了解自然、接触社会的有效途径。实践教育对于不同阶段的学习有不同的要求,对于中小学而言,就是要在日常课内、校内学习的基础上鼓励学生积极参与形式多样的社会实践活动,在社会实践中增长才干,积累经验,实现成长①。

2001 年制定出台的《国务院关于基础教育改革与发展的决定》指出,面向新世纪的基础教育改革,要端正教育思想,转变教育观念,面向全体学生,加强学生思想品德教育,重视培养学生的创新精神和实践能力,为学生全面发展和终身发展奠定基础。要培养学生具有初步的创新精神、实践能力、科学和人文素养以及环境意识。《决定》重申了校外教育和实践活动对于人才培养,特别是学生思想道德素养、创新实践素养等领域培养的重要价值,认为:中小学的德育教育工作需要依赖各种各样的教育活动,特别是校外社会实践活动,要充分尊重小学生的道德生成特点,加强实践教学和教学实践环节,联通校内校外资源,设定实践岗位,拓展和建设社会实践基地,配备相应的资金保障,让学生在充分的社会实践中养成道德观念,提升实践能力②。

2001 年 6 月,教育部印发了《基础教育课程改革纲要(试行)》(下称《纲要》)的通知,《纲要》不仅是对上述两个国家文件的具体落实,也吹响了新世纪中国基础教育课程与教学改革的号角,其影响之深、之广、之大是历史上任何一次课程改革不可比拟的。此次课程改革的具体目标就是教育领域广为熟知的"五个改变":改变课程过于注重知识传授的倾向,强调获取知识的过程以及合理价值观念的养成;改变课程结构过于零散的现状,整体设置九年一贯的课程门类和课时比例,并设置综合课程,以适应不同地区和学生发展的需求,强调整体架构课程,丰富课程的内容体系,增强课程的灵活性、系统性和可选择性;改变课程内容"难、繁、偏、旧"和过于注重书本知识的现状,强化课程内容与学生现实生活的有效衔接;改变课程实施过于强调接受学习、死记硬背、机械训练的现状,倡导学生在学习过程中的主动参与和积极建构;改变课程评价过分强调甄别与选拔的功能,强调通过评价的改革打造促进教与学方式改进以及师生成长发展的多维度目标;改变课程管理过于集中的状况,实行国家、地方、学校三级课程管理,增强课程对地方、学校及学生的适应性。

① 中共中央办公厅. 中共中央国务院关于深化教育改革全面推进素质教育的决定[EB/OL]. http://www. chinalawedu. com/falvfagui/fg22598/12450. shtml? from = groupmessage,1999 - 06 - 13.
② 中华人民共和国国务院. 国务院关于基础教育改革与发展的决定[EB/OL]. https://news. qq. com/a/20111213/ 001134. htm,2001 - 05 - 29.

仔细审视上述"五个改变"的课程改革目标以及与之相应的改革路径,可以认为学生的创新精神、实践能力是贯穿其中的重要元素,甚至可以说,强化教育的实践性,推动实践育人,这也是新一轮课程改革的重要价值取向。对于综合实践活动的设置和课程的必修课定位,是此次课程改革的一大亮点。根据《纲要》的表述:综合实践活动应该是小学到高中必须设置的学生必修课,其内容应该包含信息技术教育、研究性学习、社区服务、社会实践和劳动技术教育等相关内容。按照这一轮课程改革的预设,学生应该在综合实践活动课程的实施过程中加深对社会的了解,增强探究和创新意识,在实践之中掌握科学的学习方法和研究方法,并不断形成和拓展社会责任感,形成与时代发展相适应的正确价值观念。与此同时,通过社会实践活动,学生应该了解工业、农业和科学技术的发展进展状况,了解职业分工以及不同职业的相关要求,为将来更好地进行职业选择并融入社会奠定基础①。随着新一轮课程改革的深入,特别是综合实践课程的改革推进,学校之中的实践育人体系开始越来越完善,中小学生社会实践活动的课程地位与教育价值越来越被认可,而且获得了政策上的合理依据,自此,中小学生的社会实践活动开始成为一种重要的育人方式。

2010 年颁布的《国家中长期教育改革和发展规划纲要(2010—2020)》是引领我国教育改革与发展的又一纲领性文件。《纲要》指出,学生适应社会和就业创业能力不强,创新型、实用型、复合型人才紧缺是我国教育面临的一个重要问题。面对这样的问题,必须要始终坚持和贯彻党的教育方针,特别是要坚持教育和生产劳动以及社会实践的有机结合,努力改善人才培养的体制机制,创设有利于创新型、应用型人才培养的实践环境。未来的教育在人才培养上要突出能力为重,要优化知识结构,丰富社会实践,强化能力培养。着力提高学生的学习能力、实践能力、创新能力,教育学生学会知识技能,学会动手动脑,学会生存生活,学会做人做事,促进学生主动适应社会,开创美好未来。对于高中阶段的教育和人才培养,《纲要》指出,要全面提高普通高中学生综合素质,持续不断地推动人才培养体制改革,注重知行统一,开发实践课程和活动课程,增强学生科学实验、生产实习和技能实训的成效②。

---

① 中华人民共和国中央人民政府. 教育部关于印发《基础教育课程改革纲要(试行)》的通知[EB/OL]. http://www. gov. cn/gongbao/content/2002/content_61386. htm,2001 - 06 - 08.

② 中华人民共和国教育部. 国家中长期教育改革和发展规划纲要(2010—2020)[EB/OL]. http://old. moe. gov. cn/publicfiles/business/htmlfiles/moe/info_list/201407/xxgk_171904. html,2010 - 07 - 29.

2016 年 11 月 30 日,教育部、国家发展改革委等 11 部门联合印发《关于推进中小学生研学旅行的意见》,这是从研学旅行的角度强调社会活动、实践活动育人价值的重要文件。《意见》指出,中小学生研学旅行是由教育部门和学校有计划地组织安排,通过集体旅行、集中食宿方式开展的研究性学习和旅行体验相结合的校外教育活动。《意见》将研学旅行视作教育教学改革的重要方式,视作综合实践育人的有效载体,视作培养社会主义核心价值观的可行性路径,从多个角度对研学旅行的内容、价值、组织管理、保障等进行了完善的设计。《意见》还提出,要将研学旅行纳入中小学课程和教学计划,从课程和制度上保障研学旅行教育价值的充分发挥①。

从国家宏观的教育政策和法规制度看,进入新世纪以来,面对教育应该培养怎样的人、应该怎样培养人的根本性问题,党中央和国家教育主管部门准确聚焦到了传统教育中存在的问题,敏锐地看到了学生实践能力、创新能力、社会适应能力、问题解决能力等能力培养的重要价值,注意到了社会实践在人才培养中的重要意义。尽管新世纪以来的每一个教育改革与发展文件、制度,都有不同的侧重,但是社会实践始终是其中广受关注的命题,如何有效利用社会实践,如何有效发挥社会实践的育人价值,是时代发展留给教育的紧迫问题。

二、地方性教育政策和制度中的有关论述

2009 年 6 月 5 日,中共上海市委宣传部牵头上海市精神文明建设委员会办公室、中共上海市教育卫生工作委员会、上海市教育委员会、上海市青少年学生校外活动联席会议办公室等相关部门联合印发了《上海市校外教育工作发展规划(2009—2020 年)》。《规划》指出,到 2020 年,要充分发挥校外教育对未成年人全面和谐发展的重要作用,形成以社会主义核心价值体系为引领的校外教育内容体系;加强校外教育活动场所建设的科学规划,建成结构合理、覆盖面广、充满活力的校外教育活动场所网络;扩大校外教育社会资源的范围和数量,提高资源的利用率,充分实现其教育价值;形成校外教育活动创新实践体系,为创新潜质突出的未成年人搭建开放多元、互动协作、自主创新的学习平台;加强校外教育科研和培训工作,培养一支适应时代发展、热爱校外教育事业、具有较高素质和专业能力的校外教育

---

① 中华人民共和国教育部.读万卷书也要行万里路——教育部等 11 部门印发《关于推进中小学生研学旅行的意见》[EB/OL].http://www.moe.gov.cn/jyb_xwfb/gzdt_gzdt/s5987/201612/t20161219_292360.html,2016 - 12 - 19.

专家兼职师资队伍；提升校外教育信息化利用效能，形成校外教育信息管理和网络服务的运行体系；合力构建政府主导、社会支持、条块结合、分层布局、高效管理的校外教育新格局。最新的《上海市校外教育三年行动计划（2017—2019 年）》进一步指出，要科学把握青少年学生成长的特点和规律，依据各阶段学生的认知特点和接受意趣构建分层递进、整体衔接的内容教育序列，加强校外实践体验与校内课程改革的融合。注重场馆的互动性、创意性、体验性和实践性，提升校外教育基地的品质与效能，打造学生创新实践、人文体验的"社会教育大课堂"。要进一步加强未成年人活动场所建设，优化城乡布局，拓展和提升场所教育功能。加强对社会教育资源的统筹规划和深度挖掘，培养学生综合素养。积极探索社会力量参与校外教育的有效渠道，激活社会教育场所的育人功能，形成全社会关注和支持校外教育的育人合力。

2010 年 1 月 20 日，中共上海市教育卫生工作委员会、上海市教育委员会、上海市精神文明建设委员会办公室和上海市青少年校外活动联席会议办公室四家机构联合下发《关于进一步落实中小学生社会实践工作的若干意见》，《意见》对中小学社会实践工作意义、内容、要求、组织和管理等进行了明确界定，要求高中一、二年级学生参加社会实践、志愿者服务的时间一般每学年不少于 30 天，高三学生参加社会实践、志愿者服务时间一般每学年不少于 15 天。《意见》强调，要构建社会实践资源的信息沟通平台、项目研发平台和组织实施平台，研究和制定社会实践活动的有效评价机制，借助现代信息技术，有效搜集和利用社会实践过程中形成相关数据和信息，要突出学校对于开展学生社会实践活动的策划、组织、管理等主体责任价值，形成政府、学校、家庭、社会共同支持学生参加校外活动的良好育人环境[①]。《关于进一步落实中小学生社会实践工作的若干意见》是当前和未来一个时期做好中小学社会实践工作的重要指导性、纲领性文件，它对学生社会实践的诸多问题都进行了政策上的阐述与界定，作为学校来说，要认真学习和领会政策的精神，聚焦制约社会实践成效发挥的根本性问题进行实践探索，将文件的精神真正内化和落实到学校教书育人的具体行动之中。

三、高中学段教育政策和制度中的有关论述

高中教育政策特别是高考政策的调整为高中阶段社会实践教育重要性的发挥

---

① 中共上海市教育卫生工作委员会，等. 关于印发《关于进一步落实中小学生社会实践工作的若干意见》的通知［EB/OL］. http://www. shmec. gov. cn/web/xxgk/rows_content_view. html? article_code = 411042010001,2010 - 01 - 20.

提供了政策依据。有研究者指出,恢复高考 40 年来,我国高考改革前后经历了 30 多次,这些改革侧重点不尽相同,有的注重考试选拔技术的改进,有的注重考试制度顶层设计的重新架构①。随着这一系列改革的深入,我国的高考,不论是从制度设计上,还是从内容编排上都在不断趋向丰富完善,如最初的考试科目中,文科主要包括语文、数学、史地和政治,理科主要包括语文、数学、理化和政治,后来在 1978 年开始加入了外语科目,1981 年,理工科类加入了生物学科并一直延续至今。到 1989 年,考试制度进一步取得完善,国家教委印发了《关于试行普通高中毕业会考制度的意见》,对学生高中阶段毕业会考的相关科目和要求进行了具体安排,进一步完善了高中阶段考试体系。后来的"3 + 2"高考方案、"3 + X"高考方案等都是对高考制度的不断完善和新的探索。进入新世纪,北京、上海、安徽三地开始试点春季高考;2013 年 11 月,党的十八届三中全会通过《中共中央关于全面深化改革若干重大问题的决定》,明确提出要"探索全国统考减少科目、不分文理科、外语等科目社会化考试一年多考";2014 年《国务院关于深化考试招生制度改革的实施意见》明确了"形成分类考试、综合评价、多元录取的考试招生模式"。这一系列改革充分说明改革开放以来,我国的考试招生制度始终是在一种探索前进、改革创新的状态之中,这种不断的探索和改进建构了越来越科学的考试制度体系,为教育质量的提升和高质量人才的培养提供了重要的支撑②。同时,也能够明显地看出,高中阶段的人才培养正在逐渐脱离单纯的分数导向,转而注重培养全面发展的人才,而参与社会实践活动正是培养这种全面发展人才的重要路径和载体。

在新一轮高考改革中,学生综合素质评价改革是最受关注的命题。很多研究者都指出,鉴于我国特殊的国情和考试制度的沿革历史,高中阶段的学生评价体系改革,绝对不是一种单一领域的变革,也不仅仅是教育模式、评价模式的创新,它是一种牵一发而动全身的变革,影响的不仅是整个教育领域,也会对社会发展、民众心态、师生生活等方面带来直接影响,如果不能够从这一整体性的高度去认识高中阶段的学生综合素质评价改革,就势必会在实践之中陷入泥淖无法自拔③,也就难以真正建构起适应时代发展和教育变革需要的学生综合素质评价体系。在综合素质评价中,学生的社会实践参与状态以及通过社会实践获得的体验与成长是对学生进行过程性评价的重要依据。《上海市普通高中学生综合素质评价实施办法(试

① 周光礼,姜尚峰. 高考改革 40 年:意义建构与制度变迁[J]. 复旦教育论坛,2017(6).
② 刘丽群. 我国高中教育政策 40 年:历史轨迹与发展愿景[J]. 中国教育学刊,2018(9).
③ 刘志林,张惠. 高考新政背景下高中综合素质评价的诉求和反思[J]. 教育探索,2018(3).

行)》指出,对于学生的综合素质评价不能随意扩大或缩小考察的范畴,应该着重从学生品德发展与公民素养、修习课程与学业成绩、身心健康与艺术素养、创新精神与实践能力等维度设计科学的评价指标体系,通过过程性资料的广泛收集和运用进行评价。在这一评价体系中,学生的创新精神和实践能力是一个重要的综合素质考察范畴,纵观新世纪以来的教育理念更新和学生评价体系改革,不论是素质教育、核心素养、"绿色指标"、关键能力还是综合素质评价,都在强调学生的创新精神和实践能力,但是对于如何科学地评价测量这两个方面的能力,似乎一直没有一致性的结论。按照《上海市普通高中学生综合素质评价实施办法(试行)》的理解,学生的创新精神和实践能力主要应该反映学生的创新思维、调查研究能力、动手操作能力和实践体验经历等,要通过对学生参加研究性学习、社会调查、科技活动、创造发明等活动相关情况的准确记录和分析进行评价。在评价的过程中,高中学生综合素质评价要求教师做到过程性的写实记录,要求教师指导学生客观记录集中反映综合素质主要内容的具体活动,收集相关事实材料,每学期及时填写《上海市学生成长记录册》。同时上海市的这一高中学生评价体系还倡导充分运用现代信息技术,建构学生信息化管理系统。在这一系统之中,学生的个人基本情况以及参加军事训练、农村社会实践、国防民防活动、党团活动、校内课程学习等相关记录,以及学生的奖惩情况等都将被记录在内[1],从而形成了用于开展学生综合素质评价的大量原始素材,让表现性评价、过程性评价的理念真正得以贯彻落实。

综合考量新世纪以来的高中教育改革以及与之相伴的一系列关涉高中教育教学改革的相关文件、政策,可以明显地发现,近些年的高中教育改革,尽管总体上还是在继续推行和深化素质教育,在强调学生多元能力在教育过程中的全面建构,但是在具体的政策、制度上已经增添了很多符合时代发展特征的内容和要求。与以往的政策取向不同的是,随着我们对于考试制度改革和人才培养模式改革的探索,近年来的制度不仅注重从宏观层面进行的顶层设计,也注重在学生素质能力培养上提出一些切实可行的操作要求和操作策略。这其中,对于学生学习体验和学习感受的重视是一个突出的特点,围绕这一目标,学校课程建设的理念、教学改革的理念、学生评价的理念都在发生根本性的变革,随着这种变革的深入,社会实践作为一种独特的育人方式在现代教育体系中的作用不断得到强化,教育工作者普遍认识到,将社会实践纳入高中阶段的学校课程体系,不仅是对学校原有课程结构的

---

① 上海市教育委员会.上海市普通高中学生综合素质评价实施办法(试行)[EB/OL]. http://gaokao. zxxk. com/article/771459. html,2015 - 04 - 15.

不断丰富,也是落实相关教育政策,推动高中阶段人才培养模式改革的内在要求,通过社会实践活动的科学设计与有效实施,能够培养学生多方面的能力和素养,使每一位学生都能受到符合身心发展、紧扣个性特色的教育①,实现教育改革与人才培养质量提升的和谐共振。

　　总而言之,不论从时代教育发展的现实要求看,还是从高中阶段教育政策、理念的落实看,社会实践作为人才培养和评价的重要载体越来越受到重视,这都为学校探索新时代教育背景下高中生的社会实践及实践育人问题提供了可能性与必要性。

---

① 姚琳,李夏.改革开放 40 年我国高中阶段教育政策的价值变迁[J].西南大学学报(社会科学版),2018(6).

第三章

高中社会实践长效机制建设的问题梳理

　　解决实践问题是教育研究、教育改革共同的价值指向。基础教育新一轮课程改革和上海市"二期课改"以来,社会实践在学校育人体系中的价值越来越得到认可,社会实践的课程与教学地位得到了肯定和保障。在具体的实施中,上海高中的社会实践活动,不论是在理念上,还是在具体的内容设计与实施上,都呈现出了一些鲜明的特点,社会实践在学校育人中发挥的积极效用越来越明显。但是,通过文献的梳理和实证的调研可以发现,在高中社会实践课程的实施中还存在着价值认同、经费保障、制度建设、安全教育、过程管理、结果评价等领域的诸多问题,这些问题的背后,既有政策方面的缺失,也有学校管理理念、方式的落后。科学分析社会实践存在的问题,准确定位制约社会实践实施有效性的各方面因素,这是建构学校社会实践长效机制的重要基础性条件。

教育理论与教育实践的关系是教育学的核心问题域之一①。近年来,随着我国哲学社会科学研究的繁盛,各类教育研究成果不断出现,昭示了教育学科旺盛的生命力。但是,教育理论与实践的脱节现象,或者说教育研究的成果往往不能有效化解教育实践的困惑现象一直困扰着教育变革的实践。从某种程度上说,教育改革的目的就是为了解决教育领域出现的实践性问题②,而问题的解决显然离不开理论的探索和指导。这也就是说,从教育理论与教育实践的动态关系看,教育理论能否真正与教育实践达到有效的契合不仅是教育理论能否不断创生的核心问题,也是教育实践能否不断破解难题、不断取得进步的核心问题。长期以来,由于教育理论工作者和教育实践工作者工作身份、工作场域、工作对象的差异,教育理论与实践的契合程度似乎一直没有达到令人满意的图景③。解决这一问题的核心路径就是树立教育理论研究的实践导向,即在教育实践中寻找问题,分析原因,提炼理性认知,进而回到实践之中发挥其指导价值。通常而言,教育改革的过程表现为一种复杂现象,是理念、政策、体制、文化、结构、历史等因素的大杂烩④,这意味着高中阶段学生社会实践问题的研究,特别是相关理论体系和运行机制的构建,一方面要聚焦社会实践实施过程中遇到的现实问题,找准其实践定位,另一方面,要运用系统论和复杂性思维方式,深刻解构造成社会实践活动实践性问题的多方面成因,这种聚焦于实践的问题分析能够确保社会实践理论研究与实践改革的有效契合,真正实现通过研究提升社会实践育人成效的核心目标。

第一节　上海高中社会实践课程的实施现状

上海市中小学社会实践活动有序实施始于上世纪 80 年代中期。30 多年来,中小学社会实践活动大致经历了兴起、倡导、发展、逐步深化四个阶段。1998 年,国家启动第八次课程改革。由于上海市在课程理念、实施策略、教材编写、课程管理等方面都领先于其他各省市,教育部决定将上海作为全国新课改的试点,同时把课改自主权和中考、高考的自主权都下放给上海。随后,上海全面推进二期课改,这其中就包括把一期课改中的"活动课程"变为"社会实践活动课程"的整体设计和实

---

① 严孟帅. 交互参与:论教育理论与实践的过程之维[J]. 教育理论与实践,2018(13).
② 向贤明. 教育改革中的问题辨析[J]. 中国教育学刊,2015(1).
③ 徐海娇,柳海民.教育理论实践价值的限度及其生成[J].中国教育学刊,2017(3).
④ 莱文.教育改革:从启动到成果[M].向贤明,洪成文,译.北京:教育科学出版社,2004.

施。近年来,尤其是在我市高中阶段,已经形成了高一军训、高二学农和农村考察、高三社区服务和社会调查的活动系列及运作机制,取得了良好的教育效果,也积累了丰富的经验。明确上海中小学社会实践课程的实施现状,是准确定位社会实践存在问题及寻求变革路径的基础性条件。

一、上海高中社会实践课程的实施背景

从课程的角度对社会实践活动进行整体设计和开发,把社会实践作为高中阶段育人的重要路径,是上海第二轮课程改革(简称"二期课改")中的新理念,正是基于这种新理念,各学校普遍开展了社会实践课程建设的理论思考和实践探索。

上海独立探索基础教育课程改革起始于1988年,也就是被大家熟知的一期课改。上海的一期课改既对标世界基础教育变革的整体趋势,又充分考虑上海的实际情况,在充分探索的基础上形成了五个方面的重要成就:其一,是建构一种以"社会需求、学科体系、学生发展"为基点,以全面提升学生综合素质为核心的课程改革理论模型,树立起了清晰明确的以人为本的课程改革导向;其二,是破除了原有教育体系中对于注重学生知识技能习得的弊端,强调学生知识、能力和人格的协调发展,特别是在强调学生基础知识和能力培养的基础上,注重帮助学生实现个性成长;其三,是在教育的实施导向上充分认识到了传统教育围绕升学开展服务的弊端,倡导学校教育的目标从"为升学服务"过渡转型到"为学生成长服务",并且要把这种服务转型的理念体现到各个阶段的课程建设之中,让课程成为支撑学生成长的有效载体;其四,提出并践行了更为直接的课程观念,在教学的依据和参考上,实现了"从教学计划到课程方案"、"从教学大纲到课程标准"两个重要转变,在强调课程实施规范性的同时也赋予学校一定的课程自主权,为学校自主设计、开发和实施课程提供了空间;其五,在课程结构上进行了突破和创新,设计了必修课、选修课和活动课三个板块的课程结构,改变了以必修课为单一形式的课程教学模式,丰富了学校的课程体系,为学校特色发展和人才培养提供了更多可能。这五个方面的突破,尽管在今天看来似乎已经是"理所当然",但在上世纪80年代末,这样的尝试无疑是具有突破性的。

一期课改的十年实践,不仅见证了上海教育的飞速发展,也为全国范围的课程改革提供了经验和样例。然而,上海基础教育改革的步伐并未就此停止。20世纪末期,东南亚金融危机等一系列重大事件昭示着世纪之交社会发展的新形态、新问题,知识经济初露端倪,现代信息技术飞速发展,创新与实践诉求不断提升。在这

样的情况下,上海教育与时俱进,顺势而为,在一期课改经验的系统总结和梳理基础上推动了二期课改。二期课改突出强调学生基本素质的提升,强调以德育为核心,以培养学生适应新时代发展需要的创新精神和实践能力为重点,力求通过系列变革探寻学校教育体系中学生创新精神和实践能力的培养路径、有效的学校德育实施路径以及现代信息技术与教学管理的深度融合路径。在上述三个核心问题解决的过程中,二期课改还希望通过实践探索更好地理解和处理课程统一性与可选择性的关系,处理学科知识与综合知识的关系,处理课程理论与课程实践的关系,建构起符合时代发展需要和人才培养需要的新型学校课程体系。

为了实现上述目标,上海二期课改在课程理念、体系、内容、实施和评价等领域进行了一系列探索,形成了既具有鲜明区域特征又有很强的辐射传播价值的经验性做法,如确立了"以学生为本"的发展理念,建构了涵盖基础型课程、拓展型课程、研究型课程的完善课程体系,优化了共同基础与不同基础的课时配比,精选和完善了学科课程体系的内容,引进、改编和自主开发各类课程教材,强调课程实施过程的规范性和创新性,注重课堂教学有效性的提升,建成了与课程实施相配套的完善课程资源①。在这一系列改革中,一个重要的转变就是把一期课改中的"活动课程"变为"社会实践活动课程"的整体设计和实施。二期课改课程方案提出课程要向学生提供"五种学习经历"的新概念,就是要通过提供品德形成和人格发展、潜能开发和认知发展、体育与健身、艺术修养和发展、社会实践等五大方面的经历,注重学生的全面发展,真正实现学生由学校人向社会人的转化。《上海市普通中小学课程方案》指出,要关注学生的学习过程,通过创设学习情境、开发实践环节和拓宽学习渠道,帮助学生在学习过程中体验和感悟、建构和丰富学习经验,实现知识传承、能力发展、积极情感形成的统一。要重视学生课内课外多种学习途径的结合,重视学校课程与更广泛的社会实践的有机统一。同时明确了社会实践作为综合实践活动的属性及作为拓展型课程的课程定位。此外,还通过相应的制度设计,规定了高中阶段学生开展社会实践活动的课时安排、实施规范和评价要求。

从课程建设的角度思考社会实践,可以发现这种特殊的课程形式强调学生在学习过程中的亲身经历和体验,倡导学生通过考察、实验、探究、观察、分析、想象、操作、设计、反思、交流、体验等一系列带有实践意蕴的社会活动中体验研究、学习和发现的过程,感受社会的丰富多彩和生活的价值意义,培养自主发展问题、分析

---

① 上海市中小学(幼儿园)课程改革委员会.为每一位学生的终身发展奠基[J].上海教育科研,2011(1).

问题和解决问题的能力,同时,也在这种经历和体验中不断升华自己的道德情感,净化自己的灵魂和价值。因此,社会实践本质上是一种蕴含了多种价值和功能的特殊课程体系,既有助于学生学习活动的开展,也能够促进学生全面发展、综合能力的提升以及完整人格的形成[①]。

基于上述背景,上海各高中普遍开始了社会实践课程建设与实施的探索,经过多年的实践,取得了一定的成绩,这种成绩一方面体现在社会实践开展的普及性,另一方面也表现在一些具有学校特色的社会实践课程体系、课程实施模式的形成,以及其所带来的人才培养的成效。如复旦中学建构了涵盖"文博研学"、志愿服务(公益劳动)和社会实践三大板块的社会实践课程体系,建构了"学校统筹、学生自主、基地合作、家长协作"的社会实践课程运行机制[②];上海市实验学校通过丰富的社会实践活动,把知情意行糅合在一起,依托社会实践课程的整体设计和实施转变学生的学习方式,为学生可持续发展奠基[③]。根据上海市中小学(幼儿园)课程改革委员会的一项大样本调查,二期课改以来,上海市中小学生参加探究学习、社团活动、社会实践的时间有明显增加,超过80%的学生认为社会实践类活动有助于自身学习方式的转变和能力的提升,多数参与调研的学校认为,社会实践类活动对于提升学生的问题意识、创新能力和实践能力有比较明显的作用。

二、上海高中社会实践课程的价值导向

社会实践活动是学校教育工作的重要一环,是一种重要的课程形式。随着课改的不断深入,人们对培养学生的社会实践能力越来越重视,上海二期课改尤其注重学生的社会实践活动,把"社会实践经历"列入"五种学习经历"之中,成为拓展型课程中不可或缺的组成部分,社会实践活动和专题教育研究、班团队活动、社区服务等,共同构成了德育课程化的基本内容,成为学校之中育人的重要路径。社会实践活动作为一种课程形式,必然要遵照课程其自身的系统性、完整性,才能有效激发学生的创新精神,培养学生的实践能力,使学生得到全面和谐地发展。为了实现这样的目标,上海高中的社会实践课程建设与实施在多年的实践探索中形成了如下几个方面的价值导向:

---

① 陈珍国. 从应然到实然——浅析上海二期课改的伦理学意义[J]. 上海教育,2004(10A).
② 夏晓娟,余芬. 高中生社会实践课程体系及运行机制的研究[J]. 上海教育,2017(07B).
③ 徐晶晶. 实验东校:以社会实践课程推进学习方式转变[J]. 上海教育,2017(03B).

（一）突出活动目标及内容的综合性

在很长一段时间内的社会实践活动开展中,在活动目标设定上仅侧重于知识维度的落实,目标单一,从而导致活动内容单薄。其结果使原本让学生非常感兴趣的社会活动变得机械乏味,或没有实际发展价值,甚至变相加重学生的学习负担,减低了教育效益。上海二期课改后的社会实践活动,倡导"社会实践活动课程化",从某种意义上讲,就是为了淡化单一,强调综合。在具体的社会实践活动中,活动目标不仅注重学生认知目标的落实,更关心学生情感目标、行为目标、价值观目标等方面的多维度的落实,重视社会现实生活中广博的学习内容,重视服务于社会和促进社会发展的客观需要,重视社会实践活动对学生多方面素养的全面提升价值。

（二）突出活动时空的开放性

传统观念的社会实践活动,虽然从理论和制度上说,是学校常规性的一项工作,但多数学校由于认知上的模糊和机制上的缺失,社会实践活动安排的"无序"状态非常普遍,有时间就组织,工作忙了,活动就取消,这几乎是一种常态。即使定期开展一些社会实践活动,也是集中在一部分学生的身上,或是到老师指定的易于管理的地方去,学生发展的视野因此受到极大程度的限制。二期课改以来的高中社会实践课程,更加注重学生深入社会,服务社会,强调"社区服务"、"社会实践"等活动建设,并把其列入课表之中,目的在于保证社会实践活动的时间与空间。总体而言,在社会实践活动中,学生能有效地利用活动的时间,根据要求自主选择活动地点,活动的自主性增强,主观能动性得到发挥,社会责任感和使命感也不断得到增强。

（三）突出活动主体的体验性

在以往的很多社会实践活动中,由于对活动安全的担心和对学生自理能力的质疑,实践活动的内容、形式往往较为单一和乏味。这样的实践活动没有办法保障学生对活动的充分体验,也就难以帮助学生形成获取知识的经历,道德情感和价值观的提升也没有足够的保障。因为缺少主动体验的机会,学生对社会实践往往也就抱着"应付了事"的心态,实践育人的成果自然可想而知。二期课改以来的"社会实践活动课程化",突出学生是社会实践活动的主体,注重学生的多种体验,并在体验中获得切身感受,获得经验,在经验累积过程中实现主体的情感内化,最终形成自己的经验结构,推进社会化进程,实现自主发展。

（四）突出活动主题的探究性

传统的社会实践活动,由于视野的局限和资源整合得不够到位,实践活动的内容往往比较单一,仅局限于参观考察、学军学农等少数几项常规性的活动,其他形式和途径较少。在这种相对单一的活动中,学生的自主性和选择性难以得到保障,更多的只是在实践过程中被动地接受和感知,同时,实践内容的局限也引发了社会实践过程中教师的主导痕迹太重,学生的个性发展、创新意识和创造能力受到一定程度的抑制等问题。二期课改实施以来,很重要的一个方面就是改善学生的学习方式,倡导"以学生发展为本"的课程理念,提出"改变过于强调接受学习、死记硬背、机械训练的现状,倡导学生主动参与、探究发现、交流合作"等新型学习方式,通过探索性、研究性、自主性学习和实践,提高学生综合运用知识解决实际问题的能力,这些为社会实践活动实现"接受"到"探究"的转向,提供了良好的政策环境。从多年的实践看,上海各高中越来越重视通过社会实践活动激发学生的自主探究意识,提升学生解决实际问题的能力,这与二期课改的核心价值是相吻合的。

(五) 突出活动教育资源的多样性

传统的社会实践活动排除于课程之外,就活动而活动,学校组织学生开展社会实践活动或应付上级布置任务,或围绕学校常规活动,忽视挖掘与利用本地的生态环境、资源物产、风土人情等资源,学校社会实践活动千篇一律,没有创新。二期课改实施以来,各学校普遍重新确立了教育资源观,充分利用一切有利的教育资源为学生的社会实践活动开辟新的载体。从社会实践实施的情况看,可以认为教育资源无处不在,学校中、社区中、家庭中等,都蕴含了多种教育资源,多样化的资源开发与利用有利于拓展教育空间,丰富教育形式和手段,更有利于在资源的开发与利用中,形成自己学校的社会实践活动特色,彰显学生个性[1],也能够为社会实践育人价值的更好发挥提供基础和保障。

三、上海高中社会实践课程的实践探索

基于以上的认识和实施原则,上海各高中自二期课改以来普遍对"社会实践活动课程化"的建设给予了重视,结合学校所在的区位优势和人才培养目标,根据拓展型课程的功能、社会实践的特点,开展研究和实践,充分利用教育资源,搭建丰富的活动载体,倡导学生主体活动,促进学生全面而有个性的发展,形成了具有上海区域特色的社会实践课程实施理念和课程体系。

---

[1] 李逢五、朱权华. 作为课程形式的社会实践活动[J]. 新课程,2007(6).

(一) 课程实施注重多维目标的整合

在社会实践课程的实施过程中,多数学校能够根据学校培养目标,学生的发展需要,以及学校与社区的课程资源等方面确定实践活动目标,这些目标尽管不尽相同,但是都能够体现出鲜明的复合型特征,体现社会实践价值的多维度。纵观各学校的社会实践课程目标体系,主要包括感受家乡优秀的传统文化,弘扬培育民族精神;培养爱党爱国情感,提升爱国主义教育成效;培养参与社会实践活动的自觉性和主动性,增强学生的公民意识和社会责任感;培养学生的感恩精神和奉献意识,提升学生参与社会公益事业的优秀品质;培养学生关爱生活的意识,形成认识生命、尊重生命、热爱生命的自觉性,培养对自我、对他人和对社会的爱心;帮助学生掌握与自然和谐相处的意识和能力,让学生学会健康生活,形成积极进取的心态;帮助学生培养良好的团队合作能力,提升社会沟通和人际交往能力;培养和提升学生的吃苦耐劳精神;强化学生的探究精神和问题意识,倡导学生在实践中不断提升自我的创新意识与创新能力,培养和形成综合实践素养。由此可见,二期课改以来的上海高中社会实践活动在课程目标的设计上突破了以往的单一思维,倡导发挥社会实践在育人上的多维度价值,这种多维度的价值也很好地体现了社会实践活动本身进一步研究和改进的意义。

(二) 课程主题活动内容设计丰富

上海高中社会实践的一个重要表现就是课程化的开发和设计,在这一过程中,各学校普遍注重在主题性活动的内容上进行拓展,设计了主题性丰富的社会实践活动,很好地应对了社会实践课程在目标上的多维性。系统来看,当前社会实践课程在内容上主要有以下几种类型:

其一,了解社区风土人情。风土人情是传统的载体,是历史文化的积累和沉淀。民间的工艺制作、优秀的历史人物、美丽的传说故事、乡村地名的来历以及春节、元宵节、清明节等一年四季中大大小小的传统节日里,无不蕴藏着中华文化的精髓,无不打上了一方水土独特的地域风情和浓郁的乡土气息。现实生活中的社会实践资源和历史文化资源并不贫乏,贫乏的是孩子们的实践参与、亲身体验、内心感悟,引导学生走向社会,访问家乡父老,调查社区变化、收集资料,不仅使学生的综合素质得到提高,而且使学生对家乡对社区的情感得到升华。这种基于风土人情的社会实践活动,几乎在每个学校都有开展。

其二,弘扬与培育民族精神。民族精神是一个民族赖以生存和发展的精神支撑,民族精神教育是国民教育的核心。参加社会实践活动是对学生进行民族精神教育不可缺少的途径。爱国主义教育基地、革命历史博物馆、传统的文化节庆、优秀人物传奇等等，都是弘扬与培育民族精神的有利载体。很多学校的社会实践活动，都注重引导学生通过考察活动、社团活动、社会服务、农村实践活动、军政训练、科技活动、名著阅读、影视观赏、戏剧欣赏、歌曲学唱、节庆活动和仪式教育等，自觉践行民族精神，从不同的角度，感悟民族精神教育。

其三，探秘社区自然环境。在学生生活的环境中，存在大量社会实践活动的教育资源，清新自然的田野风光，繁华热闹的街市景观，独具品性的乡邻，独有的民俗风情，父辈赖以劳动、谋生的工厂、农村等构成了学生的生活背景。家庭、街道、商店、田野、森林、河流等都可以成为学生社会实践的活动空间。二期课改以来，在社会实践中，学生们广泛地接触社会、接触自然，更加关注现实生活，积极亲身参与社会实践，使活动空间更加开放化，让学生在课堂外、社区、自然环境中进行探索，从而形成一个开放的学习过程。

其四，聚焦社区社会现象。教学如果不和学生的现实生活相融合，就没有现实的感觉，学生也就缺乏学习的动机。各学校在开展社会实践课程时，注重让生活走进学生的学习，将学习引向生活，更多地走向社会。让学生自己去关注生活、关注社会。当今世界已经跨入信息时代，社会发展的速度越来越快，各种各样的社会现象和新鲜事物层出不穷，瞬息万变。关注社会发展，了解社会热点，掌握时代脉搏，也是学生实践探究的重要内容之一。选择一些容易引起讨论和启发的社区热点问题或社区社会现象，如加装电梯、垃圾分类、住房紧张、老人赡养等，组织学生进行实践体验，不仅有助于提升学生的社会责任意识和问题分析解决能力，也有助于为一些社会顽疾的破解提供新的思路和灵感。

其五，关注当前社会热点。上海的高中社会实践活动，在开发和设计的过程中，还强调社会视野的充分融入，将社会普遍关注的热点问题融入社会实践的过程之中，这些活动既包括了经济社会发展的宏观性问题，如经济结构转型、教育改革、社会生产消费分配方式等；也包括一些具体的社会现象和社会问题，如环境污染、人口老龄化、二孩政策、能源危机、战争与和平等，这种紧密围绕社会热点问题开展的社会实践能够密切学校教育与社会发展的内在联系，提升学生的社会适应程度，培养真正有价值的现代公民。

其六，拓展课本学科知识。只有将书本学习与实践活动相结合、课内知识与课外拓展相互动，为学科知识与社会实践搭建桥梁，学生的学习才不再单薄虚拟，同时也会增强学生学习的信心与兴趣，为学生的继续学习、终身学习打下基础。各学校普遍注重找准学科知识与社会实践活动的相关点、联结点,引导学生加强对学科知识的领悟、理解、加工、迁移与运用,拓展学生的学习时空,同时也注重启发学生运用课外获取的相关信息促进学科知识的学习,进一步实现课内课外有机融合,相得益彰。

其七,感受人间生活真情。围绕主要的社会角色选择活动主题,号召和组织学生在家庭——邻里——社区等环境中,经常留意身边需要帮助的人,自觉并乐意为他们服务,掌握志愿服务的有关知识和技能,在帮助他人的过程中奉献爱心,获得深刻体验、感受和满足。同时,在社会实践活动中,引导学生主动关注自我的生命成长历程与自己在成长中的变化,关注自我的各种社会角色以及在学习、生活、活动中的感受、困惑、成功等,正确理解生命价值,懂得自己的权利与义务,知道如何发挥优势、弥补短处。

(三) 社会实践活动表现形式多样

在具体的课程实施过程中,各学校能够根据社会实践的主题设计丰富的活动类型,探索形成了多样化的社会实践开展方式。主要包括:

其一,实践型活动。社会实践活动很多时候表现为一种实践性很强的德育课程,基于这种课程属性,在开展社会实践活动时,很多学校都坚持"得法于课内,得益于课外"的原则,引导学生在实践中了解社会、了解自然、了解自我,让学生在做中学,在实践中增长实践能力。如,有的学校开展了"见习居委会主任的活动",学生们积极响应,利用假日去居委会见习实践。一个阶段的见习实践,学生们感受颇深,他们说通过和他人的接触、交流,学会理解他人的生活习惯、个性特点、职业情况,懂得尊重人、体谅人,经常留意身边需要帮助的人,自觉并乐意为他们服务,对他人富有爱心,从帮助别人的快乐中,获得深刻体验、感受和满足。

其二,探究型活动。探究型实践活动是一种科学探索活动。如在上海中小学生中广为人知的"东方绿舟",就是有名的社会实践活动基地,很多学校每年组织学生到东方绿舟参观、活动、实践、体验。实践基地中的知识大道、勇敢者道路、野外生存、天象观测、定向越野、绿色能源等,都是非常好的社会实践课程资源。在实践、体验、活动中,有的学校注重学生问题意识、探究意识的培养,引导学生带着问题去实践。于是,学生们开展了丰富多彩的探究实践活动:"名人成功之路探究"、"对树木移植问题的研究"、"东方绿舟一日活动游玩路线设计"、"东方绿舟营销方式探究"、"东方绿舟天然酸碱指示剂的研究"等等。学生们在玩中思、在学中思、在思中进,在放飞自己的思维与想象中,发现问题、设计问题、解决问题、获得创新。

其三,体验型活动。在当前的学习方式变革中,体验学习的重要性越来越被认可,将学生的充分体验作为知识建构的基础已经成为当下教学改革的重要思路,而这种学习的思路对学生人格的健全和能力的提升也同样具有重要意义。从这个角度出发,社会实践活动为丰富学生的体验提供了重要的平台和载体,在社会实践中开展体验型活动,能够帮助学生更好地完善个性品质,健全人格特质,同时也有助于学生知识体系的丰富和综合能力的提升。在社会实践中,有的学校开展"角色实践大体验"实践活动,如"我当小交警"、"我当小农民"、"我当小环卫工人"等活动,以体验活动为主题组织观察、调查、探究等,让学生在社会生活中体验,培养学生社会责任感。

其四,调查型活动。在很多研究看来,学生通过社会调查能够有效形成认知、观察和思考的能力。在社会调查的过程中,学生需要通过自主学习和小组合作确定调查问题,需要设计合理的调查工具,选择合适的调查对象,通过合理的路径完成调查任务,并撰写相应的调查报告。这个过程需要运用学生多方面的能力和素质,也就使得调查型活动成为培养学生综合能力和素养,特别是发现问题、分析问题和解决问题能力素养的有效方式。在社会实践课程的实施中,上海有些中学能够充分利用周边的资源优势,组织学生开展社会调查,提升学生的问题意识和问题解决能力。如有的学校考察家乡民风民俗,从中感受家乡悠久的历史文化,激发学生热爱家乡的积极情感,更好地培育民族精神。针对目前关注的环境保护问题,组织学生调查家乡的环境污染情况,了解形成原因,制定对策,通过对调查数据的分析研究,得出有关结论,提出合理化的意见,能够提高学生分析和解决问题的能力,培养学生创新能力和实践能力[1]。

其五,交往型活动。在社会实践活动过程中,很多学校都非常注重学生与学生之间的交往互动、学生与老师之间的交往互动、学生与社会上多种角色的交往互动。如,上海市奉贤区的某所学校,与闵行区一江之隔。优越的地理位置,使社区吸纳了来自全国各地的有识之士,孕育了丰富的人文资源。学校针对社区中丰富的人力资源开展了交往型社会实践活动,组织学生与社区中艺人、军人、老干部、孤老进行交往。学生们利用节假日,上门向艺人学艺、到敬老院拜访孤老、听老军人讲革命故事等,在交往中培养了学生热爱艺术、尊重历史、关爱老人、礼仪待人等优秀民族文化精神。

---

① 李逢五,朱权华. 作为课程形式的社会实践活动[J]. 新课程,2007(6).

其六,社团服务型活动。社团服务是学生社会实践活动中的一项重要内容,它是提升学生社会责任感和增强社会参与能力的重要途径。如,有的学校结合区位优势开展了"弘扬牡丹精神,争做文明好少年"认养绿地的爱绿护绿活动、服务活动和环保活动,活动的开展增强了学生的环保意识和社会责任意识,也使学生体会到为他人服务所带来的快乐,培养了学生高尚的思想情操。再如,有的学校开展敬老院的慰问服务活动,让老人们感受到社会给予的温暖,同时也树立学生尊重老人的思想。"我是小小志愿者"上街宣传、清除废弃物等,培养了学生们的环保意识和法制意识,使学生树立保护一个地球从我做起,从身边做起的正确态度。

其七,考察型活动。考察型活动可借助学生春秋游实践活动或在参观访问之中,引导学生进行实地考察,开展拍摄照片、撰写考察日记、编写材料、举办考察专班展示、谈感想及体会等活动。如考察本地区建设发展情况,能够让学生切身感受到改革开放的巨大成就。

综上所述,随着基础教育课程与教学改革的深入,教育领域对于社会实践的育人价值和功能给予了越来越多的重视和认可,从课程设计、开发、实施和评价的角度对社会实践活动进行有效整合和落实,已经成为上海各高中在办学过程中的常态,社会实践的实际育人价值也得到了相应的发挥。

第二节　上海高中社会实践课程的问题梳理

近年来,随着我国社会的发展,作为社会子系统之一的教育也呈现出了繁荣的景象。但与社会的这一深刻变革形成明显对照的是,我国的教育研究并未因此获得自身的"解放"而走向"自为",这其中的一个重要原因是教育研究的价值取向出现了问题,换言之,学界对于"什么是有意义的教育研究"这一问题的理解和实践出现了偏差。有研究认为,教育研究不应该仅仅作为一种"学院化"的职业,其本质也不应该局限于某种知识体系的建构,应该要凸显教育研究的实践本质,要认识到现实的教育生活才是教育研究的问题源泉,真正有价值的教育研究活动,就是要从实践中发现问题,通过研究解决实践性问题。脱离了实践性问题,教育研究的意义将会大打折扣[1]。这也就意味着要赋予高中社会实践课程研究以价值和意义,就必须关注社会实践课程实施中存在的现实问题,只有聚焦实际问题,才能明确改革的突

---

[1]　王兆璟.论有意义的教育研究[J].教育研究,2008(7).

破口和着力点,进而设计真正有针对性、有实效性的课程,才能更好地实现高中社会实践课程改革研究的价值。

一、文献梳理的结论

文献研究法主要指搜集、鉴别、整理文献,并通过对文献的研究形成对事实的科学认识的方法。文献法是一种古老而又富有生命力的科学研究方法,能够比较有效地了解某一领域的研究状况。近年来,随着社会实践课程在中小学的持续开展,对社会实践课程的理论和实践研究也开始逐渐丰富,其中有部分研究者结合工作实际,立足自身所在学校或者区域社会实践的开展情况,对学校社会实践课程或者活动中存在的问题进行了研究梳理,这些梳理概括了当前中学生社会实践课程实施中存在的普遍性问题,主要有以下几个方面:

(一)价值观念的问题

要推动社会实践的健康发展和育人成效的顺利达成,首先要树立起对社会实践活动价值的合理认知。但是,从实践的角度看,不论是学校、教师、家长还是学生本人,在对待社会实践的价值观念上都存在一定程度的偏颇。我国考试选拔制度数千年的沿革和影响,使得在学校和家长的心中考试成绩的重要性远远大于学生在社会实践中获得的成长。在各级各类学校之中,对于升学率的追求尽管不再像过去那样疯狂,但是依然在教育发展的价值理念体系中占据重要地位,在这种价值的引导下,学校把大部分精力投入到课堂教学之中,以期提升学生的学业成绩,特别是考试成绩,换取高升学率和学校的良好声誉,而社会实践活动,由于与学生升学的关系不大,往往被置于可有可无的境地,针对性的设计和思考不多[①]。从家长的角度看,尽管大量家长都认识到了学生全面发展的重要性,也明白社会实践能够给学生成长带来一定的积极价值,但是在考试的压力下,他们并不希望社会实践占据孩子过多的时间和精力,特别是在社会实践与学生其他学习、考试等出现冲突的时候,他们往往会毫不犹豫地选择支持学习和考试,而放弃社会实践活动。同时,在很多学生看来,由于社会实践组织的不力和日常学习考试的压力,他们不能从社会实践中得到更多的积极体验,参与社会实践的主动性也就大打折扣,甚至在学生看来,社会实践也是可有可无的"放松活动"。这种价值观念上的问题导致了社会实践在学校之中成为无人顾及的"冷门地带",其作为课程的育人价值自然也就难

---

① 杨晓虹.中学社会实践活动的现状分析及对策研究[J].教育探索与实践,2006(5).

以得到发挥。

(二) 经费来源的问题

社会实践不是简单的活动,需要相应的资源保障,特别是经费支持,如何确定这笔经费的支出主体,确保经费的稳定来源,这是关涉到社会实践能否顺利开展的重要问题。从实际情况看,一方面,尽管随着我国经济社会的快速发展,国家政府投入到教育事业中的经费越来越多,学校的办学条件得到了极大改善,但是总体而言,我国各级各类学校均存在不同程度的办学经费紧张问题,特别是在经济社会发展欠发达地区,这种经费的短缺更加明显,在这样的情况下,很难从制度上保障社会实践的经费支持;另一方面,对于任何一所学校而言,在统筹谋划发展的过程中,往往更倾向于将有限的办学经费投入到事关学校改革和发展的核心领域之中,比如教学条件的改善、课程资源的拓展以及教师待遇的提升,很少会有学校在进行经费预算的时候专门考虑到社会实践的层面。同样,对于家长而言,在对学生进行课外学习支持的时候,也往往倾向于投资对学生学习成绩有明显提升价值的学习活动,而不会考虑见效周期较长的社会实践活动,这就在很大程度上导致社会实践活动开展过程中往往会面临缺少经费支持的窘境。

(三) 活动安全的问题

近年来,学校安全已经成为社会各界普遍关注的问题。早在 2001 年九届全国人大第四次会议上,就有 700 位代表向大会议案组提交了 21 份关于尽快制订《校园安全法》的议案。许多地方人民代表大会先后制定了相应的地方性法规,教育部也出台了相应的部门规章。在学校中,学生的活动和对学生的控制构成了教育教学过程中的一对基本矛盾,这意味着只要开门办学,实施教育教学活动,就或多或少地存在着发生人身伤害事故的可能性。因此,学校理应给学生提供相应的安全保障措施[①]。从上述分析出发,不论何种类型的学校,都应该把保障学生安全作为办学的底线,相比较于静态的、封闭的学校教育,空间更开阔的社会实践活动往往隐含了更多的危险可能,特别是集体组织学生到陌生领域、陌生地区开展社会实践,安全的隐患往往更加复杂。因此,很多学校在考虑社会实践工作的时候不得不权衡其安全性,从规避风险的角度,更多的学校选择尽可能不要走出校门,或者尽可能不要走远,这样就会在很大程度上降低安全意外事件的发生可能,但是这样一来,无疑也在无形之中压缩了社会实践的空间。社会实践无论从组织开展上看,还

---

① 劳凯声.学校安全与学校对未成年学生安全保障义务[J].中国教育学刊,2013(6).

是从实践成效上看,都面临种种问题。

(四) 评价管理的问题

评价和管理是学校教育的重要组成部分,从当前的实际情况看,不论是社会对于学校的评价理念、评价方式,还是社会实践过程中的组织管理,都存在制约社会实践有效组织和实施的诸多因素。一方面,从评价的角度看,目前,尽管素质教育的理念已经深入人心,各层面的教育改革也轰轰烈烈,但是,考试成绩依然是评价学生、评价学校的重要指标,在这样的评价导向下,学校往往会将有助于提升学生学业成就的工作作为学校的核心工作,甚至会出现以教育升学等为借口挤压学生课外活动和社会实践活动的情况,这在很大程度上容易导致社会实践流于形式;另一方面,在社会实践的具体管理上,不论是上级主管部门,还是学校本身,往往都缺少合理的规划和完善的机制,在组织开展社会实践的过程中容易出现极端情况,要么管得过死,要求过严,学生的自主性和能动性得不到很好的发挥,要么缺少足够的过程性管理,对学生放任自流,导致社会实践流于形式缺少实践成效的保障。

(五) 理论缺失的问题

理论是为了建立一套连续完整的认识所产生的思维产物。研究理论工作的主要任务,包括描述研究对象的规律,解释研究对象规律的意义①,更包括用理论来阐释和解决现实的问题。对于社会实践长效机制的建构而言,理论研究的支撑显然是必不可少的。近年来,随着教育领域对社会实践问题的日渐重视,各领域的研究人员对学生参与社会实践问题进行了相应的研究,并在社会实践的价值、内涵、机制、路径等领域取得了丰富的研究成果,但是审视这些研究,可以发现研究更多集中于大学生社会实践领域,而对于中小学的社会实践问题研究甚少。根据笔者的检索,近10年来,中国期刊网中中国社会科学索引核心期刊(CSSCI)中公开发表的关于社会实践的研究文献有近1万3千余篇,其中与社会实践长效机制建构有关的文章有223篇,但是,通过对这些研究成果进行梳理可以发现,95%以上的研究成果是关于大学生社会实践的,中小学生社会实践的相关研究寥若晨星。正如前文所述,社会实践作为一种独特的课程方式和育人载体,其创新和发展依赖于相应的理论支持,而对于社会实践研究本身的不足和研究领域上的偏好,使得中小学的社会实践活动往往缺少足够的理论支持,这容易导致各学校社会实践过程中的零散性现象,缺少制度化的设计和综合性的改革策略、改革保障。因此,着眼于社会实践

---

① 陈世旭. 理论的价值[J]. 文学自由谈,2018(1).

良好成效的发挥,必须要建立一种有效的机制对社会实践进行约束和指导,使其开展得更加规范、有序和有效①,而这种机制的建立,显然应该以理论的研究为基础和指导。

二、实证调研的结论

对问题梳理的全面性与否在很大程度上决定了原因分析和对策设计的科学性程度,在梳理中学社会实践现存问题的过程中,除了查阅相关文献之外,课程组还对全国各中小学社会实践开展情况进行了实证调查。本次调查的时间从 2015 年 3 月底开始,2016 年 1 月结束,历时 10 个月左右。调查共发出网络问卷 1885 份,书面问卷 296 份,总计 2181,回收 2163 份,回收率为 99.17%,其中有效问卷 2067 份,有效问卷为 94.77%。本次调查涉及的省份有来自全国各地的 15 个省,具体的样本分布情况见下图:

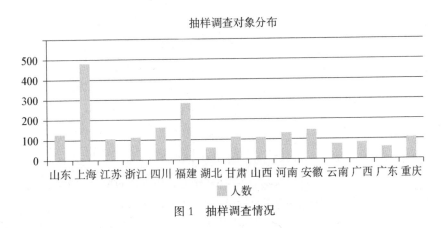

图 1　抽样调查情况

除问卷调查外,还采用访谈形式对影响社会实践活动的关键要素进行分析。调研显示,高中社会实践的改革已经取得了一定的成效,比如,调查数据显示,有近 89%的学校每次社会实践活动都会有完整记录,85%以上的学校开展的社会实践活动有清晰的主题设计,94%以上的学校在社会实践之前会拟定完整的实施方案,绝大多数学校在社会实践的实施前、实施中都会有相应的、比较周全的准备,在社会实践结束后,近 86%的学校会组织专门的评价和改进。近 97%的学生会在社会实践之前进行合理准备,而且准备工作涉及到社会实践的各个环节。

本次调查,除了反映出社会实践变革取得了一定成效之外,也反映出了存在的

① 丁明明.建立中学社会实践机制研究[D].长春:东北师范大学,2009.

一些问题。

（一）对社会实践活动课程的重视不够，认识层面尚未达成共识

社会实践活动课程有着特殊的价值与明确的目标追求，但现实学校教育实践中其价值未能得到真正实现，重视度不够，对课程的整体理解与认识存在差异。在"您在开展社会实践活动课程中的困惑和忧虑有哪些?"这一问题的调研中，如图 2 所示：其中有 55.2% 的教师选择"学校给予的重视与支持不够，没有空间"，成为困扰教师，排在第一位的问题。

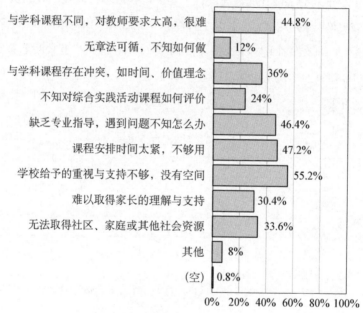

图 2　教师在开展社会实践活动课程中遇到的困难情况

对于社会课程的理解与价值的认识，对校长进行了访谈，发现校长对课程的价值，尤其是课程的整体理解与认知方面存在较大的差异，甚至在认识层面还存在一定的偏颇。在对××学校的校长进行访谈，问到："您们学校的社会实践活动课程是如何开展的? 您认为社会实践活动课程给您学校的师生发展带来什么影响和价值?"这一问题时，该校长认为，目前学生学业负担过重、教师工作量大，没有太多时间顾及，每学期学校例行会开展 1—2 个大型的主题活动。对该校的教师访谈时，教师认为：领导重视程度不够，现行评价制度制约，给予的支持很少，学校始终把考试科目放在首位，认为社会实践无足轻重，可有可无，学校、老师每天承担的各级检查、会议太多。在问卷的开放性问题中，对于教师目前遇到的困惑和问题中，也有

教师提出：教育行政部门不够重视、学校领导不重视。同时，在对"您在社会实践活动课程设计与实施不同阶段，遇到的最突出的问题和主要困难是什么？"的问题的调研，有十位教师填写了"教育行政部门不够重视、学校领导不重视、领导认识不够、总体不重视、从上到下不重视"。目前对社会实践的整体理解与认识，还不能达成共识，认识上还有偏颇，重视程度不够，不能凝心聚力形成合力，直接影响到社会实践活动实践行动。

（二）学校对社会实践课程缺乏整体规划、设计和指导，实践层面还未有效落实

目前，学校缺少长期、连贯、系统的课程规划，是课程实施中的一个突出问题。很多学校缺乏课程与学生内在发展与需求关系的认识，没有对学校课程进行整体规划，造成学校课程缺乏整体性、有序性。在访谈中，对于"目前您学校开设了哪些课程？"多所学校校长以详细介绍了目前学校开设的门类繁多的课程，不仅类别多，而且花样多，有些学校在校本课程开发方面还编写了教材，校长引以为自豪。而问及"这些课程之间有什么关系？是如何思考课程与学生发展的关系的？"这些问题时，有的校长给出的解释是：上级要求开发校本课程。显然，这样做的初衷已经背离了学生发展的需要。由于对社会实践的认识不足，许多学校没有认识到社会实践在学生综合素养培养，在课程整合方面的特有的功能与价值。

社会实践强调学生的发展需求，关注学校办学理念与培养目标的一致性设计，社会实践要落实学生综合素养的培养，需要对学期、学年课程做出规划，充分考虑学校资源、社区资源、家长资源，围绕学生的核心素养发展，建构有效的课程内容框架。调查显示，无论是从学校，还是教师，目前在课程规划方面还存在很大的随意性，仅有51.2%的教师反映学校每学期（或每学年）制定课程规划，20.8%的教师反映学校偶尔制定课程规划，11.2%的教师反映学校从不制定课程规划。对于社会实践活动，更谈不上系统有效的设计。学校仅仅依靠教师个体自发地研究或各年级、各班级自行计划实施，社会实践活动在开展过程中盲目性和随意性较大。

调查数据还显示，46.4%的教师认为"缺乏专业指导，遇到问题不知怎么办？"成为困扰教师指导和实施社会实践排在第三位的问题。同时社会实践课程本身对教师的专业素养提出了新的要求，需要教师提升关键能力，在"您在开展综合实践活动课程中的困惑和忧虑有哪些？"这一问题的调研中，有44.8%的教师认为"与学科课程不同，对教师要求高，很难"。由此可以看出，学校由于对社会实践缺乏有效的组织和实施的指导，教师们普遍存在"不会做"现象。

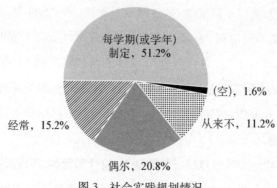

图3　社会实践规划情况

（三）缺乏有效的课程评价与管理制度，管理层面上还未有效跟进

由于社会实践课程没有统一具体的评价要求，因此在社会实践活动课程实践中评价问题始终是难点问题。目前，在针对"您所在学校是否建立了社会实践活动课程评价机制与方法？"的调查中，有50.4％选择了"否"，48.8％选择了"是"，说明大部分学校并没有建立社会实践课程的评价机制与方法，也成为影响制约学生和教师参与积极性的重要因素。

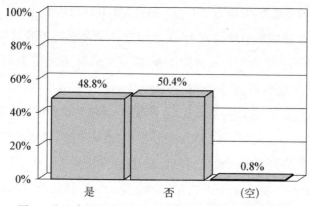

图4　学校建立综合实践活动课程评价机制与方法情况

对于学校是否已建立了支持和促进社会实践课程开展的相关课程管理制度或激励机制的调查中，有51.2％的教师选择了"是"并列举了具体的管理制度或激励措施，如："建立社团、下拨经费，开展课题展示和竞赛评选活动、将社会实践纳入教师绩效考核，并予以倾斜、有课程管理制度、工作量计算方案、奖励制度"等；48.8％的教师选择"否"。在问及"组织社会实践最主要的顾虑是什么"时，有58.8％的被调查者认为目前缺乏有效的社会实践安全保障制度。在对校长访谈时，他们也都提到"由于社会层面缺乏安全保障制度,社会实践活动会增加学校安全管理风险,同时学校也没有这方面的专项经费保障,如果不是迫于要求,不愿意自主组织社会实践活动。"

综合上述两个维度的问题分析,可以认为尽管随着课程改革的深入,社会、家庭和学校对于社会实践活动的综合育人价值已经形成了普遍的认知,在学校之中围绕社会实践打造的特色课程也已经在育人体系中发挥了一定作用,但是,就课程层面的建设而言,中学社会实践在设计和实施上还存在着诸多的问题。对于上海等经济社会发展比较发达的地区,社会实践的经费支持等问题已经不是突出问题,对于学校而言,尤其是高中阶段而言,社会实践课程普遍存在的是"不敢做"、"不想做"以及"不会做"的问题。这其中涉及到相关政策的调控以及校方的管理问题,同时也有课程设计及实施细节的问题。

第三节　上海高中社会实践问题的原因分析

科学、完整的原因分析是解决问题的前提。高中社会实践课程在设计和实施中存在的一系列问题并不是偶然的,影响社会实践活动课程实施效果的因素也必然是多种多样的、复杂的,应该用复杂性的视角看待和阐释高中社会实践存在的问题。复杂性哲学和复杂性研究的提出为人文社会科学研究开辟了一条蹊径,使得我们能够以一种全新的、复杂性的视角来重新认识我们所"熟知、熟悉"的人类世界。这一研究思路和方式更为适宜于被以研究人类复杂教育现象为对象的教育学所采纳[①]。高中教育是一种非常复杂的教育形态,表现为众多因素的相互作用及其发展的多样性与不确定性,其中主要包括高中教育对象的复杂性、高中教育目标和任务的复杂性、高中教育处境的复杂性、高中教育受关注程度的复杂性和高中教育办学形态的复杂性等[②]。高中教育的复杂性不仅要求高中教育按教育规律办学,也同样要求在分析高中教育变革存在的问题时需要运用复杂性思维,分析现象背后的深层次原因与多维度关联。对于高中社会实践课程的建设与实施而言,只有全面透视各因素影响的程度,才能使社会实践活动这门方兴未艾的课程得到有效的实施,才能真正构建起适应现实需要的社会实践长效机制。

---

① 司晓宏,吴东方. 复杂性理论与教育的复杂性研究[J]. 教育研究,2007(11).
② 程斯辉,汪睿. 论高中教育的复杂性及其对高中教育改革的要求[J]. 教育学报,2011(2).

一、高中社会实践问题的多元分析

结合文献的阅读,经过调查研究和对中学生社会实践现实状况的分析,总结存在的问题,分析其原因所在,这是建构中学社会实践长效机制的基础性工作。综合而言,高中社会实践问题的原因主要存在于以下几个方面:

(一) 高中学生自身的因素

高中学生是社会实践活动开展的主体,他们自身对于社会实践的态度和参与意识是决定社会实践活动能否在实践中取得良好成效的重要因素。根据对现有文献的梳理和笔者日常对学生的情况了解,高中学生对于社会实践存在三个方面的突出问题:其一,是"不愿"的问题。众所周知,高中阶段的学习压力比较大,特别是随着年级的逐渐升高,高考的压力不断增加,而社会实践往往需要利用节假日开展,在很多学生看来,他们宁愿用这些节假日进行身心的放松或者进行课业的补习,也不愿意将时间和精力浪费在"没有价值"的社会实践之上;其二,是"不能"的问题。从课程和教学的角度审视高中阶段的社会实践,能够感觉到社会实践绝不是简单的游玩、放松,它需要学生具备相应的能力与素质,特别是创新意识、问题意识、团队合作能力、调查分析能力等,根据我们的了解,存在大量的学生认为自己的能力素质与高质量社会实践活动的要求存在差距,他们担心社会实践的过程中自己难以取得理想的实践成效;其三,是"不懂"的问题,社会实践尽管不是教育领域的新生事物,但是学校之中教师往往不会对学生就社会实践的内涵、价值、体系等进行系统讲解,也就导致学生对于社会实践基本问题的了解并不深刻,甚至并不科学,往往也就不知道应该如何看待和参与社会实践。因此,要变革和创新社会实践的载体与方式,需要系统性的联动,除了要消除家长、社会、学校等对组织学生参加社区社会实践活动认识上的误区,共同为孩子们营造一个良好的成长环境之外,作为社会实践的主体,学生也要树立正确的社会实践观,积极参与,在实践中锻炼自身适应社会的能力[①]。此外,根据我们的调查,大都市中的中学生,普遍存在着对周边事物兴趣度偏低的特点,例如有超过 75% 的学生认为他们最想去参加社会实践或者研学旅行的地方是国境外,绝大多数的同学已经去过上海周边的城市或者中国绝大多数有特色的城市,在这样的情况下,学生对于社会实践活动的需求必然呈现出新的特点和新的增长点,如果社会实践活动在主题设计和实施方式上不进行必要的创新,那么将很难吸引学生真正的参与兴趣。

---

① 涂远.社会实践缘何变味成"四处盖章"[N].工人日报,2004-04-01.

（二）学校认识组织不力的因素

作为一项系统性活动的社会实践，是学校课程体系、育人体系的重要组成部分，要实现其教育价值必须通过有效的组织实施，而从当前的实际情况看，学校组织实施的不力成为中学社会实践得不到很好的开展的重要阻碍因素。具体而言，这种组织的不力之处主要体现在两个维度：

其一是对社会实践活动组织的观念问题，对于这一问题实际上在本书前文之中已经有所表述。在对待社会实践的观念上，一方面，很多学校没有充分认识到社会实践的综合育人价值，甚至把社会实践活动与学校的日常课程与教学活动对立起来，认为开展社会实践活动会压缩学校正常的教育教学时间和空间，甚至会对学校的教育质量带来不利影响；另一方面，在很多学校的管理者和教师看来，学生教育和管理的底线是学生的人身安全，而要保证学生的人身安全，一个有效的途径就是减少集体活动，特别是户外集体活动，在这样的认识下，学校缺少组织学生走出学校开展社会实践活动的主观意愿，更谈不上对社会实践活动进行系统化的设计与开发了。

其二是社会实践开展过程中的组织实施问题。从目前的情况看，尽管学校的管理者和教师对于开展社会实践活动存在一定的顾虑，但是社会实践活动都已经或多或少地在中学阶段实施开来，特别是随着二期课改的深入，社会实践已经"旧时王谢堂前燕，飞入寻常百姓家"了。但是在具体的实施过程中，一方面，很多学校的社会实践活动缺少课程化的系统设计，想到哪里就做到哪里，活动零散，缺少主题，没有纳入到学校整体的课程体系之中，社会实践的延伸性和连续性难以得到保障。在这种状态下，很多学校的社会实践也就局限在组织学生走走看看、打扫卫生、志愿者服务等简单的活动，学生满足于"打卡敲章"，很难获得能力素质的综合提升；另一方面，由于缺少课程角度的系统思考，社会实践的跟踪保障机制和评价考核机制往往不够健全。从跟踪保障的角度看，尽管高中学生普遍具备了一定的自理自立能力，但是在社会实践过程中，突发性的情况时有发生，需要通过完善的制度和相应的应变机制来及时化解问题，但总体而言，学校对于这一领域的建构显得不足；从评价考核角度看，很多学校的社会实践活动结束了就结束了，没有相应的后期考核和反馈，不仅难以保障社会实践活动本身的成效，也无法对学生参与社会实践活动获得的能力素质提升进行及时的记录和评价，社会实践的育人价值难以实现。

（三）社会支持不足的因素

中学阶段的社会实践活动是一种离开校园环境在更广阔的社会空间之中开展

的活动,这一活动的顺利开展,除了学生自身的主动参与和学校的精心组织之外,还需要社会各方面的支持,特别是上级教育主管部门和学生家长的支持。而根据我们日常的调查了解,不论是从上级教育主管部门看,还是从学生家长看,能够真正给予学生社会实践活动的支持是有限的。一方面,从上级教育主管部门看,作为学校的直接管理者,上级部门对社会实践的态度和支持力度决定了学校在开展社会实践活动中的投入程度和所取得的成效。实践之中,尽管上级教育主管部门普遍认可社会实践的综合育人价值,但是由于各种因素的存在,不论是相关政策的制定、活动经费的保障,还是社会实践开展的过程性指导和监督,都处于相对缺乏的状态,这也在很大程度上增加了学校开展社会实践活动的疑惑和顾虑;另一方面,根据调查,尽管大部分家长能够认识到社会实践对于学生成长和发展的重要价值,也希望学生能够走上社会了解社会,增加自己的能力和才干。但是,对于很多高中阶段的家长而言,他们更加担心因为社会实践的组织实施影响了孩子的学习备考,担心参加社会实践发生意外危及孩子的人身安全,他们更希望让孩子全身心地投入高中阶段的学习之中,而将社会实践的机会留到大学。因为这种普遍性心理的存在,家长往往也不会主动参与和支持学校开展的社会实践活动。此外,不论是社区还是社会其他机构,如果缺少必要的沟通和利益上的相互惠及,他们支持和帮助学校开展社会实践活动的积极性往往也不高,整个社会资源统筹协调服务于高中生社会实践活动的机制在实践之中往往很难真正得到建构。

基于上述几个维度的分析可以得出如下结论:尽管社会、学校、家庭和学生个体都普遍认识到了社会实践的多维度价值,但是在社会实践的具体实施过程之中依然存在着这样那样的制约性问题,这些问题看似零散,实际上都与缺少合理的社会实践长效机制建设有关。因此,着眼于未来的高中社会实践,必须正视现有的问题,通过课程化的设计建构完善的、长久的实施机制,从而让高中社会实践真正成为促进学生成长成才的有效载体①。

二、高中社会实践成效的影响因素

任何形式的课程与教学改革,都离不开价值导向的问题。对于高中社会实践而言,应该在分析现存问题的基础上树立起清晰的成果导向,从问题的归因中寻找制约高中社会实践活动实施成效的关键要素。成果导向教育是一种以学生的学习

---

① 丁明明. 建立中学社会实践机制研究[D]. 长春：东北师范大学,2009.

成果为导向的教育理念①,在教育改革与发展的过程中,成果导向的教育变革理念越来越受到重视,而要确保教育改革的实际成果,必须对影响具体教育活动成效的因素进行总结归纳。

基于上述对社会实践活动存在问题原因的分析,我们认为,以下三个方面的问题是造成社会实践实施成效不尽如人意的关键:

首先是政策制度层面的因素。我国实行三级制课程,即国家课程、地方课程和校本课程。由于社会实践活动是由国家统一设计、地方监督实施、学校参与开发和组织管理的特殊课程,所以很容易造成课程实施上的"黑洞",从而使得社会实践课程缺乏常态化发展②;其次,各地监管制度还不够完善。考虑到我国的地域差异,对于社会实践课程少有符合各地经济社会发展现状的指导纲要;最后,现有制度有待优化。2017年颁布的《中小学综合实践活动课程指导纲要》对各级各类学校开展社会实践的具体课时数进行了明确要求,如要求小学1—2年级每周社会实践的平均课时不少于1课时;小学3—6年级和初中阶段每周平均不少于2课时;高中阶段则要按照要求贯彻执行课程方案,修完社会实践的规定学分。但是从实际的情况看,很多时候,各个年段的学生往往都无法保证完成《综合实践活动课程指导纲要》的相关要求,这说明我们的设计存在某些与实际情况不够匹配的情况,仍需不断细化完善。

其次是学校管理层面的因素。在学校教育中,校长和教师不仅是国家课程实施的主导力量,也是校本课程开发和实施的主导力量。他们的能力高低直接制约着课程的开发和实施的效果。但如果简单地认为是校长认识不到位、教师知识能力储备不够、学生素质不高而影响了社会实践活动的实施效果,那我们就会陷入一个永远也找不到出口的循环论证的怪圈。社会实践活动课程的实施同样不能缺乏组织与流程变革的支持。它不仅是"自上而下"与"自下而上"的管理策略选择,更是策略上的管理,需要我们在学校管理层面更进一步加强规范性。

最后是课程评估方面的问题。当下,在社会实践活动课程评价过程中,我们往往没有充分认识和把握该课程评价的特点和实质。现行的评价模式没有课程自身、发展绩效、学生参与程度的评价,只有学生活动的简单评价。同时,没有建立评价换算方式和评价程序,更没有对评价结果进行学业操行表述,也不与评优、升学

---

① 李志义. 成果导向的教学设计[J]. 中国大学教学,2015(3).
② 殷世东. 美、俄、法三国中小学综合实践活动课程常态化开设的启示[J]. 外国中小学教育,2009(1).

挂钩紧密关联。因此,社会实践活动课程评价的主体应更为多元化,应让学生、教师、学校和教育主管部门都参与进来。此外,不仅要求主体进行自我评价和他人评价,在评价内容上也要求主体进行过程评价和结果评价等等。

总而言之,随着课程改革和素质教育的不断推进,中学的社会实践活动被日益重视,作为课堂教学的延伸和补充,社会实践活动帮助学生实现了理论和实践的结合,推动着学生个体社会化的进程。但是,诸多问题的存在又凸显了高中社会实践课程设计与实施改革的重要性,在笔者看来,这种改革应该突出以下几个方面的整体思路:

其一,要注重发挥学校和教师在社会实践活动中的指导作用。作为一种课程门类的社会实践活动,要想在具体的实施过程中取得实际成效,除了要求学生全身心地投入和探索之外,也需要教师和学校的关注与指导,这种关注和指导应该是全过程、全方位的。在社会实践活动开始之前,学校和教师就要制定详细的实践计划,提供可供选择的研究方案,提醒学生应该准备的相关物品,并进行专门的行前教育,让学生对社会实践的内容、目的、要求等有科学的认识。在社会实践进行的过程中,教师也要尽可能地给予跟踪式关注与指导,确保学生在遇到问题的时候能够有及时的反馈渠道,既保证社会实践的过程少走弯路,也能够让学生的社会体验、社会调研真正深入下去,取得实际成效。在社会实践结束之后,学校和教师要组织专门的分析活动、总结活动和表彰活动,及时发现问题,总结经验,为后续社会实践活动的开展提供借鉴,也让作为课程的社会实践真正成为一个完整的"闭环"。

其二,要注重完善社会实践活动的评价体系。社会实践作为课程,不是简单的唱唱跳跳、走走看看,它需要承担起相应的育人价值,而这种育人价值达成的程度如何,显然需要通过相应的评价体系进行评判。因此,要推动社会实践长效机制的建设,确保社会实践实际效用的取得,就要注重社会实践评价体系的建构。一方面,要结合社会实践的具体内容和学校的育人理念、培养目标,对社会实践的评价指标进行科学设计,形成开展评价的依据。在指标设计的过程中,要充分借鉴和考虑过程性评价、表现性评价等现代评价理念,力求通过评价真实反映学生参与社会实践的过程性表现和所获得的成长与提升;另一方面,要充分体现评价的多元化特征,先让学生结合个人体验对社会实践进行自我评价,帮助学生学会反思提升,形成对社会实践的内在认同。在学生自我评价的基础上,可以通过同伴互评、教师测评和听取社会实践基地、合作单位的意见,形成对学生参与社会实践过程与结果的综合性评价,并以此作为对学生进行综合素质考评的重要参考依据,作为学生学业指导、生涯指导的基础性素材。

其三,要注重政策建设,强化约束和监督机制。要按照课程化的要求系统推进社会实践各项工作,使得社会实践成为有制度、有规范、有约束、有成效的系列化活动。为了达成这样的目标,首先要在思想认识上及时跟进,充分认识和认可社会实践的综合育人价值,从政策导向、舆论宣传等角度对社会实践的重要价值进行广泛宣传,使社会、学校、教师、家长和学生都能够对社会实践的价值与功能形成认可,为社会实践活动的长效机制建设扫清思想障碍。其次,要强化社会实践的过程性监督与约束,充分发挥教育行政部门的宏观把控作用,通过制度性要求落实社会实践的课程化建设,督促学校围绕社会实践的有效开展建构相应的激励、运行、保障机制,使社会实践的各项假设真正落到实处,保证社会实践教育不虚不空[①]。

基于上述论述,开展社会实践活动能够架构学校与社会之间有益的、有效的沟通桥梁,也能够为提升学校德育工作的有效性提供新的载体,推动学校育人目标的更好达成和学生成长成才的更好实现。社会实践活动是一项综合性、系统性活动,它的有效开展,既需要相关政策的保障,需要学校的有效组织和谋划,也需要教师、家长的指导配合以及整个社会资源的保障。这也就意味着,要真正提升社会实践课程的育人价值,推动中学社会实践课程的纵深发展,就必须致力于构建社会实践的长效机制。在这个过程中,既需要相关理论的探讨,更需要各个学校结合自身的实际进行个体化的创造和探索,以形成具有经验和辐射价值的社会实践长效机制建构路径,推动整个高中教育体系中社会实践课程的优化。

---

① 杨晓虹. 中学社会实践活动的现状分析及对策研究[J]. 当代教育论坛,2006(5).

中　篇

实践的探索

第四章

高中构建社会实践长效机制的课程建设

　　对于学校而言,建构社会实践的长效机制是一项系统性的工作,在此过程中,如何理解和把握社会实践课程的实施纲要是基础性的工作。曹杨二中结合国家关于社会实践课程的相关文件,立足于自身实践探索的经验,形成了对社会实践课程目标、课程理念、课程性质、课程实施和课程评价的总体认知,并以此作为基础,系统推进社会实践长效机制的建构。学校充分认识到社会实践基地建设对于建构长效机制的重要意义,总结提炼了社会实践基地遴选和建设的相关标准、原则,设计了具有学校特质、满足学生需要同时又具有一定辐射价值的个性化学生社会实践和研学旅行"路线图",有效推动了社会实践的常态化、制度化。学校认为,社会实践活动的课程化建设是建构社会实践长效机制的根本路径,通过建构"多维有序"的社会实践课程体系,学校形成了横向延展、纵向延伸的社会实践课程网络,设计开发了不同课程的实施方案,有效保障了社会实践课程实践价值和育人价值的彰显。

在社会科学的研究方法体系中,个案研究是一种古老的、常用的方法,政治学、社会学、人类学、教育学等领域中很多经典著作和代表性研究文献都是通过个案研究的方法完成的。特别是教育研究领域,随着改革的深入和研究方法论体系的日渐完善,个案研究使用的频率不断提升。有研究人员对近十年我国教育科学研究领域的相关成果进行了统计分析,发现在教育研究开展的过程中,质性研究越来越成为一种流行的趋势,而在质性研究的成果体系中,个案研究的比重超过了64%[①]。尽管也有学者对个案研究的科学性,特别是研究结论的普遍性与可推广性存在质疑,但是通过个案分析总结普适性的教育改革规律越来越成为教育研究与实践的重要路径。客观而言,尽管个案研究很多时候只是反映某一领域的问题或现象,但是这些看似单一的现象之中实际上也蕴含了规律性的理论问题,只要通过科学的分析思路以及严密的分析推理,就能够从具体的个案之中形成普遍性的规律和认识,对个别教育现象进行理论阐释,实现教育研究的价值。与此同时,相比较于其他研究方法,个案研究往往取材于教育实践,更易于在研究者和读者之间产生思想和情感共鸣,研究的结论更易得到推广,这也体现了个案研究的学术价值[②]。在持续推进中小学社会实践课程建设与改革的过程中,不少学校结合本地区、本学校的实际情况进行了个性化的探索,形成了建构社会实践长效机制的优秀个案。对这样的个案进行研究,既有助于总结社会实践课程建设的实践经验,也能够确保社会实践课程研究与学校教育改革现实的有效契合,因而富有多维度的价值和意义。

上海市曹杨第二中学就是社会实践课程建设与实施探索的优秀个案。

经过二十多年的持续探索,已经形成了一整套涵盖高中全学段、针对各类学生的社会实践活动课程体系,形成了共计19项具体的社会实践活动课程,其中全员必修课程8种,部分班级必修课程4种,可供学生自主选择的选修课程7种。同时,学校探索形成了一整套与社会实践课程实施相配套的举措、制度,形成了具有研究和辐射价值的经验性做法。对曹杨二中这一社会实践课程构建实施个案的研究,有助于进一步深化对高中社会实践长效机制建构的理性认知,总结建构社会实践长效机制的思路与举措。

---

① 姚计海,王喜雪. 近十年来我国教育研究方法的分析与反思[J]. 教育研究,2013(3).
② 魏峰. 从个案到社会:教育个案研究的内涵、层次与价值[J]. 教育研究与实验,2016(4).

第一节　社会实践指导纲要的把握

中学社会实践作为一种特殊的课程，必须在课程理念的指导下进行科学的顶层设计。从实践中的经验和探索看，我们一直认为，高中社会实践课程应该有国家或者区域层面的整体规划和设计，应该有相应的课程指导纲要。在曹杨二中的社会实践课程探索之初，并没有国家和区域层面的课程实施纲要可供参考，我们更多的是在实践中不断摸索和积累对社会实践课程各维度的个性化理解。2017 年 9 月，教育部印发了《中小学综合实践活动课程指导纲要》，对中小学综合实践活动课程的理念、价值、实施、评价等问题进行了规范性的界定和说明。立足这份颇具针对性的文件，结合曹杨二中的实践探索，我们认为，要开展好高中社会实践，建构社会实践长效机制，必须对社会实践指导纲要的精神和内涵进行个性化的解读和把握。

一、关于高中社会实践课程的性质

对社会实践活动性质的认定在很大程度上决定了学校在社会实践课程建设中所持有的理念和原则，在曹杨二中看来，高中的社会实践是一种基于现实情境的、以探究服务和体验为主要方式的独特课程。这种独特的课程从学生的真实生活和发展需要出发，打通校内校外两个人才培养系统，在更广阔的平台中，充分利用社会教育资源培养学生的综合素质。社会实践活动在高中阶段不是可有可无的活动，而是高中课程体系的重要组成部分，按照要求开设社会实践课程，发挥社会实践课程的综合育人价值，这既是优化高中阶段人才培养模式的要求，也是落实高中阶段课程方案的要求。

在具体的实践之中，曹杨二中着重从以下四个维度把握高中社会实践课程的基本内涵：其一，社会实践活动是由教育部门和学校有组织、有计划、有目的的校外参观体验实践活动。不包含在校内组织的各种活动，如兴趣小组、俱乐部、社团活动、棋艺比赛、校园文化活动；不包含家庭模式的亲子旅行；不包含学生自行组织的各类团队活动；不包含校外教育机构组织的各类文体、科技、艺术竞赛等。其二，社会实践活动主要是以集体活动为方式展开的，相对来说需要持续一定的时间，活动不是随意的，而是需要围绕育人的目标进行前期的整体设计。其三，社会实践是研究性学习、小组合作学习和体验性学习相结合的校外教育活动，是学校课程体系的重要组成部分,是学生的一种学习方式和自我成长方式,其在价值上不能等同于一般的游玩旅行。其四,社会实践活动要求学校和教育部门关注学生的全面发展和综合素质提升,为学生提供一个多方面锻炼与提升自我的平台,倡导学生在做中学,在体验中学,边走边学,在"读万卷书、行万里路"的过程中实现学生与社会、与生活、与他人、与自然的沟通联系,促使学生学会思考、学会学习、学会做事、学会协作,最终提升学生的社会融入能力。

二、关于高中社会实践课程的理念

社会实践活动课程是一种基于学生的直接经验、密切联系学生自身生活和社会生活、体现对知识的综合运用的课程形态。这是一种以学生的生活与经验为核心而组织起来的综合课程,是一种随着新课程改革的推进而发展起来的课程。在实践中,我们始终坚持四个方面的价值导向,这些价值导向,实际上就是我们在开展社会实践课程之中对课程理念的思考和把握。

其一,课程目标以培养学生综合素质为导向。社会实践活动不同于一般的以知识传递、技能传授为主要目标的静态课堂教学,它是以培养学生综合能力与素养为核心目标的课程,强调学生在实际场景中综合运用已有知识,通过丰富的体验和探究,认识分析和解决现实问题,不断提升自我的社会责任意识,培养创新精神和实践能力,从而不断建构适应于未来社会发展的综合素质和能力,以确保学生在激烈的未来竞争中立足。

其二,课程开发面向学生的个体生活和社会生活。在现代课程理念和教学理念下,课程设计与实施需要直面学生的成长需求和成长特点,社会实践课程作为一种特殊的开放型、实践型课程,更应该立足于学生的完整生活世界,引导学生从现实的社会生活之中汲取成长的营养元素。在开展社会实践的过程中,学校应该充分挖掘和利用学生日常生活、社会生活以及大自然中的多种课程元素,让学生在与这些元素的充分互动中加深体验,完善自我,避免单纯的知识技能取向,真正建立起学生学习与现实生活的内在联系。

其三,课程实施注重学生主动实践和开放生成。社会实践课程鼓励学生从自身成长需要出发,选择活动主题,主动参与并亲身经历实践过程,体验并践行价值信念。在实施过程中,随着活动的不断展开,在教师指导下,学生可根据实际需要,对活动的目标与内容、组织与方法、过程与步骤等做出动态调整,使活动不断深化。

其四,课程评价主张多元评价和综合考察。作为课程门类的社会实践活动,也需要建立相应的评价体系,当前评价改革背景中,学生评价突出过程性、发展性和表现性理念,社会实践课程更应该充分重视学生在现实活动中的真实表现,尊重学生发展问题、分析问题和解决问题的多样性,通过合理评价机制的建构,真实记录和分析学生在社会实践过程中的表现与结果,倡导质性评价方式,避免单纯的分数和等级。要鼓励学生的自我评价和同伴间的分享交流,并以评价结果作为分析学生综合表现的重要依据。

三、关于高中社会实践课程的目标

我们认为,社会实践活动课程的总目标是:通过认识、体验、发现、探究、操作等多种学习和活动方式,发展实践能力,发展对知识的综合运用和创新能力,形成对自然、社会、自我之间内在联系的整体认识,进而养成良好的个性品质。

《中小学综合实践活动课程指导纲要》对高中阶段综合实践活动课程的课程目标进行了四个方面的界定:

价值体认目标:主要是通过党团活动、先进人物走访、研学旅行和职业体验等,加深对社会规则的了解,形成国家认同和文化自信,体悟个人成长与国家发展、民族进步之间应有的合理关系,形成个体与家国之间的命运共同体意识。加深对中国共产党的认知与情感,培养社会主义核心价值观,不断提升自我的思想认知水平。形成自我分析能力,结合自我兴趣与人格特质合理规划职业生涯。

责任担当目标:形成对个人、社会和国家的责任意识。关心关爱他人,心系社会发展,自觉参与社会工作和志愿服务。关心国家大事,关注社会现实问题。培养法治观念和责任意识,形成主动服务他人、服务社会的情怀,理解并践行社会公德,提高社会服务能力。

问题解决目标:能够结合自身兴趣爱好,对相应的问题开展研究和探索,提出具有建设性的建议意见。能够运用自身知识和技能,合理分析问题,用科学的方法开展研究,提出解决问题的相应办法。能够对问题分析和解决的过程进行合理反思,明确探究过程的不足之处,并进行不断调整完善。能够完成具有一定规范性和专业性的研究报告。

创意物化目标:积极参与动手操作实践,熟练掌握多种操作技能,综合运用技能解决生活中的复杂问题。增强创意设计、动手操作、技术应用和物化能力。形成在实践操作中学习的意识,提高综合解决问题的能力。

在具体的社会实践课程目标设计上,除了充分考虑《中小学综合实践活动课程指导纲要》本身的规定之外,我们还主动思考和对接教育改革的最新热点,对课程目标进行进一步的细化。这一过程中最为重要的思路是将社会实践课程的目标体系有效对接中国学生核心素养体系,结合每一种具体社会实践活动的内容、性质和价值,把核心素养的要求分解到社会实践之中,不仅让社会实践课程的实施目标性更加明确,也让学生核心素养的培育有了更加现实的载体。

四、关于高中社会实践课程的内容

《中小学综合实践活动课程指导纲要》指出,综合实践活动课程的内容选择与组织应遵循如下原则:其一,自主性,在设计社会实践具体内容的过程中,应该充分重视学生的特点和成长需要,让学生自主选择实践的内容和方式,提升学生的参与意识。作为教师,要认识到学生的社会实践主体地位,选择合适的方式,设计针对性的任务,引导学生积极参与,并在社会实践过程中切实提升自主规划和自我管理的能力;其二,实践性,即社会实践和综合实践活动都强调学生的亲身经历和感悟,强调学生的动手实践,让学生在思考、探究、发现、创造、反思、设计、分享等具体活动中加深对社会现象、社会问题和自我成长与发展的体验、体悟和体认,在真实环境中提升发现、分析和解决问题的能力,发展创新素养和实践能力;其三,开放性,即社会实践活动要打破学校的界限,打通学习的场域,基于学生的现实经验和兴趣专长,着眼于学生的整个生活世界,选择具有开放性和综合性的活动内容,打破传统的学科结构和知识体系,让学生在更广阔的领域和空间中自主建构与学习。同时,要引导学生把自己成长的环境作为学习场所,在与家庭、学校、社区的持续互动中,不断拓展活动时空和活动内容,使自己的个性特长、实践能力、服务精神和社会责任感不断获得发展;其四,整合性,即社会实践和综合实践活动在内容组织上不应该是单一的,而是要真正结合学生的年龄特征和个性特点,通过系统化、整体性的设计促进学生综合素质的发展。要充分考虑学生与自然、社会、他人、自我的关系,设计丰富的主题,为学生综合能力的锻炼提供课程支撑;其五,连续性,即综合实践活动课程的内容设计应基于学生可持续发展的要求,设计长短期相结合的主题活动,使活动内容具有递进性。要促使活动内容由简单走向复杂,使活动主题向纵深发展,不断丰富活动内容,拓展活动范围,促进学生综合素质的持续发展。要处理好学期之间、学年之间、学段之间活动内容的有机衔接与联系,构建科学合理的活动主题序列。

从上述课程内容选择的基本原则出发,曹杨二中认为,社会实践活动课程内容的设计既应该遵循基本的框架和规范,也应该因地方、学校的差异以及学习者的个性差异而不同。建校 60 多年来,曹杨二中社会实践活动项目不断丰富,尤其是近年来,随着高考综合改革和各校办学格局的调整,社会实践活动的内容设计、组织实施和社会影响等都在不断扩大。自 2000 年起,学校在已经形成的社会实践活动框架基础上,开始对社会实践活动进行课程化的设计:从重大社会实践活动中的活动案例进行课程化的理论剖析,到整个实践活动和课程化建设,最终到个性化的完整的社会实践课程体系的架构,一步一步形成了完善清晰的社会实践内容体系。

我们认为,当前高中阶段的社会实践课程中,以下几个方面的内容在进行社会实践课程内容设计的过程中应该值得关注:其一,研究性学习活动,即学生通过基于自身兴趣的选题、设计和实施,形成主动学习、合作学习的有效方式,引导学生关注时代问题,发展学生的探究意识和创新精神,帮助学生更好地认识社会、了解社会以及参与社会改造;其二,劳动与技术教育,即学生通过参与不同内容的实践劳动,形成热爱劳动、尊重劳动的意识,培养一定的劳动技能[①]。在劳动与技术教育的过程中,还有一种特别的社会实践活动需要引起重视,那就是学生的职业体验。要让学生通过合理的职业体验形成正确的职业认知,储备一定的职业经验,为今后更好地进行职业选择奠定基础;其三,社会服务活动,即让学生通过公益活动、志愿服务等方式参与社会活动,在这一过程中奉献自己的青春和智慧,也实现自我知识、技能、素质的全面提升。上述三大类社会实践课程框架为高中社会实践课程内容体系的建构提供了基本范畴,各学校可以在此基础上结合本单位实际进行灵活自主地设计。

五、关于高中社会实践课程的实施与评价

从课程建设与改革的角度审视社会实践活动课程,这一独特课程门类在我国课程体系中的正式确立,不仅意味着一种新的课程形式的出现,而且蕴含着一系列新的课程理念,在社会实践活动课程的理念下,课程不再是知识与技能的堆积,而是学生生活世界的有机构成,现实生活世界的种种,都是社会实践课程的可能性元素。在社会实践活动课程的理念下,学习者的主体地位得到进一步强化,学生有权利选择社会实践活动的内容和方式,不再是单纯的课程接受者。在社会实践活动课程的理念下,学习的时空范围得到了很大程度的延伸,每一个学生的学习个性能

---

① 张华.综合实践活动课程:理念与框架[J].教育发展研究,2001(1).

够得到充分尊重和满足。随着这些新的理念的产生,社会实践课程在整体实施和评价的过程中应该有一些不同于其他课程的特色和亮点。

社会实践活动课程要求新的评价理念与评价方式,这种新理念和新方式建立在众多评价维度之上。首先,从评价性质看,社会实践活动关注的焦点不在于学生知识与技能的习得,而在于学生在开设社会实践活动过程中情感态度、探究精神、创新素养和合作表达等多方面综合能力的持续提升,强调的是活动过程中学生的综合表现,因此,在社会实践课程中的学生评价,应该突出形成性评价与过程性评价;其次,从评价主体看,社会实践活动的开展过程,既是学生的自主建构过程,也是教师跟踪指导、家长综合保障、同伴相互帮助的过程,因此,在评价主体上,综合实践活动强调评价主体的多元性,这种多元性建立在学生自我评价的基础之上,融合教师评价、家长评价、同伴评价以及实践单位评价,这种综合多元的评价主体能够在很大程度上保障综合实践活动评价的科学性[①];从评价方法来看,社会实践活动的主要评价方法是质性评价,它着重对学生的个性化表现进行评定鉴赏。从评价的导向上看,社会实践课程应该注重发展性评价导向,即评价并非为了对学生参与社会实践的过程和结果进行"分类定级",而是要突出呈现学生通过社会实践获得的成长与发展,通过适切的评价方式、评价工具以及评价结果的呈现与运用,让评价更好地引导学生参与社会实践,更好地实现成长发展。

基于上述社会实践课程实施和评价的理念,在社会实践课程的具体实施过程中,曹杨二中注重建构多维有序的课程体系;注重课程实施中的前期安排和各部门的周密合作;注重运用多种研究和学习方式,促进学生主动发展;注重学生的情感体验、道德体验,实现社会实践过程中诸育的融合;注重编辑和发行社会实践指导手册,提升社会实践课程实施与评价的有效性;注重建立课程实施与管理领导小组,对社会实践课程的整体实施进行组织保障。这一系列举措的实施,既是学校对《中小学综合实践活动课程指导纲要》的个性化理解和把握,也是学校社会实践课程的总体设计与实施方略。

第二节 社会实践实施基地的遴选

中小学的社会实践课程是一种非学校场景的课程,其实施需要一定的人力物

---

① 李雁冰. 研究性学习可资借鉴的两种评价方法[J]. 教育发展研究,2000(11).

力和空间保障,因此,如何选择、建设和使用社会实践基地,就成了影响社会实践课程实施成效的重要因素。在我国大力实施素质教育改革和新一轮基础教育课程改革的过程中,校外实践基地的建设越来越受到重视,各地区和相关学校都对校外实践基地的建设投入了很多精力,也形成了一些有代表性的基地建设经验。校外社会实践基地具有相对成熟的社会条件,具有不同于学校教育的资源,能够成为学校教育的延伸和补充,也正因为如此,科学合理的实践基地建设及管理将有利于更好地促进综合实践活动课程总体教育目标的实现①,有利于社会实践长效机制的建构。

一、掌握国家层面社会实践基地建设情况

随着社会实践课程建设与改革的深入,国家教育部门对社会实践基地建设的重视程度越来越高,特别是随着近年来一些社会实践安全事件、诈骗事件等负面事件的发生,教育部在广泛调研的基础上出台了国家层面的研学实践教育基地和营地,为中小学社会实践基地的建设提供了样本和示范。

2017年12月,教育部办公厅下发了《关于公布第一批全国中小学生研学实践教育基地、营地名单的通知》(参见表4-1;4-2;4-3),《通知》中表明,第一批全国中小学生研学实践教育基地、营地是在国家有关基地主管部门和各省级教育行政部门推荐基础上,经专家评议,营地实地核查及综合评定最终确定的。《通知》强调了国家有关基地主管部门、各省级教育行政部门以及各中小学校的职能,要求严格落实分级管理的原则,落实责任,确保校外实践基地建设的成效,为提升学生创新精神和实践能力,培养学生的爱国情怀和道德品质提供尽可能丰富的平台和场景。

《通知》进一步要求,各中小学校要结合当地实际,把研学实践纳入学校教育教学计划,根据教育教学计划灵活安排研学实践时间,一般安排在小学四到六年级、初中一到二年级、高中一到二年级,尽量错开旅游高峰期。为了更好地实施研学旅行,充分发挥研学旅行的教育价值,《通知》要求各单位和学校在组织开展研学旅行的过程中要重视评价机制的建构,把学生参与研学旅行的情况作为对学校进行综合考评的重要内容,同时,也要求学校因地制宜,制定完善的学生研学旅行评价体系,对学生参与研学旅行的过程与结果进行合理评价,并将评价的内容逐步纳入学

---

① 周子,杨开山. 浅谈如何做好中小学社会实践基地课程建设[J]. 中国校外教育,2017(2).

生综合素质评价的体系①,通过评价机制的不断完善建构起科学的研学旅行改进体系。

　　国家层面中小学研学实践教育基地和营地的公布,尽管不是直接指向高中社会实践基地的建设,但是其对于建好高中社会实践基地有重要的意义:其一,国家层面按照一定标准遴选的基地相对来说都比较成熟,高中学校可以结合自身实际情况从中进行自主选择,而且这种选择因为有了国家层面政策、制度的把关和指导,将大大降低危机事件和问题的发生概率,确保社会实践活动有序进行。这对于高中学校而言将会大大节省社会实践基地遴选过程中的时间、精力等成本,提高社会实践课程建构和实施的工作效率;其二,国家层面研学教育实践基地的遴选不是随意的,通过分析这些入选的基地,可以总结国家所倡导的社会实践基地遴选和建设标准,在掌握这种标准的基础上学校可以根据自身需要、区域教育政策和周边教育资源,按照上述标准自主进行社会实践基地的遴选和建设。这种从国家基地建设中总结出来的经验和标准,有助于各学校在进行社会实践基地建设的过程中把握正确的方向。

表4-1　中央有关部门推荐的"全国中小学生研学实践教育基地"名单

序号	推荐单位	基 地 名 单
1	中央军委	中国人民革命军事博物馆;31699部队雷锋纪念馆;中国海军博物馆;中国航空博物馆;空军航空大学航空馆;天安门国旗护卫队
2	工业和信息化部	北京航空航天大学(航空航天博物馆、"月宫一号"综合实验装置);上海无线电科普教育基地
3	公安部	中国消防博物馆
4	国家安全部	河北西柏坡中央社会部旧址暨国家安全教育馆;陕西延安中央社会部旧址
5	国土资源部	中国地质博物馆;李四光纪念馆
6	环境保护部	北京学生活动管理中心(北京教学植物园)
7	住房和城乡建设部	黄山风景区
8	交通运输部	大连海事大学

① 中华人民共和国教育部.教育部办公厅关于公布第一批全国中小学生研学实践教育基地、营地名单的通知[EB/OL].http://www.moe.gov.cn/srcsite/A06/s3325/201712/t20171228_323273.html,2017-12-06.

序号	推荐单位	基 地 名 单
9	水利部	水利部丹江口水利枢纽管理局丹江口工程展览馆;黄河小浪底水利枢纽风景区;中国水利博物馆;水利部科技推广中心华东智慧灌溉科技推广示范基地;水利部节水灌溉示范基地
10	农业部	全国农业展览馆;中国水产科学研究院东海水产研究所
11	国务院国有资产监督管理委员会	鞍钢集团博物馆;中华航天博物馆;中国海洋石油工业展览馆;中国核工业科技馆
12	文化部	故宫博物院;中国国家博物馆
13	国家质量监督检验检疫总局	中家院(北京)检测认证有限公司;中国检验检疫科学研究院;上海市质量监督检验技术研究院;国家医学媒介生物监测检测重点实验室(辽宁)
14	国家旅游局	中关村智造大街;西柏坡纪念馆;平遥古城;临汾市黄河壶口瀑布风景名胜区;内蒙古玉龙沙湖国际生态文化旅游区;沙家浜风景区;杭州西溪国家湿地公园;武钢工业文化区;重庆南川金佛山景区(第二课堂科技营地);邓小平故居;华蓥山旅游区;遵义1964文化创意园;西藏自然科学博物馆
15	中国科学院	中国科学院上海植物生理生态研究所;中国科学院南京地理与湖泊研究所;中国科学院西双版纳热带植物园;中国科学院青海盐湖研究所;中国科学院武汉植物园;中国科学院华南植物园
16	中国工程院	中国工程院
17	中国地震局	国家地震紧急救援训练基地;北京国家地球观象台;山东省防震减灾科普馆;5·12汶川特大地震纪念馆
18	中国气象局	中国北极阁气象博物馆;广州市花都区气象天文科普馆;贵州省黔东南州气象台
19	国家国防科技工业局	中国航天三江集团公司;中国航发贵州黎阳航空发动机有限公司;哈军工纪念馆
20	国家海洋局	国家海洋博物馆;青岛鲁海丰海洋牧场;琼海市博鳌镇;厦门大学附属科技中学
21	国家文物局	湖南韶山毛泽东同志纪念馆;拉萨布达拉宫历史建筑群;曲阜孔庙、孔林和孔府

续 表

序号	推荐单位	基 地 名 单
22	三峡工程建设委员会	中国长江三峡集团公司
23	南水北调工程建设委员会	南水北调中线干线北京市房山区大石窝镇惠南庄泵站;南水北调中线干线河南省郑州市温县孤柏嘴穿黄工程
24	共青团中央	全国青少年延安革命传统教育基地;全国青少年长白山革命传统教育基地;全国青少年井冈山革命传统教育基地;平型关大捷纪念馆;杭州(国际)青少年洞桥营地;北京昌平砺志国防教育培训学校;北川三秒应急安全体验中心;山东北海湿地鸟类教育基地;江苏省民防教育体验馆
25	全国妇联	中国妇女儿童博物馆;吉林省妇女儿童活动中心;江苏省妇女儿童活动中心;新疆儿童发展中心
26	铁路总公司	沈阳铁路局大安北蒸汽机车陈列馆;中国铁道博物馆;郑州铁路局洛阳机务段"中共洛阳组"诞生纪念馆;武汉铁路局武汉二七纪念馆;上海铁路博物馆;昆明铁路局云南铁路博物馆;中国铁道科学研究院院史馆
27	中国科学技术协会	中国科学技术馆
28	宋庆龄基金会	中国宋庆龄青少年科技文化交流中心

表 4-2　各省级教育行政部门推荐的"全国中小学生研学实践教育基地"名单

序号	推荐地区	基 地 名 单
1	北京市	中国人民抗日战争纪念馆;宋庆龄故居
2	天津市	周恩来邓颖超纪念馆;平津战役纪念馆
3	河北省	晋察冀军区司令部旧址;马本斋烈士纪念馆;涉县青少年活动中心;保定市清苑区冉庄地道战纪念馆
4	山西省	中国煤炭博物馆;八路军太行纪念馆;山西祁县乔家大院民俗博物馆;昔阳大寨
5	内蒙古自治区	王若飞纪念馆;阿拉善沙漠世界地质公园;开鲁县青少年学生校外活动中心
6	辽宁省	沈阳"九·一八"历史博物馆;抚顺市雷锋纪念馆;抗美援朝纪念馆;辽沈战役纪念馆
7	吉林省	长春中医药大学;靖宇县杨靖宇将军殉国地;吉林省自然博物馆

续　表

序号	推荐地区	基　地　名　单
8	黑龙江省	五大连池风景名胜区;黑龙江凉水国家级自然保护区;金上京历史博物馆;东北烈士纪念馆
9	上海市	上海交通大学钱学森图书馆;上海中国航海博物馆;上海四行仓库抗战纪念馆
10	江苏省	侵华日军南京大屠杀遇难同胞纪念馆;周恩来纪念馆;新四军纪念馆;淮海战役烈士纪念塔;中国人民解放军海军诞生地纪念馆
11	浙江省	绍兴市鲁迅故里景区;浙江横店圆明新园;嘉兴南湖革命纪念馆;浙江省兰溪市诸葛八卦村
12	安徽省	黟县徽黄西递旅游开发有限公司(西递景区);天长市中小学生现代农业研学基地;安徽名人馆
13	福建省	福州市中国船政文化景区;福州市三坊七巷·严复翰墨馆;福建土楼(南靖)青少年社会实践活动中心;福建闽越王城博物馆
14	江西省	南昌八一起义纪念馆;瑞金中央革命根据地纪念馆;吉州窑博物馆;庐山西海风景名胜区
15	山东省	孟庙孟府孟林景区;山东博物馆;台儿庄古城景区;蒙阴岱崮地貌拓展服务中心
16	河南省	中国文字博物馆;林州市红旗渠;兰考焦裕禄纪念园
17	湖北省	辛亥革命武昌起义纪念馆;中国地质大学逸夫博物馆;长江三峡旅游管理区;神农架生态旅游区;潜江市龙虾产业发展服务中心
18	湖南省	湘潭市博物馆;长沙市博物馆
19	广东省	广东省博物馆;广东科学中心;广州神农草堂中医药博物馆;广东韶关丹霞山国家级自然保护区;孙中山故居纪念馆
20	广西壮族自治区	广西崇左白头叶猴国家级自然保护区;百色起义纪念公园;广西民族博物馆;凭祥友谊关;宁明县花山岩画;南宁青秀山风景区
21	海南省	文昌航天主题乐园(航天科普中心);中国(海南)南海博物馆;海南鹦哥岭省级自然保护区;坡心互联网农业小镇
22	重庆市	重庆三峡移民纪念馆;重庆红岩革命历史博物馆;重庆科技馆;国家技术标准创新基地重庆师范大学研究中心

序号	推荐地区	基地名单
23	四川省	成都大熊猫繁育研究基地;四川博物院;中国两弹城;攀枝花中国三线建设博物馆;四川广汉三星堆博物馆
24	贵州省	遵义会议纪念馆;黄果树风景名胜区;安顺市平坝区天龙屯堡古镇;中国天眼景区
25	云南省	丽江市古城区青少年学生校外活动中心
26	西藏自治区	拉萨市青少年示范性综合实践基地
27	陕西省	陕西历史博物馆;延安革命纪念馆;西安半坡博物馆;中国兵器工业试验测试研究院研学部;富平县爱国主义教育基地
28	甘肃省	甘肃地质博物馆;会宁红军长征胜利纪念馆;张掖湿地博物馆;民勤县防沙治沙纪念馆;天水市博物馆
29	青海省	格尔木市青少年活动中心
30	宁夏回族自治区	宁夏回族自治区科学技术馆(宁夏青少年科技活动中心)
31	新疆维吾尔自治区	新疆维吾尔自治区博物馆;八路军驻新疆办事处纪念馆;吐鲁番博物馆
32	新疆生产建设兵团	新疆生产建设兵团第十师一八五团

表4-3 第一批"全国中小学生研学实践教育营地"名单

序号	所在地区	营地名单
1	河北省	石家庄市青少年社会综合实践学校
2	山西省	晋中市中小学示范性综合实践基地
3	内蒙古自治区	呼伦贝尔市海拉尔区素质教育实践学校(北师高级中学)
4	黑龙江省	伊春市中小学生综合实践学校
5	上海市	青少年校外活动营地——东方绿舟
6	安徽省	铜陵市示范性综合实践基地
7	福建省	泉州市示范性综合实践基地
8	山东省	临沂市青少年示范性综合实践基地 潍坊市中小学生示范性综合实践基地(潍坊市实验学校)
9	河南省	济源市示范性综合实践基地

续 表

序号	所在地区	营 地 名 单
10	湖南省	长沙市中小学素质教育实践基地岳麓营地(长沙市示范性综合实践基地)
11	广西壮族自治区	玉林市示范性综合实践基地
12	陕西省	西安市中小学校外综合实践活动基地
13	新疆维吾尔自治区	乌鲁木齐市青少年综合实践教育中心

二、明确区域层面社会实践基地遴选标准

社会实践基地的选择和建设不是随意的,要纳入学校社会实践课程体系建设之中进行统筹考量。一般而言,学校的社会实践活动课程设计与实施总是与区域层面整体性的教育政策和教育改革进程相一致,同一区域的社会实践活动在组织安排上应该具有一定的相似性,这也就意味着,从区域层面制定社会实践基地的遴选和建设标准,对于区域内学校建构社会实践长效机制具有重要的指导性价值。"区域"是指通过选择某个或某几个特定指标在地球表面划分出具有一定范围、连续而不分离的空间单位。区域教育研究是以一定地理空间的区域教育为对象的研究,其价值和生命力日益彰显。我国较大的区域教育差异迫切需要开展区域教育研究,区域教育研究相对不足的现状需要加强区域教育研究,区域教育研究凸显教育研究的价值,区域教育研究有助于产生原创性研究成果①。从区域的层面对社会实践课程建设,特别是社会实践基地遴选标准等问题进行研究,能够产生较强的辐射价值,能够产生有助于社会实践课程实施改进的样本性经验。透过国家层面研学旅行基地和校外实践营地的遴选名单,结合上海市推进社会实践课程改革和学校在开展社会实践活动课程中积累的经验,曹杨二中认为,整个上海地区在遴选和培育社会实践基地的过程中,应该注重以下几个方面的基本原则:

(一) 因地制宜原则

因地制宜原则是学生社会实践基地建设的基础性原则,它要求各个学校必须结合本地区的区域优势和本校的学生需求现状,以充分挖掘和利用区域优质校外教育资源为宗旨建设基地。社会实践课程是学生利用正规课堂学习之外的时间,

---

① 华京生,华国栋.区域教育研究的意义、特征和路径[J].教育研究,2009,30(02).

包括学生的业余时间、节假日开展的活动,如果学校在选择社会实践基地上盲目求新、求远、求异,不顾学校和区域的实际情况盲目追求所谓的"高大上",将社会实践基地建立在远离所在地理区域的地方,势必会给社会实践课程的实施造成时间障碍和距离障碍,不利于社会实践课程的安排与管理,也会在无形之中增加课程的实施成本、安全成本,降低学生参与社会实践课程的积极性和家长对社会实践活动的支持力度。因此,学校在选择社会实践基地的过程中,应该着重考虑本区域或者本区域周边的优质校外教育资源,本着因地制宜的原则合理规划和运作社会实践基地的建设,只有如此,才能确保学校的社会实践活动以及与此密切相关的课程与教学改革和人才培养与区域教育改革同社会发展的现实情况紧密相连,更好地融入区域教育的整体发展之中。

(二)以生为本原则

以生为本是当前教育改革与发展的最基本价值和理念。"以生为本"是"以人为本"理念在学校教育环境中的具体体现。落实"以生为本",就是学校在开展教育教学活动中要以学生为根本出发点和落脚点,坚持一切从学生的实际发展水平出发,遵循学生成长发展规律和教育规律,以有利于学生的人格培养、有利于学生的成长成才和有利于学生幸福能力的提升为根本目标。具体而言,"以生为本"就是要以学生作为人的特性即人性为本,坚持人格平等与教育指导相结合;要以学生的个性为本,坚持共性标准与个性发展相结合;要以学生的幸福为本,坚持理性教育和非理性教育相结合[①]。社会实践活动作为一种特殊的课程,必须融入学校课程与教学改革的系统之中进行考虑,也自然而然地应该遵循以学生为本的基本价值取向。就社会实践基地的遴选看,要落实以学生为本着重应该考虑三个方面的问题:其一,要充分考虑学生的成长需要,通过社会实践基地的建设和社会实践课程的实施满足学生成长的独特需求,特别是要充分研究都市高中学生的成长特点,让学校建设的社会实践基地成为学生真心喜欢、乐于参与的地方;其二,要充分保障学生的自主权利,即在社会实践基地的遴选过程中,学校可以根据实际情况列出可供选择的清单,让学生在其中进行自主选择,然后在广泛统计的基础上确定最后的入选基地,让学生的自主选择和个人意志在社会实践基地的建设过程中得到体现;其三,要充分考虑学生的个性特征,每一个学生都有着不同的家庭出身、成长经历和个性特质,有的喜欢调查研究,有的喜欢志愿服务,有的喜欢体验感受,学校在确定

---

① 高翠欣,等."以生为本"教育理念的现实困境与对策研究[J].学校党建与思想教育,2018(14).

社会实践基地的时候要充分考虑不同基地的特点及其所能够提供的实践领域,尽可能让社会实践基地的建设在广度上能够适应和满足不同学生的个性特征。

(三) 调研遴选原则

调研遴选原则是指学校在建设社会实践基地之前,需要广泛开展调研,调研既包括学生、教师的实际需求,也包括区域范围和区域周边社会实践场所的现有建设情况,在调研的基础上谨慎选择社会实践基地。之所以要强调学校对于社会实践基地的广泛遴选调研,一方面是因为每一个学校的具体情况是不同的,对社会实践基地建设的具体要求也不同,如果不进行广泛的前期调研就盲目确定社会实践基地,往往会使得所确定的基地不能很好地契合学校的实际情况;另一方面,当前中国经济社会发展的速度日新月异,可用于高中学生开展社会实践课程的实践基地越来越多,其中不同基地必然有优劣差异,如果不进行必要的调研和遴选,可能就难以真正寻找到高质量的实践基地,进而会影响到社会实践课程的设计和实施。除此之外,实际的情况是,并非所有的实践场所都对高中学生的社会实践持开放、包容和欢迎的态度,因此,为了确保社会实践基地建设的成效,学校就要主动转变观念,深入城乡社会开展摸底调研,了解合作单位和个体对于共建社会实践基地的意愿,明确基地可提供的资源条件,结合本校社会实践课程的需求和优势,充分考虑学校具体情况和实践场所具体情况之间的契合程度,真正让建设的社会实践基地发挥应有的成效。

(四) 分批建设原则

对于学校而言,一方面自身的精力和资源是有限的,另一方面,社会实践基地的建设又往往不是一蹴而就的,因此,在建设社会实践基地的过程中,学校不应该盲目求全,而应该注重规划,分批建设。由于不同类型社会实践基地的功能定位不同,而功能定位又决定了社会实践课程的实施方式,因此学校应该结合本校师生的具体情况和社会实践课程体系建设的整体规划,充分考虑经过初步遴选的社会实践基地的具体情况,按照"能力对接"、"意愿对接"等要求分批规划和建设基地才是最佳选项。对于学生普遍比较喜欢,对学生基础能力和素质要求不是非常高,基础设施建设比较完善的基地,可以先期进行建设;对于基础设施条件不够完善,需要学生具备一定的能力和素养才能够进行实践活动的基地,可以视情况逐步进行建设和完善。这种分批建设的原则,既能够确保学校社会实践课程建设和实施的长期性、延续性,也能够充分结合学校的实际情况,特别是人力、物力、财力的实际情况,避免一次性过多投入导致的其他衍生问题。

（五）校地共建原则

校地共建原则是指社会实践基地需要由学校和社会实践基地联合共建。当前,尽管随着国家一系列教育政策,特别是中小学生研学旅行政策的提出,各地区纷纷选择和建立了有利于中小学生开展社会实践的基地,也比较普遍地加大了对基地建设的投入,但是不论从理论上还是从实践上讲,社会实践基地不是单纯地为中小学服务,它们还承担着很多服务其他领域的社会功能、政治功能和经济功能。在这样的情况下,社会实践基地自身的建设未必能够很好地契合中小学社会实践的实际需要,这就必然需要中小学能够主动地加强与社会实践基地之间的沟通和联系,按照校地共建的原则积极投入到社会实践基地的日常建设之中,维护好彼此关系,也投入必要的人力、物力和财力。学校坚持社会实践基地建设的校地共建原则,一方面应将社会实践基地建设融入学校人才培养实践基地建设和课程与教学改革的统筹规划之中,并给予基地建设以人财物支持。另一方面学校应主动联合相关地区合作共建稳定性较强的社会实践基地,对社会实践基地的服务项目、课程内容、建设方案等进行共同谋划和实施,确保社会实践课程的实施成效。

（六）突出主题原则

学校的社会实践活动是一种特殊的教育活动,必须服务于教育的本质问题。关于教育的本质问题向来众说纷纭,但是从近年来教育理论的沿革看,人们越来越倾向于从生命发展的角度来理解教育,把教育的本质和核心使命定位为提升生命的质量和价值,即通过教育达到促进个体幸福的个体目标,也达到促进个体实现社会价值的社会目标[①]。关于教育本质的论述意味着学校的教育活动必须要服务于人的生命成长这一主题。人的生命成长具有广泛性,这其中包含了知识与技能的丰富,态度和行为的端正,也包含了情感、价值观、思维能力、道德等方面的不断提升和改善。从这个角度出发,社会实践活动不应该是一种随意性的活动,也不能是单纯的"游山玩水"的休闲活动。作为一种特殊的教育方式,它必然需要蕴含一定的教育目标,能够承担一定的教育功能。从这个角度出发,社会实践基地的遴选也不能是随意的,它必须承担一定的教育功能,蕴含一定的主题。这就需要学校在建设社会实践基地的时候结合对学生的教育计划进行主题式的设计,如爱国主义教育主题、科学研究主题、文明体验主题、生态环保主题等,这种主题式的设计能够有效地区分学校教育层面的社会实践与一般的旅游体验,确保社会实践活动本身的

---

① 顾明远. 再论教育本质和教育价值观——纪念改革开放 40 周年[J]. 教育研究,2018,39(05).

教育价值,这也是很多学校在确定社会实践基地过程中应该普遍重视而却没有得到应有重视的重要原则。

　　上述原则,不仅仅是曹杨二中在社会实践基地遴选和建设的过程中总结形成的个性化经验,而且参考了大量的前期理论研究和实证性调研成果,也充分考虑到了上海基础教育改革的现实情况,因而具有较强的辐射价值,可以成为区域层面教育变革过程中整体推进学校社会实践基地建设的总体指导思路和基本原则。

三、设计学校层面社会实践基地特色线路

　　教育是生命成长的基本路径,学校教育是教育的最基本、最重要方式。但是搞好教育,培养好人才,必须首先明确"学校教育应该追求什么"。长期以来,由于受到应试教育理念的影响,在"学校教育应该追求什么"这一问题上我们一直存在着理论认识和实践上的误区,与之相应的教育评价、教学改革、课程建设等也都存在一系列问题。毫无疑问的是,学校教育的核心目标在于促进人的成长发展,这种成长应该是有道德的、多元的,应该符合教育的本质和追求。从这种追问和回答出发,学校作为培养人才的首要责任主体理应充分调动和有效利用一切校内外资源,为生命成长成才提供全方位的支持与帮助。从曹杨二中的实践看,我们深刻地认识到了当代社会发展背景下社会实践活动的重要教育价值,我们把社会实践纳入到学校课程与教学的总体布局中进行统筹设计和思考,充分发挥社会实践活动的育人价值,并在多年的探索和积累中形成了数十个社会实践基地,设计了四条主题鲜明的社会实践特色线路(参见表4-4),既有效保障了社会实践育人成效的发挥,也体现了课程与教学改革和人才培养模式改革过程中学校的主动作为与责任担当。

表4-4　曹杨二中学生社会实践主题线路设计

序号	年份	红色主题	环保主题	人文主题	军旅主题
1	1994	上井冈寻找革命的根		人文夏令营	
2	1995	抗战之路			
3	1996	安徽之行		爱的寻根	
4	1997	重上井冈			
5	1998	希望之旅		文化苦旅	

续　表

序号	年份	红色主题	环保主题	人文主题	军旅主题
6	1999	解放之路			
7	2000	西行漫记		文化苦旅	
8	2001	星火燎原		古典与亲水	
9	2002	三个代表在农村		汉唐文化寻幽	
10	2003	华夏文明行		探寻儒学之源 塑造文化人格	
11	2004	寻访伟人足迹		徽州文化	
12	2005	辽宁红色之旅			
13	2006	悠悠湘水祭忠魂		穿越千年时光隧道，畅饮唐宋诗文甘醇	
14	2007	秋收起义之路			
15	2008	改革开放三十年 全面建设新农村		行柔婉江南 悟刚健精神	
16	2009	奔腾长江 美好世博	亲近湿地 保护湿地	镇江、扬州文化 繁盛之因探析	艺术军旅 科技人生
17	2010	长三角新城考察	低碳世博行		走进绿色军营 共庆美好世博
18	2011	党旗飘飘太行行	观察海滨鸟类的自然生活	探文明遗址 读经世之学	红歌嘹亮，军旗飘扬
19	2012		游蓬莱仙岛 学气象知识		快乐学雷锋 文化送军营
20	2013	触摸历史 相约沂蒙	心中有鸟 就能飞翔		铸魂军营 绽放青春
21	2014		参观地震观测台 感受科普重情怀	孔庙雅言执礼 君子儒风传宗	坚定信念 铸就军魂
22	2015	太行烽火 共筑青春梦	探索自然 笔记自然	植根神州大地 传承中华文明	铸魂军营 激扬青春
23	2016	越雄关漫道 树华夏之魂	与候鸟江鱼共舞 与芦苇蒲草同声	走读江山博雅行	扬青春之帆 感军人风采
24	2017			饕餮盛宴商文明	

从上述学校个性化社会实践路线的设计看,四个方面的特点是非常明显的。其一,对社会实践活动进行主题化的设计,将原本零散的社会实践活动和社会实践基地进行有机串联,突出了不同线路的教育重点,使得学校的社会实践活动目的性更加集中,凸显了社会实践活动的育人价值。其二,对社会实践活动的内容和方式进行横向的拓展,形成了涵盖自然景观、人文景观等在内的丰富多彩的社会实践与研学旅行项目,这些项目有的适合理工科学生,有的适合文科学生,有的男生擅长,有的女生擅长,有的适用于低年级学生,有的适用于高年级学生。总之,社会实践活动在横向上的丰富性能够尽可能满足学生的不同成长需要,真正体现了社会实践过程中的以人为本原则。其三,对社会实践实施方式进行针对性的思考。从表格中所列的内容看,学校丰富多彩的社会实践活动,有的需要学生进行体验,有的能够引发学生情感共鸣,有的则需要学生进行自主探究或小组合作学习,这些不同的学习方式在社会实践课程中的灵活运用,能够确保社会实践更好地对接学生核心素养和学校人才培养的目标体系,发挥显而易见的育人成效。其四,对社会实践的线路进行因地制宜的设计。曹杨二中坐落于上海,上海本市和周边都有着丰富的社会实践教育资源,从上述路线的设计看,学校在开展社会实践的过程中,首先充分利用了本市和周边的资源,方圆 500 千米以内的社会实践基地占到了 70% 以上,这样的整体设计就充分考虑到了因地制宜的原则,最大限度地运用了区域社会实践教育资源。同时,也能够充分考虑学生的现实需要,拓展社会实践基地的延伸范围,让学生在更远的地区感受中华文化,感悟社会变迁,这有助于更好地激发学生参与社会实践的兴趣,确保社会实践在育人体系中的实效性。

第三节　社会实践课程体系的建设

在学校课程与教学改革的过程中,课程体系的建构越来越成为一个颇受关注的命题,课程体系本身也越来越成为教育研究和实践成果体系的重要表达范式。在众多的研究看来,课程体系相对于单一的课程,更加契合课程整体规划的课改思想,更有助于凸显学校的育人价值,形成育人的"集团优势",强调课程体系的建构,是一种符合现代课程与教学理念的重要改革思路①。构建学校课程体系基础性框

① 张伯成,吕立杰. "课程体系"概念综述及审思[J]. 黑龙江高教研究,2018(08).

架应该着眼于"三个基点",即基于国家课程的创造性实施、满足个性化学习需要以及基于课程形态变革促进课程育人功能的实现①。从当前世界各国课程改革的趋势看,不管是基于怎样的定位,也不论是采用怎样的模式来推动课程改革,课程与学习都不再是简单的线性对应关系,通过课程实施促进学生全面发展已经成为各国课程改革的共性选择。在这一理念下,课程实施的过程不仅仅被局限为学生知识和能力的提升过程,还是学生智力建构和社会性发展的综合过程。同时,从世界各国课程改革的具体经验看,随着课程改革的深入,课程实施的标准越来越明确,对学生提出的要求也越来越高,各国都迫切希望通过课程的变革提升国民整体素质②,这一切都昭示着从立德树人的整体高度对社会实践活动进行课程体系的建构已经成为一项极为迫切和重要的工作。

一、社会实践课程体系建设的总体思路

从历史沿革的角度看,社会实践活动一直是学校的办学特色,学校开展社会实践活动主要立足于两个关键点:其一,高中阶段是未成年人世界观、人生观和价值观形成的重要阶段,要通过社会实践活动帮助学生更好地实现从"学校人"到"社会人"的转化;其二,上海市二期课改和全国新一轮基础教育课程改革都强调要向学生提供品德形成和人格发展、潜能开发和认知发展、体育与健身、艺术修养和发展、社会实践等"五种学习经历",注重学生的全面发展。因此,要通过社会实践活动来达成新课程改革的核心价值。

随着课程改革的进一步深入和社会实践活动经验的积累,学校认为,社会实践活动只有融入到课程体系之中才能有根本的保障,由此,学校开始围绕学生综合素质、核心素养的培养,紧扣社会主义核心价值观教育,寻求社会实践活动进教学课表,有课时计划,有组织实施,有相应师资,有经费落实,有安全保障,有考核评价,最终与学生综合素质评价相衔接,形成了一条个性化的社会实践课程体系建构路径。

在社会实践课程体系的建构过程中,学校采取行动研究方法,以"构建促进每个学生德性成长的道德生活体验场,最大限度地实现综合教育功能"为课程建设理念,经历"体系构建—功能统整—特色凸显"螺旋上升过程,二十多年持续改进,逐渐形成特色化的"多维有序"的社会实践课程体系。

① 潘希武. 学校课程体系构建的基础性框架[J]. 教育学术月刊,2018(03).
② 辛涛,等. 基于学生核心素养的课程体系建构[J]. 北京师范大学学报(社会科学版),2014(01).

(一) 追求课程体系的"有序"性

学校采用课程设计技术将多个"主题个案"构建成"有序"体系，保证了社会实践活动的系统性和序列性。最早的个案设计始于1993年高一新生军训中举行的主题为"感受黑夜"的夜间拉练活动。我们用"体验—表达—内省"的模式对这一活动进行个案设计，按活动要求编制了"感受黑夜"主题教育活动流程图。在"感受黑夜"主题教育活动课程个案设计取得成功的基础上，学校又针对高二的学农社会实践活动，开展了主题为"走进农家·健康闲暇"和"今夜星辰·仰望星空"的课程个案设计。这两个主题教育活动的课程个案设计，都是为了丰富国家规定的"军训"和"学农"社会实践活动的教育内涵，收到了良好效果。

为突破国家指定性社会实践活动与学校培养目标之间的相对局限性，我们陆续开发了"南京生存训练"(1994年)、"绍兴明责励志"(1995年)、"南湖成人仪式"(1999年)等多项校本社会实践活动，力求做到活动目标多元整合，融知识教育、民族精神教育、生命教育为一体，内容丰富多彩，形式灵活多样，充分拓展教育空间，使师生在一种震撼、冲击、感悟的过程中成长。

随着开发的个案增多，我们遵循学生身心发展规律，运用课程设计技术，围绕"现代公民、博雅君子"的培养目标，精心选择社会实践活动课程内容，寻找多种教学方式，采用自评、互评、老师评、自我展示、总结感悟等多种评价方式，进行系统建构，绘制出促进每个年级每个学生德性成长的"层级有序"的课程图谱，使高中三年的多项社会实践活动构成了一个从"入学教育"到"成人立志"的"体验—内省—感悟—导航"的"螺旋式"上升的序列。到目前为止，我们的社会实践活动课程序列稳定为：高一"新生入学教育和军政训练"、"江村社会调查(重走大师路——告诉你一个真实的中国)"、"大众汽车公司与大众工业学校学工(现代工程技术考察与精工技术课程)"、"南京生存训练"；高二的"社区服务"、"红色(文化)苦旅"、"博雅西部行(甘肃、贵州'三农'考察)"；高三的"绍兴励志"、"职业体验"、"走进人大"、"南湖成人仪式"等(参见表4-5)。

表4-5　曹杨二中社会实践课程体系

年级	社会实践活动课程	实施时间	博雅文理书院	厚植创新书院	国际理工书院	文杰君子书院	艺体修身书院
高一年级	军政训练	8月初，7—10天	√	√	√	√	√

续 表

年级	社会实践活动课程	实施时间	博雅文理书院	厚植创新书院	国际理工书院	文杰君子书院	艺体修身书院
	南京生存训练	3月中旬,3天	√	√	√	√	√
	TEPP课程	11—12月,2天				√	√
	技术工程项目实施	寒假前,3天		√	√		√
	重走大师路	寒假前,3天	√				
高二年级	博雅西部行	10月中旬,9天	√	√		√	√
	同济智慧行	10月中旬,5天			√		
	传统农耕行	10月中旬,7天	√				
	筑梦活动	4月下旬,1—3天	√	√	√	√	√
高三年级	集训与誓师	8月下旬,3天	√	√	√	√	√
	成人仪式	4月底,1天	√	√	√	√	√
高中全年段	志愿者服务	暑假及节假日	√	√	√	√	√
	巡游文化足迹	1月,1天	√				
	国际人文考察	暑期,1—4周			√		
	职场日	12月或1月,1天			√		
	中德职场体验(高二高三)	2月,3周	德国				

从上面的课程序列上,我们能清楚地看到课程安排是遵循了学生的成长规律的,学生的道德认知水平和能力是随课程的实施而"递进"的。所以说,我们的课程体系在时间维度和成长序列上是围绕"现代公民与博雅君子"培养目标而"有序"的。当然,每一个社会实践活动也都遵循"体验—内省—感悟—导航"的序列来设计,我们称之为"小循环"设计。例如:南京生存训练,我们根据主题活动内容和实施程序,设计了从"南京大屠杀纪念馆前的主题活动(何谓生存)"到"研究型考察与调研(如何生存)",再到"雨花台前的递交入党申请书宣誓仪式"的课程序列,使学生的情感升华到"理性信念与思想形成(为何生存)"的高度。

(二)实现课程功能的"多维"性

学校采用有机统整的思想将目标单一的活动设计为"功能多维"的"道德生活

体验场"，保证了活动的真实性和内涵的丰富性。在构建"有序"体系的同时，我们不断挖掘每项社会实践活动的多维育人功能，对每项活动都明确"道德水平、成长经历、学习能力、人生规划"的德育目标，丰富其教育内涵；在方法上注意将品德、社会、艺术、科学、技术和安全等多种教育主题相融合，使每次活动都形成一个完整的、有机的、富有"多维"育人功能的道德生活体验场，帮助学生从道德认知，到道德行为，再到道德情感，实现"知、情、行"的完整统一。

例如，"走进人大"活动一开始就是政治学科老师带领同学们走进区人大会场、法院法庭参观。事后学生很兴奋，回来问校长能不能让大家轮流做做法官。于是，学校决定挖掘"走进人大"社会实践活动的教育功能。首先就要求政治教研组专门开设法律选修课，邀请大学教授、市知识产权保护局专家、区人大和宣传部领导来校开设普法讲座，让大家增强法律意识，了解立法程序；然后组织学生观摩人大表决会议、访谈人大代表、开设模拟法庭，让大家经历立法、懂法、执法的全过程；最后针对社会热点问题，组织多场模拟"立法听证会"，提高大家学法、用法的能力，为成为一名"现代公民"做准备。通过不断的开发和改进，把一个单纯的"参观人大"的活动拓展成为一个法制教育和立法能力培养的实训过程。中央电视台法制教育栏目还把我们的录像内容作为《今日说法》的案例。

"功能多维"的有机统整，还包括在同一时段同时组织多项社会实践活动，供学生自由选择，满足学生个性发展的"多维"需求。例如，我们在组织高一寒假"社会调查"活动前，提供100多个选题；在高二暑假，同时开展"红色之旅"、"文化苦旅"、"军营之旅"、"一班一委（居委）"、"防震减灾"、"环境保护"等20多个社团活动。

通过不断地"开发—统整—再开发—再统整"，我们逐步把校内外开展的所有社会实践活动统整成一个"多维有序"的社会实践活动课程体系，并有机地嵌入学校课程总图谱（参见图4-1）。

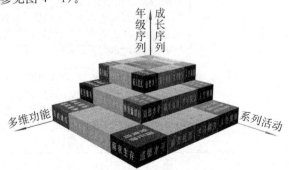

图4-1　曹杨二中社会实践课程图谱

二、代表性社会实践课程实施方案

学校课程的设计、实施是一项兼具科学性与艺术性的工作,需要制定完整详实的课程方案。从概念上说,学校的课程方案是在尊重和执行国家课程与地方课程的基础上,通过对学校实际情况的了解以及对师生发展需求的分析,从课程目标、课程内容、课程实施、课程评价、课程管理等多维度对学校个性化课程进行规范的一系列具有操作性的整体规定。在课程改革的过程中,课程权力下放始终是一个焦点问题,而课程权力下放的关键在于强调和保障学校的课程自主权,让学校能够通过自主设计课程实施方案发挥其课程主体价值,这是课程改革过程中的普遍趋势。总体而言,学校层面的课程实施方案具有桥梁和导向双重作用,它既是国家课程和地方课程的具体落实,又是学校课程与教学开展的引领与规范性文件。在课程改革的过程中,学校普遍认识到了合理规划和实施课程的重要价值,也能够精心规划并制定出学校课程方案[①],这既是课程改革的应有之意,也是学校实现新一轮内涵发展的必然选择。通常而言,学校的课程方案中总是包含着类型多样的具体课程,这些课程的实施同样需要制定相应的方案。正是基于这样的理解与认知,曹杨二中在多年的实践中一直注重制度性、文本化的建设,通过制定各类社会实践课程方案,明确了社会实践活动课程建设与实施的标准和规范,将社会实践的课程化建设提升到了一个新的层次。

(一) 南京生存训练课程方案(节选)

1. 课程目标

"南京生存训练"课程目标根据中国学生核心素养体系建构,具体参见表4-6。

表4-6　曹杨二中南京生存训练课程目标体系

	三个方面	具体素养	具 体 要 求
南京生存训练课程目标	文化基础	人文底蕴	通过学科教师在实践活动前的指导,将学科知识与南京地域文化相融合;全方位考察南京,拓展相关学科知识,了解南京的传统文化,感受当地风土人情,丰厚人文底蕴;实践活动中,通过晚间的班务会和雨花台主题班会,彰显班级的特色,凝练班级文化
		科学精神	首次尝试研究性学习,自主开展田野调查,在真实的教育情景中,学习、理解、运用科学知识,历练理性思辨的能力、批判质疑的意识和勇于探究的精神,逐步形成符合自身发展的思维方式,进而完善自己的三观;联系个人发展,有所感悟

[①] 陈鑫.中小学校课程方案评价指标体系的建构[D].济南:山东师范大学,2014.

续　表

	三个方面	具体素养	具体要求
南京生存训练课程目标	自主发展	学会学习	有意识地培养自己的资料收集能力,通过各种渠道获取课题相关资料,并有效梳理;强化探索考察能力,围绕课题方案进行考察,做好相应的记录;培养调查研究能力,完成问卷的设计、发放、回收与统计;加强论文撰写能力,有效整合资料,完成研究性论文
		健康生活	学会生存能力包括社会适应能力,能与陌生人进行交往,遇到坏人能应变处置;包括生活自理能力,能合理消费,自觉遵守社会公德;还包括自我完善能力,能针对自身情况,努力提升个人心智
	社会参与	责任担当	通过以主题教育活动为主线的民族精神教育和南京丰富的红色教育基地,着重培养学生政治判断能力,强化社会责任感;在实践活动中,要求学生能团结协作,自建小组,团结组员,胜任组内分配工作
		实践创新	在实践能力的培养中,提升创新意识;在小组方案设计、分工合作中,能针对存在的问题,加以完善,使之科学化、合理化;在各项实践活动中能展示特长;在实践活动的评价鉴定方面,逐步学会客观地自我评价及评价他人

2. 指导思想和课程主旨

"南京生存训练"是以开展社会主义核心价值观教育为核心,以培养适应社会的"生存能力"和自主探究的"研究性学习能力"为重点,集道德思想教育、生存能力培养、学科知识学习、民族精神培育、爱国情感体验为一体的综合教育实践活动。

通过课题选择期、立题指导期、课题实施期、后续研究期、成果展示期四个阶段,让学生"在集体中热爱集体,在生活中磨炼生活,在自然中探究自然,在社会中了解社会"。

3. 主要课程内容

(1) 磨砺学生在陌生城市的生存意识和能力

出于最初实践活动的本意——在陌生的城市,远离父母,历练生存能力,设置了多样的锻炼模式。有社会交往的锻炼:与同学、老师、陌生人打交道;有生活自理的锻炼:用餐(价廉物美)、乘车(合理规划路线)、住宿、交通(不能走错方向,要按时到达)、门票,钱得省着用(用最少的钱,办最多的事)……活动中,作为小组成员、社会公民,能历练尊重、团结、体谅、妥协、协作、节约、忍耐等优秀品质;学会用工具:使用纸质地图、智能手机中的百度地图查交通线路,使用相机、手机拍摄照片、视频等;要有应变能力,出现问题、发生变化时,要根据情况,适时、准确地调整……

学校设置了必修和选修景点,以供师生参考。

必修景点:侵华日军南京大屠杀遇难同胞纪念馆、雨花台。

选修景点:风景名胜类:中山陵、明孝陵、梅花山、秦淮河、玄武湖、莫愁湖、灵谷寺等;民族传统类:夫子庙、云锦博物馆、牛首山上郑和墓和郑和纪念馆等;大学校区类:南京大学、东南大学、南京师范大学、南京航空航天大学等;名人志士类:总统府、梅园新村纪念馆、陶行知纪念馆、孙中山纪念馆等;建筑文化类:无梁殿、天生桥、中华门城堡等。

(2) 实施全员性研究性学习

这是我校高中学生第一次全员性的研究性学习。在学校的统筹安排、各学科教师的辅导下,活动顺利开展。活动前:组建小组,确定课题,制定计划,自选指导教师,修订计划;活动中:按照计划实地考察、收集素材,出现问题进行适时调整;活动后:整理资料,并进行梳理,撰写课题报告;根据指导教师的意见进行修改;运用拍摄的影像,将论文制作成多媒体形式;在全班乃至更大的范围展示课题成果。通过这次活动,学生对六朝古都进行课题研究的同时,也对南京的历史人文(名胜古迹、教育基地、民俗民风、城市生活等)做进一步了解,也为今后去到国内外任何一个陌生的城市积累学习和生存经验。

(3) 组织"核心价值观"教育活动

第一天上午在侵华日军南京大屠杀遇难同胞纪念馆,第三天上午在南京雨花台烈士陵园(纪念馆),分别组织两次全员性的、以祭奠为仪式的主题教育活动。这两次"核心价值观"教育活动,融入了民族精神教育和爱国主义教育等诸多教育内涵,通过仪式教育(朗诵、演讲、表演等)、幸存者讲话(或走访幸存者)、祭扫(或签名)活动、参观教育馆等形式多样的教育活动,以尊重历史、牢记教训、明理爱国、勇担责任为主旋律,懂得"落后要挨打"、"只有共产党才能救中国"的真理。

(4) 组织"生存话感悟"分享活动

在三天两夜的活动中,每天晚上各班都会组织"生存话感悟"分享活动,通过一个个自身经历过的生动事例的分享,形成一个生动的道德教育体验场,让学生的三观得以树立,生活经验、研究性学习能力等得以提升。此外,返校后各班的主题班会将是一次更好地提升教育效果的方式;年级部承办的主题升旗仪式将是一次全校的展示和分享;教育效果可以通过校会课汇报课题、影视作品等进行展示。

图 4-2 南京生存训练仪式教育

4. 具体课程活动安排(以 2018 年为例,参见表 4-7)

表 4-7 曹杨二中南京生存训练课程活动安排

	时间	内 容
第一天	4:30	上海火车站南广场世纪钟前集合
	5:53—7:54	乘坐 G7032 次列车,从上海至南京
	7:54—10:00	中华门饭店放行李,随即赶往南京大屠杀遇难同胞纪念馆
	10:00—11:30	10:00 到达南京大屠杀遇难同胞纪念馆;10:30 主题教育活动开始
	18:00—19:00	办理住宿手续
	19:00—21:00	班务会
	21:30—22:30	班主任会议
	22:30	熄灯就寝
第二天	6:30—7:00	起床,整理内务,离开宿地
	8:00—16:00	班主任随各小组开展课题研究
	19:00—21:00	班务会
	21:30—22:30	班主任会议
	22:30	熄灯就寝

续　表

时间		内　容
第三天	6:30—7:00	起床,整理内务,办理退宿,集中行李
	8:00—9:30	雨花台主题教育活动
	9:30—10:30	班级主题活动
	13:30—15:00	南京火车站广场集合,到齐后统一进入候车室
	15:00—16:40	乘坐 G7017 次列车,从南京至上海
以上安排均为全体师生需统一行动的安排,其余时间由学生自主安排		

(二) 博雅西部行——学农社会实践课程方案(节选)

1. 课程目标

"博雅西部行——学农社会实践"课程目标根据中国学生核心素养体系建构,具体参见表4-8。

表4-8　曹杨二中"博雅西部行"学农社会实践课程目标体系

	三个方面	具体素养	能力培养	具 体 要 求
博雅西部行课程目标	文化基础	人文底蕴	了解我国三农	到甘肃贫困地区,开展短期的"上山下乡"活动:与当地师生同吃、同住,与当地农民同吃、同劳动,感受当地的风土人情,体悟中国农民的土地情结,直面当前我国严峻的"三农"问题;丰厚民族传统文化的人文情怀
			感受当地文化	
			培育民族精神	
		科学精神	学会资料收集	通过以农为主的研究性学习过程,自主开展社会考察,在真实教育情景中获得教育;参阅学校推荐的"三农类"书籍,开展学农类研究性学习;运用信息技术微信实况报道每天的学农实践活动;参与课研所学农实效性"问卷星"调研
			运用信息技术	
			进行研究学习	
	自主发展	学会学习	拓展农耕尝试	将学农作为丰富农耕文化的有效载体,体验传统农业的艰辛,感悟现代农业的魅力;在学农实践中运用学科知识,进而激发学习潜能;在实践中,克服遇到的困难,学会反思;在与甘肃学子交往中,完善自我,激发自己的学习热情
			整合学科知识	
			学会自我反思	

续 表

三个方面	具体素养	能力培养	具 体 要 求
	健康生活	锻炼生活自理	在艰苦的学习条件中,体验农村同龄人艰苦的学习环境,体验西部农民艰辛的生活条件,丰富自己的阅历,理解"开发西部"国策的深刻内涵;在学会自理与自立的同时,增强班集体的凝聚力;在各项主题实践中,展示个性特长
		提升团结协作	
		展示个性特长	
社会参与	责任担当	增强公民意识	学校提供了生动的道德体验场:亲眼目睹贫苦地区与国际化大都市的差距;参与会宁旧址的革命传统教育;担负自身责任,珍惜集体荣誉,增强学生的社会责任意识和报国志向,为最终实现中华复兴的强国之梦而不懈努力
		规范道德行为	
		树立奋斗目标	
	实践创新	学习农业技能	在大山深处从事农业劳动,掌握一定的农业技能;在困难的条件下,磨炼自己坚强的意志品质,逐步形成坚毅的性格;学会与陌生人交往,遇到困难以策略应对,敢于创新,勇于探索;在紧张的学习之余,顺利完成研究性学习课题任务
		磨砺意志品质	
		开拓创新精神	

2. 指导思想和课程主旨

指导思想:为贯彻全国教育工作会议关于注重中学生实践能力培养的精神,遵照上海市教委印发的《上海市学生农村社会实践教育指导大纲(试行)》的规定和上海市高考综合评价改革,结合我校"一轴两翼"办学特色,自 2011 年起,尝试进行新的课程设计和活动创新,即通过组织高二年级部分学生赴若干国家级贫困县开展更富成效的学农社会实践活动,切实落实《上海市中小学劳动教育实施纲要》、《上海市学生民族精神教育指导纲要》和《上海市中小学生生命教育指导纲要》,不仅让学生走进大自然,认识大自然,更让学生走进社会,认识社会,在了解当今中国农村变化和现代化农业发展的同时,更加关注贫困地区农业、农村、农民的现状,强化"三农"意识,在让学生学会基本的农业生产劳动,体验农村生活,懂得劳动的价值,培养热爱劳动的观念和勤俭节约、艰苦朴素、吃苦耐挫的品质之外,更加重视增强学生的社会责任意识,弘扬民胞物与、悲天悯人的人文情怀,激发学生为建设社会主义新农村努力进取,进而为民族复兴努力奋斗的热情,从而提高学生的综合素质,扩大素质教育的成果。

课程主旨：以贫困农村为课堂，直面社会，锻炼能力，锤炼意志，拓展新知；以农业劳动为载体，强化观念，团结互助，体味艰辛，学会生存；以同龄学子为榜样，勤奋苦读，励志进取，懂得珍惜，心存感恩；以红色考察为契机，回顾历史，缅怀先烈，志存高远，心系苍生。

主题口号：继往开来，传承长征精神，筑梦想；延古续今，畅想一带一路，展未来。

课程关键词：力行，体悟，合作，安全。

3. 课程实施原则

（1）高起点、高视角原则

以当前党和国家的"三农"政策为着眼点，走近和了解"三农"，对我国的"三农"形势和存在问题，特别是贫困地区农业、农村和农民现状以及教育现状有较为深刻的思考和关注，从而强化报国意识。

（2）以学生为主体的原则

农村社会实践活动要以学生为主体，充分调动学生的积极性，激发其主动探索、研究问题的兴趣，为学生自主发展创造条件。搭建资源性学习平台，增强学生自我学习、自我教育的意识，提高自我管理的能力，完善自我评价的方式。

（3）自我教育原则

强调生活上的自理、行为上的自律、意志上的自强，强调自我管理、自我约束、自我评价、自我展示，并能做到吃苦耐劳、助人为乐，提升自己的人文品位，在与同龄学子的交往中更应表现出应有的人文情怀。

（4）继承民族精神、民族传统的原则

了解中国作为农业大国的传统、习俗等，了解中国农耕文化的博大内涵，了解体悟中国农民，尤其是贫困地区农民的土地情结。

（5）加强实践、重视体悟的原则

学农实践中尽可能增加农业生产劳动的实践活动，并认真做好延伸教育，组织学生总结在活动中获得的生动的体验和深刻的感悟。

（6）与研究性学习结合的原则

要将学农实践、红色之旅等与本学期开展的研究性学习结合起来，力求在建设新农村、三农问题、中国农耕文化、生态及环境保护等方面有一些（或一批）研究性课题，在研究的过程中拓展新知。

4. 主要活动及目标

（1）参加贫困农户的农业生产劳动

这是"高二学农实践活动"的"重头戏"，一个小组深入一农户或数农户，要尽可能保证有一定的时间和劳动内容的安排，并尽可能保证一定的劳动强度。该活动旨在增强学生的劳动观念，增进学生的劳动情感，进而培养学生的责任意识、全局意识、合作意识和科学意识，培养学生吃苦耐劳的精神和意志品质。

（2）开展以"三农"为主题的研究性学习

从"解剖一个村庄"出发，进行贫困地区农村社会调查主题活动。利用农业生产劳动的间隙，以小组为单位，到本村其他农户家庭，开展贫困地区农村社会调查及与课题有关的考察活动，对该农村农业生产、生活细节、婚丧嫁娶、民俗民风、政治人文等进行全方位的访谈、调查。该活动旨在引导学生通过自主筹划、自我实现的方式，通过课题确定、围绕课题开展的调查研究，培养和提高学生的研究性学习能力，引导学生关注"三农"问题及开发西部的国策，为此后开展班级及年级层面的"三农"论坛奠定基础；活动中也让学生学会发扬团队合作精神，发挥集体的智慧。

（3）组织开展"红色考察"主题教育活动

结合红军长征胜利 80 周年，各小组结合所在市县的"红色资源"（如红军长征三大主力会师圣地等）自觉主动地接受革命传统教育，回顾中国共产党浴血奋战建立新中国的艰苦卓绝的光辉历程，缅怀革命先烈的英雄壮举和广阔胸襟。该活动旨在引导学生追溯革命先驱们坚定执着的革命理想、英勇无畏的革命气节、舍家纾难的革命胸怀、坚忍不屈的革命意志，感受革命先驱们极其丰富的内心世界和可歌可泣的追求革命理想的献身精神，进而充分理解和讴歌革命先驱们伟大的人生目标和奋斗方向，更加珍惜革命先驱们留下的宝贵的精神财富，进一步增强为民族复兴而勤奋学习的自觉性。

（4）"感受同龄学子学习生活"主题活动

各小组直接参与所在贫困县同年级学生一天的学习生活，感受贫困地区学生的学习环境和学习生活，比较大都市和偏远贫困地区教育的差异。该活动旨在引导学生在实实在在的同龄人的学习和生活中，在充满竞争但积极向上的学习氛围中，感受贫困地区同龄同学的内心世界和学习精神，领略贫困地区寒门学子的别样情怀，进而更加珍惜自己今天拥有的优越的学习环境和生活条件。

图 4-3　赴甘肃与榆中一中同学们一同劳动

5. 活动具体安排（以 2018 年高一高二榆中一中的学农实践活动安排为例，参见表 4-9）

表 4-9：曹杨二中博雅西部行学农社会实践具体安排

日 期	活动安排
10.9	1. 13:30 上海火车站南广场集合 2. T116,15:32 发车
10.10	1. 16:04 到兰州火车站,乘坐大巴到榆中一中 2. 组织结对活动
10.11	全天与结对学生在校随班学习
10.12	1. 参加早自习 2. 学农劳动 3. 参加晚自修
10.13	1. 参加早自习 2. 学农劳动 3. 参加晚自修
10.14	1. 7:00 乘车赴会宁会师楼,参加主题活动 2. 11:30 离开会宁回榆中一中
10.15	1. 7:00 从榆中一中出发到兰州火车站 2. T118,11:15 发车(16 日 13:30 到沪)

（三）TEPP（技术工程项目实践）课程方案（节选）

1. 课程指导思想

为贯彻落实《中共中央国务院关于进一步加强和改进未成年人思想道德建设的若干意见》（中发〔2004〕8 号），全面推进社会主义核心价值体系教育，结合《上海市学生民族精神教育指导纲要》和《上海市中小学生生命教育指导纲要》（以下简称"两纲"）的实施，以"立德树人"为最终培养目标，全面实施素质教育。以"中国学生核心素养"为导向，将 TEPP（技术工程项目实践）课程纳入到高一年级社会实践活动课程体系中。以《上海市中小学劳动技术课程标准》中所指出的课程目标为出发点，在高中阶段要着重为学生的生存和可持续发展、创新精神和实践能力打好基础。同时，以上海现代工业发展为依托，引导学生注重科技教育，并体验中华民族的当代工业文化，了解现代工业发展，促进学生社会学工实践教育的开展；进而积极探索"既有现代科学素养，又富有现代人文精神的创造型人才"的培养途径，力求使科技教育从知识层面走向精神层面。

2. 课程目标

知识与技能：了解一些工业加工、生产方面的知识，初步掌握一些简单的工业加工、生产方面的技能；知晓我国社会主义工业发生的巨大变化，展望未来发展；学生要熟练具备对生产中常见材料、工具结合图纸进行处理的能力，能独立地完成某些技能的操作；在一定范围内，能给作品正确评价。

过程与方法：通过实践活动，尝试将已有的知识、技能加以拓展并予以运用；体验劳动的艰辛，学会珍惜劳动成果，提升生存能力和社会适应能力。

情感态度与价值观：激发学生主动地在实践活动中，锻炼探究问题、分析问题、设计方案和解决问题的能力；充分彰显实践的效能，鼓励学生在学习相关的知识与技能的基础上，创新设计方案，并破解困难，将实践效能转化为产品的创造能力；充分发扬合作精神，形成牢固的集体意识；在实践活动中，让学生切身体验我国"建设创新型国家"的战略意义，倡导"知行合一，学做一体"，主动践行社会主义核心价值观：激发学生爱国家、爱劳动、爱人民的朴实的思想感情；在集体生活中增强学生自我教育、自我管理、自我服务的能力；培养学生学会感恩、珍惜劳动成果、关心他人、关心集体的品格。

从中国学生核心素养的角度看，TEPP（技术工程项目实践）课程目标可以整合为以下几个维度（参见表 4‐10）：

表 4-10　曹杨二中 TEPP(技术工程项目实践)课程目标体系

	三个方面	具体素养	具 体 要 求
技术工程项目实践课程目标	文化基础	人文底蕴	通过对比传统的工业与现代的工业,了解我国工业的发展及面临的困境;体悟工人阶级的情感,尊重劳动人民,珍惜劳动果实;自觉追求"真善美",逐步涵养人文情怀
		科学精神	在工业生产实践活动中,让学生知晓与课程相关的制造知识,掌握相关的加工技能;并通过运用已有知识与技能,设计、制作作品,逐步树立起现代工人的职业素养
	自主发展	学会学习	在真实教育情景中,从扎实完成劳技课程或 DSD 工业课程的学习中,拓展学科知识,激发学习兴趣;在实践活动中,磨砺自主学习的能力,养成乐学善学的习惯
		健康生活	自觉践行实践要求,以认真细致的态度,把握自主发展的方向,奠定职业生涯规划的基础;继续提升自我管理能力,形成良好心理品质,为今后学习、生活奠定基础
	社会参与	责任担当	深入理解"建设创新型国家"的国策,体味"科学技术是第一生产力"的道理,增强报国意识;并在实践中,注重加强社会公德和传统美德等伦理道德的自律教育
		实践创新	在完成实践任务中,勇于面对挑战,在解决实践困难的同时,善于总结教训、形成经验;逐步养成工程思维模式,乐于将创意融入产品设计、生产中,并不断优化

3. 课程实施原则

(1) 高起点、高视角原则

深刻理解"科学技术是第一生产力",将"建设创新型国家"作为己任:了解我国工业发展的现状,展望我国工业发展的前景;直面工业发展的困境,强化报国意识。

(2) 以学生为主体的原则

以学生为主体,充分调动学生的积极性,激发其主动探索、研究问题的兴趣,为学生自主发展创造条件。拓展高中物理学科相关知识点,以实践为载体,加深理解学科知识,激发学科兴趣。在六大"中国学生发展核心素养"中,力图在科学精神、学会学习、实践创新三大素养方面给予学生更多的发展契机。

(3) 自我教育原则

增强学生自我学习、自我教育的意识,提高自我管理的能力,完善自我评价。同时,培养他们吃苦耐劳、好学上进、追求完美等品质。

（4）继承民族精神、文化传统的原则

我国工业的发展史是一部民族精神教育的生动教材,展现了中华民族奋发有为、自强不息、不屈不挠的志节;同时,勇于创新更是民族文化传承源源不竭的动力。

（5）动手实践、注重体悟的原则

学工实践活动以动手实践、体验工业艰辛劳动为主体,在活动中注重体验分享,加深学生体悟的过程,以便活动带给学生更丰硕的收获。

4. 课程具体安排

（1）劳动技术课程

劳动技术课程在普陀区劳动技术教育中心实施,每班两个白天,具体安排参见表4‑11。

表 4‑11　曹杨二中 TEPP 课程劳动技术课程活动安排

时间及课时安排		A 组实践内容	活动地点	B 组实践内容	活动地点
7:45—8:00	劳技中心集合	分班	D102	分班	D102
8:05—8:15	升旗仪式	升旗仪式	操场	升旗仪式	操场
8:15—8:55	第一节课	车工	车工教室操作室	钳工	钳工教室操作室
9:05—9:45	第二节课				
10:00—11:30	第三、第四节课				
11:30—12:15	午餐及午休	休息	D102	休息	D102
12:15—13:10	课前准备及第一节课	钳工	钳工教室操作室	车工	车工教室操作室
13:20—14:00	第二节课				
14:15—14:45	第三、第四节课				
15:45	放学				
备注：两天实践活动的项目分 AB 两组轮流实施。					

（2）工业技术课程

工业技术课程分别在上海市大众工业学校和上海交通职业技术学院进行,其中在上海市大众工业学校的课程历时三天,当天返回,在上海交通职业技术学院的课程历时四天,当天返回。具体活动安排参见表 4-12、表 4-13。

表 4-12　曹杨二中 TEPP 课程工业技术课程 1 活动安排(以 2018 年为例)

日期	时间	内容	地点
1 月 16 日	8:30—8:45	举行开班仪式	多媒体室
	8:45—9:00	参观车间	
	9:00—11:00	钳工操作	钳工实训室
	11:00—11:30	午餐	23 号食堂
	11:30—12:30	休息	多媒体室
	12:30—15:30	钳工操作	钳工实训室
	15:30	返校	
1 月 17 日	8:30—11:00	电气小制作(9 班单号)	电气实训室
		电气小制作(9 班双号)	
		电气小制作(10 班单号)	
		电气小制作(10 班双号)	
		电气小制作(11 班单号)	
		电气小制作(12 班双号)	
	11:00—11:30	午餐	23 号食堂
	11:30—12:30	休息	多媒体室
	12:30—15:30	电气小制作	电气实训室
	15:30	返校	
1 月 18 日	8:30—11:00	换轮胎 1-1	汽修实训室
		换电瓶 1-2	
		换火花塞 1-3	
		换摩擦片 1-4	
		电源系与点火系连接 2-5	
		启动系与灯光系连接 2-6	
		闪光器制作 2-7	
		调压器制作 2-8	
		换火花塞 1-3	
		换摩擦片 1-4	
		换轮胎 1-1	

续　表

日期	时间	内容	地点
		换电瓶 1－2	
		闪光器制作 2－7	
		调压器制作 2－8	
		电源系与点火系连接 2－5	
		启动系与灯光系连接 2－6	
	11:00—11:30	午餐	23号食堂
	11:30—12:30	休息	多媒体室
	12:30—15:30	换轮胎 2－1	汽修实训室
		换电瓶 2－2	
		换火花塞 2－3	
		换摩擦片 2－4	
		电源系与点火系连接 1－5	
		启动系与灯光系连接 1－6	
		闪光器制作 1－7	
		调压器制作 1－8	
		换火花塞 2－3	
		换摩擦片 2－4	
		换轮胎 2－1	
		换电瓶 2－2	
		闪光器制作 1－7	
		调压器制作 1－8	
		电源系与点火系连接 1－5	
		启动系与灯光系连接 1－6	
	15:30	返校	

表 4－13　曹杨二中 TEPP 课程工业技术课程 2 活动安排(以 2018 年为例)

组别	1月15日		1月16日		1月17日		1月18日		实践活动课程项目
	上午	下午	上午	下午	上午	下午	上午	下午	
A组	1	2	3	4	5	6	7	8	1. 汽车发展史及未来汽车介绍
B组	8	1	2	3	4	5	6	7	2. 汽车驾驶舱检查及功能操作

组别	1月15日		1月16日		1月17日		1月18日		实践活动课程项目
	上午	下午	上午	下午	上午	下午	上午	下午	
C组	7	8	1	2	3	4	5	6	3. 汽车发动机舱检查
D组	6	7	8	1	2	3	4	5	4. 汽车发动机结构认识与拆装
E组	5	6	7	8	1	2	3	4	5. 轮胎拆装与车轮动平衡操作
F组	4	5	6	7	8	1	2	3	6. 车轮拆装与制动系统认识
G组	3	4	5	6	7	8	1	2	7. 四轮定位
H组	2	3	4	5	6	7	8	1	8. 汽车空调系统维护与检测

（四）行走上海课程方案（节选）

1. 指导思想

依托上海乡土知识和丰富的人文资源，坚持"知行合一，思是桥梁，信是准则；学做一体，重在悟道，引领向善"的教育理念，彰显"现代公民，博雅君子"的办学目标，围绕我校"一轴两翼"办学格局，继续提升我校国际课程品质，彰显我校社会实践教育特色，从而紧扣"立德树人"的培养目标。通过"寻访欧洲文化在上海的足迹"主题教学探究实践活动，让学生在按图索骥、集体寻访、语言交流、实践探究中，以语言（中文、德语和英语）为工具，开展研究性学习，即事先进行资料调查，然后实地考察上海的建筑，拍摄影像资料，接着撰写双语的书面小结，制作演讲多媒体稿，最终进行演讲。活动旨在为学生营造一个文化氛围，以语言教学为抓手，兼顾乡土文化的熏陶，以探究性学习为形式，实现诸育融合，多学科渗透，提升学生核心素养。

2. 课程主题

根据学校工作安排，结合年度国际国内热点问题确定年度行走上海课程主题，其中2018年课程主题为："一带一路"国际理工寒假社会实践活动。

3. 课程实施时间

根据课程的内容和学校教学进度的整体安排确定课程实施时间，一般安排在寒暑假，时间一周左右。2018行走上海课程的具体实施时间为2018年元月19日—25日。

4. 课程目标

行走上海社会实践课程的目标按照中国学生核心素养体系来构建，具体目标参见表4-14：

表 4 - 14　曹杨二中行走上海社会实践课程目标体系

三个方面	具体素养	具体要求
文化基础	人文底蕴	了解上海近代历史、革命年代奋斗史和改革开放创业史,通过多种形式获悉与上海城市发展相关的欧洲文化,坚定实现中国梦的"博雅君子"志向
文化基础	科学精神	以严谨的态度,实地考察海派文化的足迹,采访当地的居民,包括欧洲人,海派文化对上海的影响和上海对欧洲的影响,通过团队交流,形成真实、客观、理性的认识
自主发展	学会学习	以小组为单位,选择一条路线,通过自主学习,设计各组的研究性学习报告,通过摄影、摄像、问卷等多样形式记录研究性学习成果,进而养成乐学、善学的习惯
自主发展	健康生活	通过远足暴走,自觉以二中"博雅三字经"来严格要求自己,自主、和谐发展,为将来走进陌生的城市,历练生存技能;提升自我管理能力、团队协作能力;保持健康身心
社会参与	责任担当	在体会屈辱、品味发展的行程中,体会作为中华人民共和国公民的责任担当;在思考家庭责任、学生责任时,思考作为祖国、家庭的未来,应该扮演怎样的角色,做何担当
社会参与	实践创新	善于运用现代信息技术,使得寻访活动更趋完美;对寻访路线、记录方式、克服交流障碍、课题成果展现的形式等,勇于实践,敢于创新;善于挑战并且超越自我

（表中"三个方面"列合并表头为"行走上海课程目标"）

5. 课程具体安排

系列活动一：感受德国风

（1）Workshop 展德国风

时间：元月 24 日上午

课程安排：文杰楼内（参见表 4 - 15）

课程对象：高二德语理工实验班

表 4 - 15　曹杨二中行走上海课程——Workshop 展德国风活动安排

活动内容	负责人	教室
Workshop 1：饿了吗？——德国饕餮美食之旅	于威娜	509
Workshop 2：艺术创想：你也可以是艺术家	顾佳妮	506

续　表

活 动 内 容	负责人	教室
Workshop 3：德国品牌趣谈	罗珏	601
Workshop 4：畅游德语动漫世界	吴寿春	408
Workshop 5：探索中德文化的奥秘——学会如何与德国人相处	陈悦	508
Workshop 6：漫步德国童话之路	夏利群	507

（2）行走上海探寻美

时间：元月 24 日下午 13：00

对象：高二德语理工实验班

课程安排：参见表 4－16

表 4－16　曹杨二中行走上海课程——行走上海探寻美活动安排

课程名称	负责人	组数
参观余德耀美术馆	罗珏	一组
了解上海城市规划	夏利群、吴寿春	两组
探索电影博物	陈悦、于威娜	两组
参与平行世界非分之想——互动娱乐展	顾佳妮	一组

（3）出访戴特默德高中，德国企业实习

时间：元月 28 日—2 月 11 日

对象：高二年级

带队老师：陈悦

（4）寻访欧洲文化在上海的足迹

时间：元月 19 日

对象：高一德语理工实验班

带队老师：高一德语组

系列活动二：感受意大利风

时间：

元月 18—19 日：各小组选定研究主题制定活动规划

元月 20 日（暂定）：寻访意大利人在上海的足迹

活动安排：参见表 4－17

作业：寒假期间制作活动视频并制作活动展示 PPT;4 月,组织开展寒假社会实践成果展示

表 4-17　曹杨二中行走上海课程感受意大利风活动安排

	线路具体安排
线路一	了解 17—20 世纪意大利人在上海的天主教传教活动
线路二	了解上海历史上的意大利
线路三	衡复文化区与意大利有关的道路
线路四	探索 20—21 世纪意大利人在上海的商业活动

系列活动三：感受荷兰风

时间：元月 20 日

活动安排：参见表 4-18

带队教师：陈琰璟

表 4-18　曹杨二中行走上海课程感受荷兰风活动安排

时间	内　　容	地点
12:00	荷兰人与中国共产党的建立	一大会址
18:00	西餐文化与礼仪	

系列活动四：感受以色列风

对象：高一希伯来语选修课学生

安排：参见表 4-19

表 4-19　曹杨二中行走上海课程感受以色列风活动安排

	活动具体安排
活动一	观摩以色列电影《黎巴嫩》
活动二	交流分享以色列文化
活动三	参观犹太人纪念馆
活动四	开展"我眼中的以色列"或"感受以色列风"主题征文活动

(五)"格莱珉·精准扶贫"课程方案(节选)

1. 指导思想

贯彻落实党的十九大精神和中共中央办公厅、国务院办公厅《关于深化教育体

制机制改革的意见》,根据教育部《中小学德育工作指南》文件等要求,全面推进社会主义核心价值体系教育,紧扣"立德树人"的培养目标,以"中国学生核心素养"为导向,融入我校"现代公民,博雅君子"的办学目标。依据《关于推进中小学生研学旅行的意见》的文件精神,坚持开展形式多样的社会实践活动,坚持"知行合一,思是桥梁,信是准则;学做一体,重在悟道,引领向善"的教育理念,为每个学生德性成长构筑生动的"道德生活体验场",进而提升他们"感知社会、观察社会、研究社会和提升自我"等理性思维与学术修身能力,提升他们的社会责任意识。该实践活动课程旨在通过研学旅行,以学生的真实体验,来了解并探究这个源自诺贝尔和平奖获得者尤努斯教授的创举——精准的金融扶贫,了解其给农村贫困家庭带来的福音,领悟其在国际化经济背景下的价值所在。

2. 课程主题

知金融扶贫,行慈心善举,悟社会责任(2016 年)

践行精准扶贫义举,凝练金融公益精神(2017 年)

学焦裕禄全心为民,研格莱珉精准扶贫(2018 年)

3. 课程目标(参见表 4 - 20)

表 4 - 20 曹杨二中"格莱珉·精准扶贫"社会实践课程目标体系

	三个方面	具体素养	具体要求
格莱珉·精准扶贫课程目标	文化基础	人文底蕴	考察焦裕禄纪念园,举行主题教育仪式,学习焦裕禄精神,提升"博雅君子"情怀;了解我国中部偏僻地区、刚脱贫摘帽的兰考人民生活现状,体察贫苦人群的生活
		科学精神	通过走访贷款户,考察格莱珉农村金融模式的经营理念和运作方式,了解小额贷款与脱贫的关系;知晓银行、金融、贷款的相关知识,了解贷款扶贫的运行模式
	自主发展	学会学习	以小组为单位,通过自主学习,围绕主题,做到"每人一个研究性课题,每组拍摄一部短视频"的要求,多样呈现研究性学习成果,进而养成乐学、善学的习惯
		健康生活	通过研学旅行,自觉以二中"博雅三字经"来严格要求自己,自主、和谐发展,扎实奠定自己职业生涯规划的基础;不断提升自我管理能力、团队协作能力;保持健康身心

续　表

三个方面	具体素养	具体要求
社会参与	责任担当	深切体味"企业家良心"、"社会责任心";在职业规划中,能透彻理解"金融公益"的内涵,增强报国意识;注重加强社会公德和传统美德等伦理道德的自律教育
	实践创新	在完成拍摄短片和实践考察中,勇于面对挑战,善于解决遇到的困难;逐步养成金融思维模式,将个人的发展与祖国的发展紧密联系起来

4. 课程内容

(1) 原理学习,提高认知

专题学习:认真学习习近平总书记在 2015 减贫与发展高层论坛上的《携手消除贫困,促进共同发展》;观看多部尤努斯教授和格莱珉银行的宣传片(在格莱珉实践室观看),了解这一荣获诺贝尔和平奖的项目。

知识讲座:联合上海市并购博物馆和中国工商银行等,面向各课题组,举办金融类讲座,使课题组了解信贷基本知识、农村经济现状和发展;并对各组的课题进行专业的指导。

主题学习:通过微信,学习格莱珉相关影像、文字材料;通过本次课程内容的学习和社会实践实验室的参观,进一步了解格莱珉银行及其农村金融模式的经营理念和运作方式。

(2) 组建团队,课题研学

组建小组:以自愿为原则,选拔高一、高二学生,以及教育集团中的优秀学生,分成小组。

课题研学:围绕课程主题,让学生参考学长的学习成果,设计今年的小组课题,进行组内分工;积极参加培训期间的课题论证会,完善课题构想;发挥团队协作精神,广泛收集与课题相关的资料。

(3) 交流访谈,感知慈善

聆听报告:聆听高战先生"不忘慈善初心,牢记扶贫使命"主题报告,感受以慈心善举帮助家乡脱贫致富为目的的行动,提高社会责任意识。

职业分享:与兰考分行的工作人员进行交流,深入了解格莱珉银行在中国的运行模式,使部分今后从事金融职业的学生有初步的职业体验。

团队研讨：组内及时交流活动的感受，内化慈善扶贫的行为。

（4）走进客户，观摩运作

走进客户：与银行工作人员一同采访贷款户（包括农户和小工商户），了解客户情况，以及客户对格莱珉银行的评价。

观摩运作：观摩格莱珉银行的小组借贷或还贷的会议，体验格莱珉银行小额信贷的基本操作流程，理解信贷有关知识并能分析应用；从风险防控、经营致富能力等角度，思考该项目与脱贫的关系、如何达成精准扶贫的目标等。

和谐推进：观察农户或小工商户的家庭、教育、卫生等情况，了解农村经济发展现状与格莱珉银行的关系。

（5）慈善行动，担当责任

组织发动一次筹款活动，实现一次慈善义举，包括全校师生慈善捐书、举行义卖等方式，还可以向格莱珉银行兰考分行的客户赠送一批塑料文件袋。

（6）主题教育，学习楷模

考察焦裕禄纪念园，了解楷模的生平事迹，举行主题祭奠仪式，学习他一心为民、不忘初心、牢记使命的社会责任意识，进而激发学生为实现中国梦，为中华的崛起而勤奋学习，努力成才的热情。

图 4-4　格莱珉兰考行

5. 课程安排(参见表4-21,以2018年为例)

表4-21　曹杨二中"格莱珉·精准扶贫"社会实践课程安排

时间		行 程 安 排
元月21日	周日	15:00上海火车站集中,乘坐列车K152(16:31—次日6:04)到达兰考火车站
元月22日	周一	6:04—8:00 到达,入住,吃早餐;8:00 出发
		8:30—10:30 考察格莱珉兰考贾堂村分行
		10:30—17:00 采访贷款户,午餐,参加收款式
		17:00—19:00 集中返回,途中晚餐
		19:00 返回宾馆;19:30 集中交流采访情况
		21:30 就寝;23:00 完成当天微信报道
元月23日	周二	6:30 叫早,7:00 分批早餐,8:00 退房出发
		8:30—10:00 焦裕禄纪念新馆仪式教育,合影
		10:30—11:00 参观毛泽东视察黄河纪念亭
		11:30—14:00 午餐,前往开封
		14:00—17:00 参观开封府和天波杨府
		17:00—18:30 自助晚餐,入住酒店
		19:00 以小组为单位接受学校采访
		21:30 就寝;23:00 完成当天微信报道
元月24日	周三	6:30 叫早,7:00 分批早餐,8:00 退房出发
		8:30—11:30 参观清明上河园
		11:30—12:30 午餐
		午餐后前往开封北站,乘 G1824 列车(14:09—18:50)返回上海虹桥。

(六) 军训在绿舟课程方案(节选)

1. 课程目标

"军训在绿舟"课程目标根据中国学生核心素养体系建构,具体参见表4-22:

表 4 - 22 曹杨二中军训在绿舟社会实践课程目标体系

	三个方面	具体素养	能力培养	具 体 要 求
军训在绿洲课程目标	文化基础	人文底蕴	了解军营文化	明晰本次实践活动的目的意义,在了解军营文化(如学革命传统、唱军歌等),参观感受绿舟文化气息(如名人大道、世界建筑与桥梁等)的同时,发现并汲取中华民族传统文化的元素,丰厚个人的人文底蕴,滋养自身的人文情怀
			感受文化景观	
			丰厚人文情怀	
		科学精神	学会资料收集	军训也是一个有利于学习的实践活动,包括学习课外知识,运用各种现代信息技术;开始关注高中即将参与的研究性学习……培养理性思维,提升批判质疑的能力
			运用信息技术	
			进行研究学习	
	自主发展	学会学习	拓展国防知识	军训作为高中第一课,是一次特殊的学习;从拓展国防知识入手,在实践中运用学科知识,进而激发学习潜能;在实践中,克服遇到的困难,学会反思,完善自我,从容面对高中的学习生活
			整合学科知识	
			学会自我反思	
		健康生活	锻炼生活自理	新的班级、新的同窗,有利于丰富学生的阅历;在学会自理与自立的同时,形成新的班集体的凝聚力,养成团队协作的意识和乐于助人的良好品质;在各项主题实践活动中,敢于展示自我、挑战自我、塑造自我
			提升团结协作	
			展示个性特长	
	社会参与	责任担当	增强国防意识	军训需要每位学生明确自己学习的目标和奋斗的方向,做到"六天管三年";从担负自身责任开始,明晰自己筑梦的目标,担负起家庭的责任乃至社会和国家的责任,形成科学的社会主义核心价值观,最终实现中华复兴的强国之梦
			规范道德行为	
			树立奋斗目标	
		实践创新	掌握军事技能	军事技能的掌握与高中学科知识的把握如出一辙;能勇于面对各种未知的挑战,为高中三年艰辛的学习生活,奠定坚实的勤奋意识;在酷热的考验中,逐步形成坚毅的性格,敢于创新,勇于探索
			磨砺意志品质	
			开拓创新精神	

2. 课程指导思想

根据《国务院办公厅中央军委办公厅转发教育部总参谋部总政治部关于在普通高等学校和高级中学开展学生军事训练工作的意见的通知》所制订的《高级中学学生军事训练教学大纲》的具体要求,根据《中华人民共和国兵役法》、《中华人民共和国教育法》、《中华人民共和国国防法》、《中华人民共和国国防教育法》和中国人民解放军三大条例的规定,高一新生军训是列入教学计划的必修课程。军训是教育部门为了锻炼学生的意志,培养学生的集体意识,提高学生的交往能力和尽快适应新环境而制订的针对新生入学的教育活动,是爱国主义教育、集体主义教育、中华传统美德教育的重要载体。通过军事训练,增强学生的国防观念,培养学生吃苦耐劳和集体主义精神,提高学生综合素质。在军政训练中,结合我校"文理相通、人文引领"的办学理念,探索良好学风的形成,尝试开展研究性活动,发掘一批具有良好发展潜能的优秀学生人才。

3. 课程主题

军训在绿舟课程活动的主题是:责任·坚毅·自主。

4. 课程具体安排(参见表4－23,以2018年为例)

表4－23 曹杨二中军训在绿舟社会实践课程具体安排

日期	起止时间	A营	B营	活动地点
第一天	7:00—9:00	乘坐交通车辆到达东方绿舟营地		学校—营地
	9:00—10:30	联席会议、入营教育		白鲸屋、相关地点
	10:30—11:00	入营仪式		未来广场
	11:30—12:00	午餐		中国餐厅
	12:00—14:00	午休		地球村宿舍区
	14:00—15:00	观看队列训练教学片		绿舟剧场
	15:30—17:30	队列训练(选拔擒敌拳队员)		相关训练点
	17:30—18:00	晚餐		中国餐厅
	18:00—18:30	学生自主管理活动		地球村
	18:30—20:00	队列训练(含擒敌拳方阵)		相关训练点
	20:00—20:30	洗澡	队列训练(含擒敌拳方阵)	地球村宿舍区
	20:30—21:00	整理个人内务	洗澡	
	21:00—21:30	整理个人内务/写军训日记		
	22:00	就寝准备、熄灯		

续　表

日期	起止时间	A营	B营	活动地点
第二天	6:00—6:30	起床、洗漱、整理内务		地球村宿舍区
	6:30—7:00	升旗仪式、队列训练（含擒敌拳方阵）		
	7:00—7:30	早餐		中国餐厅
	8:15—10:45	队列训练（含擒敌拳方阵）		相关训练点
	11:00—11:30	午餐		中国餐厅
	12:00—14:00	午休		地球村宿舍区
	14:00—16:30	军事天地1 博雅：公共安全实训课题	无线电测向/军事拓展	相关训练点
	17:30—18:00	晚餐		中国餐厅
	18:00—18:30	学生自主管理活动		地球村
	18:30—20:00	队列训练（含擒敌拳方阵）		相关训练点
	20:00—20:30	队列训练（含擒敌拳方阵）	洗澡	指定训练点
	20:30—21:00	洗澡	写军训日记	餐厅浴室 地球村宿舍区
	21:00—21:30	整理个人内务/写军训日记		
	22:00	就寝准备、熄灯		
第三天	6:00—6:30	起床、洗漱、整理内务		地球村宿舍区
	6:30—7:00	升旗仪式、队列训练（含擒敌拳方阵）		
	7:00—7:30	早餐		中国餐厅
	8:15—10:45	队列训练（含擒敌拳方阵）/筑梦在绿舟知识竞赛		相关训练点
	11:00—11:30	午餐		中国餐厅
	12:00—14:00	午休		地球村宿舍区
	14:00—16:30	军事天地2 博雅：公共安全实训课题	公共安全实训	相关训练点

续　表

日期	起止时间	A营	B营	活动地点
	16:50—17:10	学生自主管理活动		地球村
	17:10—17:30	晚餐		中国餐厅
	18:10—20:00	队列训练（含擒敌拳方阵）		相关训练点
	20:30—21:00	洗澡	写军训日记	餐厅浴室
	21:00—21:30	写军训日记	洗澡	地球村宿舍区
	22:00	就寝准备、熄灯		
第四天	6:00—6:30	起床、洗漱、整理内务		地球村宿舍区
	6:30—7:00	升旗仪式、队列训练（含擒敌拳方阵）		
	7:00—7:30	早餐		中国餐厅
	8:15—10:45	队列训练（含擒敌拳方阵）		相关训练点
	11:00—11:30	午餐		中国餐厅
	12:00—14:00	午休		地球村宿舍区
	14:00—16:30	公共安全实训课题	军事天地1	指定地点
	16:30—17:30	营部对"感受黑夜"主题教育活动进行布置及提出要求		未来广场
	17:30—18:00	晚餐		中国餐厅
	18:15—20:00	"感受黑夜"主题教育活动（夜行军）		大园区
	20:00—20:30	写军训日记	洗澡	地球村
	20:30—21:00	洗澡	写军训日记	中国餐厅 浴室、宿舍
	21:00—21:30	整理个人内务		
	22:00	就寝准备、熄灯		地球村宿舍区
第五天	6:00—6:30	起床、洗漱、整理内务		地球村宿舍区
	6:30—7:00	升旗仪式、队列训练（含擒敌拳方阵）		
	7:00—7:30	早餐		中国餐厅
	8:15—10:45	队列训练（含擒敌拳方阵，分列式、阅兵式彩排）		相关训练点
	11:00—11:30	午餐		中国餐厅
	12:00—14:00	午休（剧场节目彩排）		地球村宿舍区

续　表

日期	起止时间	A营	B营	活动地点
	14:00—16:30	无线电测向/军事拓展	军事天地2	指定训练点
	17:00—17:30	洗澡	学生自主管理活动	地球村 中国餐厅 浴室、宿舍
	17:30—18:00	晚餐		
	18:00—18:30	学生自主管理	洗澡	
	18:30—19:00	写军训日记		
	19:15—21:00	"扬帆绿舟,梦想起航"学生暑期军训文艺联欢会		绿舟剧场
	22:00	就寝准备、熄灯		地球村宿舍区
第六天	6:00—7:00	洗漱、整理内务(归还卧具)、整理行装		地球村宿舍区
	7:00—7:30	早餐		中国餐厅
	8:00—10:30	家长观摩:红蓝军数字化模拟对抗演习,阅兵式、分列式、队列操评比,擒敌拳方阵表演,结营式		相关训练点
	11:00—11:30	归还军装		地球村 中国餐厅
	11:30—12:00	午餐		
	12:30—13:00	收拾行装,做离营准备		
	13:00	登车离营		

(七) 十八岁成人仪式课程方案(节选)

学校对十八岁成人仪式历来极为重视,将这一活动定为民族精神教育、成人教育、亲子教育、拥军活动等综合实践活动,而且同责任意识的培养相融合,并力求与学科知识相沟通。力图以课程的方式,来设计这一活动,提升其教育的价值,增强活动的实效性。

1. **课程指导思想**

十八岁成人仪式教育活动是共青团组织的,在十八岁青少年中倡导开展的公民素质教育活动,主要包括国家意识、公民人格的培养,掌握我国的宪法和法律知识,懂得公民应具有的权利和义务。

学校的十八岁成人仪式课程以"成长、成人、成才"为主线,使学生在社会实践活动中增强对国家、社会、家庭的责任感,培养学生履行公民义务的意识和能力,使学生明确独立承担个人和社会的责任,要具有反哺社会、回馈社会,做一名合格公民的意识。

2. 课程目标体系(参见表 4-24)

表 4-24 曹杨二中十八岁成人仪式社会实践课程目标体系

	重点工作	主要方面	活动载体	能 力 目 标
十八岁成人仪式课程目标	责任意识的培养	社会责任意识	颁发宪法	将自己的人生价值和追求融入到实现祖国繁荣富强的中国梦之中
		学习责任意识	体验交流	调节心理压力,积极迎接考验,勇于面对高考,实现个人梦想
		个人成才意识	宣读誓词	通过十八岁誓词,为自己已确定的人生目标继续而不懈地努力
	学科知识的贯通	语文学科知识	参观撰写	参观湖心岛,使用阅读手册拓展学习资料,撰写誓言和体验文章
		历史学科知识	了解党史	参观南湖革命纪念馆,了解峥嵘岁月中我党发展壮大的光辉历程
		地理学科知识	使用地图	通过指导手册的地图或手机智能App,合理地安排参观的路线
		英语学科知识	翻译誓词	能够用英语(或其他外语)准确地翻译成人誓词和十八岁心愿
	亲子互爱的教育	长辈成人寄语	师长发言	聆听校长师长的成人寄语,确定人生目标,勇于承担社会责任
		家长写信祝贺	静读家信	通过阅读家长的成人信,体会家长的厚望,激发学生成材动力
	人文精神的凸显	师生共叙人生	边走边聊	利用本次实践活动,和教师、同学共同探讨人生及今后的发展
		放飞青春理想	成人寄语	将十八岁心愿折叠成千纸鹤,以班级为单位,举行放飞的仪式

3. 课程具体安排(参见表 4-25,以 2018 年为例)

表 4-25 曹杨二中十八岁成人仪式社会实践课程活动安排

时间	活 动 安 排
6:50	各班师生在操场集中
7:00	乘车准时出发

续　表

时　间	活 动 安 排
9：00—10：00	十八岁成人仪式主题集会
	A组：1—6班
10：00—11：30	湖心岛班级自主活动
11：30—12：00	纪念馆前拍照留念
12：00—12：30	参观纪念馆
	B组：7—12班
10：00—11：30	纪念馆前拍照留念
11：30—12：00	参观纪念馆
12：00—12：30	湖心岛班级自主活动
12：30—13：15	学生用餐
13：30	集合，乘车返回上海

4. 课程实施地点

成人仪式活动地点放在浙江省嘉兴市。这是一所具有重要历史意义的城市，蕴藏着丰富的人文资源。

首先，从历史角度来看，嘉兴是中国共产党的诞生地，是中国革命的圣地，不仅有一大会址——南湖船，还有邓小平同志题词馆名的"南湖革命纪念馆"，通过图片、影像资料，较为完整地反映了中国共产党诞生之前，到新中国成立，直至改革开放的光辉历程。

其次，从文化角度来讲，嘉兴文化灿烂，古代吴越文化相互影响，源远流长，积淀深厚。嘉兴历史上名人辈出，元代大画家吴镇，清代的诗人朱彝尊，伟大的爱国主义者，"七君子"之一沈钧儒，国学大师王国维，中国现代文学巨匠茅盾，当代著名金石书画家钱君陶，中国漫画宗师丰子恺，著名漫画家张乐平，著名诗人徐志摩，翻译家朱生豪，武侠小说大师金庸，等等，均生于此，长于此，至今还留下众多的人文景观。

再次，从地理角度来说，嘉兴是历史悠久的江南水乡名城之一，地处长江三角洲的南翼，紧靠上海、杭州、苏州等大中城市。"上有天堂，下有苏杭，嘉兴在中央。"这里风景秀丽，仅南湖的湖心岛上，就有以烟雨楼为主体的古园林建筑群。

(八) 筑梦行动课程方案(节选)

1. 课程指导思想

遵循我校"现代公民，博雅君子"的办学目标和"文理相通，人文引领"的办学理念,结合我校社会实践活动的教育特色,贯彻教育部等 11 个部门《关于推进中小学生研学旅行的意见》的文件精神,开展本次社会实践活动。活动旨在通过进名校校园和课堂,感受高校的人文文化氛围的同时,激发学习内驱,提升责任意识,学会社会担当;通过考察人文景观、观看升旗仪式、攀登长城等活动,丰厚人文情怀,增强民族意识,增添"千帆竞渡,我敢争先"的勇气;通过集体生活、研学实践,提高相互尊重、沟通协作的能力。同时,本次实践活动也将进一步完善我校"多维有序"的社会实践活动课程体系,为探索高中社会实践(研学旅行)长效机制积累经验。

2. 课程目标体系(参见表 4 - 26)

表 4 - 26　曹杨二中筑梦行动社会实践课程目标体系

	三个方面	具体素养	具 体 要 求
筑梦行动课程目标	文化基础	人文底蕴	了解学校组织活动的目的、意义,考察我国最高学府,了解其蕴含的人文精神和文化底蕴;在各项实践中,汲取中华民族传统文化的营养,滋养自身的人文情怀
		科学精神	通过主题研学旅行,让学生收集资料,开展研究性学习;并亲自体验高校崇尚真知的严谨求学态度和勇于创新探索、持之以恒的精神
	自主发展	学会学习	在实践中,逐步明确学习的目标和奋斗的方向,不断地激发学习潜能和兴趣;善于与北京的同龄人交流,丰富自己的学习经历;善于思考,不断完善自我
		健康生活	活动中有团队合作意识,有乐于助人的良好品质;有意识地培养自己的良好心理品质,坚韧乐观;实现自我管理,提高生活自理、安全自护的意识和能力
	社会参与	责任担当	体味读书人的使命,勇担责任:从担负自身责任开始,明晰自己筑梦的目标,担负起家庭的责任乃至国家和社会的责任,最终实现中华民族复兴的强国之梦
		实践创新	通过实践活动,勇于面对挑战,为高三艰辛的学习生活奠定坚实的勤奋意识;善于思考或自省,敢于创新和探索

3. 课程内容

(1) 参观交流,共同学习

参观清华附中,与同龄人共同学习;对比京沪学生学习环境、课程内容、高考模式、综合评价等。

(2)校友座谈，圆梦体验

与北大、清华的校友座谈，交流筑梦、圆梦体验；对中国最高学府做进一步了解做好铺垫。

(3)游览校园，人文感悟

在校友的带领下，游览北大、清华，实地考察人文景点、校史陈列室，了解名人逸事等；体悟中国名校的人文积淀和发展轨迹；对我国高校的发展有一个初步的认识。

(4)天安门前，观摩升旗

参加天安门前庄严肃穆的升旗仪式，在满怀激动中，将个人的成长与祖国的发展有机融合，将立志报效祖国和承担社会责任有机融合；通过晚上的主题班务会，交流心得，分享感受，相互促进，携手共进。

(5)攀登长城，领略成功

攀登"不到长城非好汉"的八达岭长城，在你追我赶中，磨砺敢于拼搏的精神，感悟登顶烽火台"一览众山小"的豪情；攀登长城也是一次筑梦、挑战自我的过程，领略成功的不易与荣耀，感悟人生的奋斗。

(6)自主实践，主动发展

赴北京开展研学旅行，考验自主、自立、自理、自护，以及团队的协作、互助的能力；通过参与实践活动课程，培养同学们勤于思考、勇于探索、积极实践的精神。敢于超越自我，挑战自我，规划人生，勇于拼搏。

4. **课程主题**

任重道远，弘毅筑梦（2015年）

游黉门，筑梦想，攀高峰（2016年）

博雅学子弘毅自强，清北黉宇筑梦未来（2017年）

5. **课程具体安排**（参见表4-27，以2017年为例）

表4-27 曹杨二中筑梦行动课程具体安排

日期	时间	活动内容	负责人
25日	19:00	上海火车站南广场集合	年级部、班主任
	19:53—7:45	乘火车D322，卧铺	年级部、班主任

日期	时间	活动内容	负责人
26 日	7∶45—10∶00	北京南站,集中乘车	班主任
	10∶00—13∶00	清华附中参观、午餐	年级部、班主任
	13∶00—17∶00	参观北大、清华	副组长、班主任
	17∶00—18∶00	与北大、清华校友座谈	副组长、班主任
	18∶00—20∶00	住宿、晚餐	年级部、班主任
	21∶00	就寝	班主任、班委
27 日	3∶00—4∶30	起床、洗漱、乘车	年级部、班主任
	4∶51—7∶30	观看升旗仪式、早餐	年级部、班主任
	7∶30—12∶00	乘车、攀登八达岭长城	年级部、班主任
	12∶00—17∶00	午餐、赶赴石家庄	副组长
	17∶00—21∶30	晚餐、正定机场候机	年级部、班主任
	21∶30—23∶30	乘 9C8766 航班至虹桥机场	年级部、班主任
	23∶30	家长在 T1 口接机、返回	

第五章

高中构建社会实践长效机制的课程实施

为了建构更为完善的社会实践长效机制,在建设课程体系的基础上,曹杨二中依据整个社会实践课程实施的经验,开发设计了《课程建议手册》、《教师指导手册》、《学生活动手册》三本系统性的社会实践课程指导手册,明确了社会实践课程实施过程中的理念、方法、规范问题,提供了课程实施的相关建议和资源。在课程指导手册的基础上,学校注重社会实践的过程管理和有效评价。通过立足课程的周密安排、各部门的分工合作、相关流程的设计、过程性的规范和指导、应急预案的设计以及学习小组的建立,有效保证了社会实践实施过程的规范性和成果的有效性。学校借鉴了过程性、真实性和发展性评价理念,建构了与社会实践课程相适应的评价体系,注重质性评价和学生的自我管理与评价是曹杨二中社会实践评价体系的最显著特征。

在我们看来,建构社会实践长效机制是学校层面的一种主动的教育变革。从概念上说,学校变革是学校作为一种特殊的机构,在外力作用下或者在内力的牵引下开展的一种组织形态、运行机制上的更新与改造①。这种变革既不是简单的,也不是自然而然的。学校变革过程的复杂性首先就在于它不是一个简单遵循线性因果规定而发展的过程②,同时,学校变革因素的多样性也在很大程度上加剧了这种复杂性和不确定性。这也就意味着,认识和透析学校变革的复杂性,是推动当代中国学校变革理论创新的重要逻辑起点③,这也同时蕴含着,任何领域的学校变革都需要树立起复杂性的思维,运用多元的路径建构解决学校变革的核心问题。

从概念上说,所谓的长效机制,也就是能够长期保障某些制度政策运行并持续性发挥预期价值的制度体系。尽管长效机制追求的是一种长期性、持续性的作用结果,但是长效机制本身的建设却并非一劳永逸、一蹴而就。任何的机制建构,都必须对时代发展、教育变革保持足够的警觉,随着外部条件的变化主动更新和完善。不管在何种领域,要建构长效机制通常都需要把握两个关键点:其一,要有相对规范的、稳定的、系统的制度,为相关活动的运行提供参考依据和评判标准;其二,要有推动制度落实的相应动力,即要有出于自身利益而积极推动和监督制度运行的组织和个体。有了上述两个基本条件作为保障,长效机制的建构才能够在实践之中落地生根。

基于上述两个方面的分析,我们应该认识到,对于高中的社会实践活动或者社会实践课程而言,其变革过程是学校主动变革的样态之一,其长效机制的建构也同样是一个复杂的、渐进的过程,学校必须充分认识这种变革过程的复杂性,在策略的设计和路径的选择上尽可能触及学校管理的各个领域,建构起完善的方法论体系。本章将继续上一章的写作思路,运用个案研究的方式,从社会实践指导手册的编制、社会实践过程管理的规范以及社会实践评价体系的建构等维度,进一步分析曹杨二中在建构社会实践长效机制过程中的实践举措。

第一节 社会实践指导手册的编制

从现实的情境出发,以促进人的健康成长和自主发展为出发点,揭示出教育实

① 杨小微.全球化进程中的学校变革[M].上海:华东师范大学出版社,2004.
② 杨颖东.学校变革的复杂性探析:复杂科学的视角[J].教育发展研究,2012,32(04).
③ 李家成.透析学校变革的复杂性——当代中国学校变革理论建构的起点之一[J].教育理论与实践,2006(11).

践变革的内在逻辑对教育理论创新具有重大的意义,这也是探讨教育存在的逻辑起点①。对于高中社会实践长效机制的建构而言,课程体系的建设只是其中的基础性工作,要真正发挥社会实践的育人价值,必须致力于回归社会实践的生活世界和原本状态,通过行动探究课程实施的基本策略,形成具有普遍指导价值的操作规范。正是基于这样的思考,曹杨二中在建构校本化的社会实践课程体系的基础之上,又着力立足于实践探究生成了针对性的社会实践课程指导手册,并将其作为建构社会实践长效机制,发挥社会实践综合育人价值的核心技术。

从2008年开始,学校利用已有的经验,相继"再生"了"重走大师路——江村社会考察"主题社会实践活动,引导学生学会观察社会;把高二学农实践活动扩展到陇黔赣三省七个国家级贫困县,开发了"博雅西部行——告诉你一个真实的中国"的"三农"考察活动;把学工实践活动扩展到大众汽车公司、汽车博物馆、上海大众工业学校,开发了"STS体验"(科学、技术、社会)活动。"再生"这类社会实践活动课程,其目的就是有意识地增强学生学术能力的培养,以课题研究为载体,引导学生观察社会,培养学生社会科学研究的基本技能和素质,帮助学生形成健康人格。我们采用"自主研修、分组交流、草拟大纲、实地调研、反思总结、交流展示、分析点评"的流程引导学生开展调查研究,并完整地体验学术研究的全过程,收到了很好的效果,逐渐形成为学校品牌。

在长期开展社会实践活动课程的过程中,我们体会到即使有"多维有序"的活动课程体系,在具体实施时仍然需要导引,需要编制三类课程手册(《课程建议手册》、《教师指导手册》和《学生活动手册》)作为课程操作指南,来解决课程实施"最后一公里"的问题,确保课程实施效果。这也解决了课程延续、再生、推广的问题。

社会实践指导手册的开发并非随意的,而是直接指向于我们在社会实践课程实施过程中遇到的现实问题,试图通过对普遍性问题的解读和分析形成共性的指导意见和实施路径。例如,在开发《"南京生存训练"课程建议》的过程中,针对资源选择,我们反复研究为什么高一生存训练地点建议选择在南京:一是南京的爱国主义资源多,有足够空间容纳一个年级(500名左右)的学生;二是南京离上海近,路途占用时间少;三是火车易于安排,汽车不够安全,易堵车,中途上厕所难;四是南京科研院所多,研究型学习易于展开……诸如此类的资源选择要经过多次的实验积

---

① 王稳东.探究:教育实践变革的内在逻辑[J].教育学报,2018,14(06).

累才能确定,每年的《课程建议》都要根据资源的变化情况进行适当调整。在《课程建议》中,我们明确了课程目标、课程内容、学习组织程序与方式、学习评价、资源支持、不同学科教师前后参与的要求、课程准备等内容。对于课程领导者而言,《课程建议》一定要读,这样才能保证基本的效果,把握住活动的方向。同一个活动,由新教师和老教师实施,效果会有很大差异;即使同一个老师,如果两年未带高一,再带学生参加南京生存训练时,准备不充分也容易产生问题。活动前,如何做好知识铺垫? 活动中,发生安全问题怎么办? 学生生病怎么办? 遇到骚扰怎么办? 遇到小偷怎么办? 男女之间不配合怎么办? 开展研究性学习时,选题不恰当怎么办? 市民不配合怎么办? 等等此类问题,考验带队领导,考验每位指导教师。《"南京生存训练"教师指导手册》可以使教师在南京的三天里知道做什么,以及可能遇到的问题和相应预案,也可以从中得到指导学生晚上开展内省反思活动的具体建议,还可以指导带队老师之间每天该如何反思总结交流。这样的手册,必须经过多年的完善才能形成,一旦完成就可以起到保证活动质量和培养老师教育能力的效果。《"南京生存训练"学生活动手册》是学生的行动指南。既有活动意义、目标、日程安排、相关准备、安全注意事项、评价等内容,又有前几届学生的活动体会、反思文章、研究成果,对学生高质量完成社会实践活动具有特别重要的启发引导作用。

　　从课程建设的角度理解社会实践活动,其课程的实施问题显然是一个更为核心和重要的问题。大量的研究文献表明,课程实施不是一个事件,而是一种过程,这几乎已经成为学者们的共识[1]。在课程实施的过程中,如何进行规范性地指导和引领,这是确保课程实施成效的关键性问题。通过二十多年的持续积累和开发,学校为每项重大社会实践活动编制了三类共计18本课程手册,为课程领导者、指导教师和参与学生,从课程目标、组织指导、活动规范、应急预案等方面提供针对性很强的建议,打通了社会实践活动课程实施的"最后一公里",使得学校出现了"敢做、愿做、会做、精做"的良好局面,取得了很好的社会实践育人效果(参见表5-1)。这三本手册被我们老师称为社会实践活动课程设计的"核心技术"。按照这些操作手册实施,从机制上保证了学校开展的任一社会实践活动,都能达到"会做"的标准,便于内部迁移和外部推广。

---

[1] Fullan M., Pomfret A. Research on curriculum and instruction implementation [J]. Review of Educational Research, 1977(1).

表 5－1　曹杨二中社会实践课程三本指导手册基本情况

手册名称	使用对象	功能	重点	特点	开发方式
课程建议手册	课程领导者	明确课程标准,有效选择资源,实现领导之间的衔接、部门贯通、内外联系	课程目标	脉络清晰	采用课程标准研制的方式
教师指导手册	指导教师	对指导教师带教进行指导,让教师有章可循	组织指导安全应急	快速简便	设计—活动—反思—再设计
学生活动手册	参与学生	让学生参与活动有据可依,起到指南作用	活动规范	行动地图	积累学生经典案例与反思体会

一、《课程建议手册》的编制

按照美国课程专家古德莱德的理解,课程可以被划分为五种不同的形态:第一种形态被称为理想的课程,这类课程一般由教育研究机构、学术团体或者课程专家提出,具有较强的理论性和科学性;第二种形态被称作正式的课程,这些课程一般由教育行政部门负责制定,有明确的课程计划、课程标准、课程实施依据(教材)以及课程评价体系,对于学校而言,这些课程应该是课程表之中的内容,具有一定的强制性和规范性;第三种形态被称作领悟的课程,这种课程的主体是教师,教师对课程的理解和领会是课程的呈现形态和内容;第四种形态被称作运作的课程,也就是学校教育环境中真实开展的课程;第五种形态被称作经验的课程,即从学生的角度出发理解课程,认为课程就是学生实际体验到的东西。在具体的课程实施过程中,五种形态的课程往往很难被具体地区分,在不同课程实施形态的转化中,事实上都会产生一定程度的"偏移"或"损耗",造成理想与现实之间的差距[①]。而从课程实施的实践看,要弥补这种课程实施过程中的"偏移"或"损耗",就要基于课程实施主体尽可能对课程实施丰富而有针对性的指导,提供多样性的课程资源。基于这样的认识,学校针对不同社会实践课程开发设计了课程建议手册,力求明确每一类社会实践课程的基本标准,提供课程实施的有效指导和相应的课程资源。一般而言,课程建议手册的内容包括课程实施的纲要、课程实施的具体建议、课程实施的资料和课程实施的过程记录等。

以《博雅西部行课程建议手册》为例,在课程实施纲要部分中明确了课程设置

---

① 史晖.课程实施落差的表现、成因及其消解[J].中国教育学刊,2010(04).

的二方面意义：探索高二学农的新模式，确保实践活动的实效性；创新素养培育之德育奠基的需要；探索社会人文类拔尖人才的早期培养。分析了课程设置的四个方面依据：联合国教科文组织《教育——财富蕴藏其中》、我国教育部门课程改革的相关规定、《国家中长期教育改革和发展规划纲要》相关规定、《上海市学生农村社会实践教育指导大纲（试行）》相关内容。同时，按照中国学生核心素养体系建构了博雅西部行课程的目标体系，形成了课程目标体系与课程实践方式之间的逻辑关联，开发了丰富多样的课程具体活动。

在课程实施建议部分中，课程建议手册主要包含了以下几个方面的内容：明确了项目启动会的时间、参加人员、前期准备和会议的内容；明确了课程实施前期实地踩点的注意事项、参加人员和主要任务；明确了家长和师生动员会的相关内容，对学生、家长和教师提出相应的要求；要求师生在课程实施之前认真阅读与社会实践内容相关的书籍，观看相关电视剧，形成对"三农"问题的基本了解。同时，在课程建议手册中还有专门的学生研究性学习辅导报告，帮助教师更好地指导学生开展研究性学习，帮助学生更好地掌握研究性学习的基本特点、方法，确保形成完整、科学的社会实践成效。

《博雅西部行课程建议手册》的第三部分为课程实施资料，资料中既包括了往届学生参加社会实践活动的视频、感悟、照片，帮助学生形成对社会实践课程的直观感悟，做好社会实践之前的心理建设工作；也包含了告家长书和研究性学习的参考课题，便于学生家长共同参与社会实践课程的指导，便于学生结合自身实际选择合适的研究命题。课程建议手册的第四部分，是相对独立的课程实施记录，包括课程实施中存在的问题以及改进问题的建议，确保全程记录和展现学生参与社会实践课程的真实状况，也能够为持续性地改进课程实施的成效提供现实的依据和支撑。

二、《教师指导手册》的编制

教师是课程的主要实施者，是课程资源向课程目标落实的重要转化者。教师在课程实施中的角色发挥是否科学、到位，在很大程度上决定了课程实施的成效。教师的课程角色，彰显的是教师在课程理解、课程设计、课程实施、课程评价过程中的综合作用发挥，是教师与课程之间综合互动关系的体现[1]。教师的"课程角色"是

---

[1] 王卫华. 从防范到赋权：教师之于课程的角色审视[J]. 湖南师范大学教育科学学报，2014，13（03）.

20 世纪 70 年代以后逐渐在课程研究领域凸现的一个术语。经过对 20 世纪 60、70 年代"结构主义课程改革"运动失败的痛苦反思,人们清醒地认识到,过往的课程改革之所以难以得到理想的成效,很大程度上是因为改革的理念没有在实践中真正落实,而这种理想与现实的走样最为重要的原因是教师的课程价值没有得到充分发挥。在这种反思的基础上,教育改革研究和实践开始关注到教师的课程角色,让教师享有课程权利,参与课程改革,成为时代发展的呼声①。进入新世纪,随着新课程改革的深入,人们发现,尽管现代教育改革强调了学生的学习主体地位,但是教师在教育过程中的价值并不能降低,新课程倡导课程实施由"忠实取向"向"创生取向"的转变,必然蕴含了教师形象从"忠实执行者"向"反思性实践者"的转变②,教师只有主动参与课程建构和实施的过程,并在其中承担相应的权利和义务,才能真正彰显课程实施的本体价值,确保课程实施的真正成效。因此,在社会实践课程建设的过程之中,曹杨二中所开发设计的课程实施指导手册中,有一本就是专门针对教师的指导手册,我们希望通过这种手册的设计,对教师参与学生社会实践的过程进行指导,让教师指导帮助学生的社会实践,让探究型学习有章可循,从而更好地确保社会实践课程的实施成效。

以《军训在绿舟社会实践课程教师指导手册》为例,手册一共包括四个部分的内容。第一部分是课程实施流程的介绍,主要包括前期筹备阶段及部门分工、课程实施阶段及部门分工和班级军训队列口号一览。第二部分着重介绍了军训期间班主任的工作,明确了军训活动前、活动中和活动后班主任的相关工作。在这一部分中,手册还提供了班主任工作优秀案例供教师学习借鉴。手册的第三部分是课程的学习资料包,包括中国学生核心素养、高级中学学生军事训练指导大纲、暑期军训安全防护预案和军训期间学生身体不适等常见问题的应对方法。手册的最后一部分是教师对社会实践课程的全过程记录,包括班级人才库的记录、军训期间学生特殊表现的记录、班务会记录以及军训期间班主任碰头会的会议记录。

透视社会实践课程中教师指导手册的编制可以发现,手册中提供了完整详实的社会实践过程性指导,这些指导都是学校基于社会实践课程实施的现实经验进行的总结提升,具有非常鲜明而直接的指导意义,即使是从没接触过社会实践活动的新教师,也能够根据这本手册的指导有效开展社会实践课程。同时,丰富的学习资料包有助于教师更加全面地认识社会实践课程的价值、意义,并在课程与教学改

---

① 杨明全. 教师的课程角色:一个倍受关注的课程话题[J]. 全球教育展望,2003,32(01).
② 王艳玲. 新课程改革与教师角色转型[J]. 全球教育展望,2007(10).

革的总体范畴内思考社会实践的定位和培养目标,这就很好地沟通和关联了学校的社会实践与课程、教学、育人工作,让社会实践真正融入了学校的整体改革和发展,融入了学校人才培养的全过程。

三、《学生活动手册》的编制

学生是学习的主体,也必然是课程建设、实施和评价的主体,当前各级各类学校课程与教学改革的一个重要思路就是强化学生的课程权利,保证学生的课程参与。美国著名教育变革理论家迈克·富兰曾深刻地指出:"如果在教育变革中学生不具备某些有意义的角色,那么大多数的教育变革,或更确切地说,是大多数的教育都将失败。"①教育学家格伦·哈斯同样认为学生是课程规划和实施过程中的重要资源,学生能否真正参与到课程之中对课程实施的成效有直接而显著的影响。大量实证研究已经得出结论,如果学生的课程权利得到保障,学生真正参与到课程规划、实施和评价的过程之中,学生的学习效果将会得到明显的提升②。因此,只有当学生真正作为权利主体参与到课程变革与实施过程中的时候,他们的主体意识和责任意识才会进一步被激发,学习的责任感才会进一步提升,学习成效也才能从根本上得到保障③。正是基于这样的认识,在课程建设和改革的过程中,教育领域普遍对于学生如何有效参与课程开发、设计、实施和评价的全过程给予了充分的重视。然而,应该指出的是,完整的学生课程参与内涵包括由基于传递走向基于发现的学生形象,由静态构成走向动态生成的课程观,以及由储存灌输走向解释指导的教学观等相互联动的三个方面。促进学生课程参与需要满足学生自主、能力和归属的基本心理需要,激发学生的认知冲突并提供有效的支架,整合学生行为、情感和认知维度的参与,并提供多方面协同的社会支持系统④。对于高中阶段的学生而言,他们已经具备了一定的课程意识和课程参与能力,但是不同学生对于课程的理解和认知不同,将具体的活动转化为系统的课程进行实施的能力相对不足,因此,在课程实施的过程中应该注重对学生进行跟踪指导,保障学生的课程主体地位,能够让学生开展社会实践活动时做到有法可依、有章可循,让社会实践课程成为一种规范性的教与学活动。

① (加)迈克尔·富兰.教育变革新意义[M].赵中建,等译.北京:教育科学出版社,2005.
② (美)弗雷斯特·W·帕克,格伦·哈斯.课程规划——当代之取向[M].谢登斌,译.杭州:浙江教育出版社,2004.
③ 夏永庚.论学生的课程权力[J].教育发展研究,2016,36(Z2).
④ 刘宇.学生的课程参与:内涵、条件与策略[J].课程·教材·教法,2012,32(07).

以《格莱珉·精准扶贫社会实践课程中学生活动手册》的编制为例,手册一共包含了五个方面的内容:第一部分主要论述了课程的方案,包括课程指导思想、课程主题、课程领导小组、课程目标、课程内容、课程安排、课程实施中学生素养的要求、安全注意事项、携带物品要求、拍摄微视频的辅导等,全面展示了课程实施的总体情况和要求,对学生提出了细致的要求;第二部分主要是课程实施资料的汇编,包括习近平总书记在 2015 减贫与发展高层论坛的主旨演讲——"携手消除贫困,促进共同发展"、格莱珉银行和创始人尤努斯简要介绍、颠覆传统的银行业——格莱珉银行模式介绍、格莱珉(中国)和创始人高战介绍、金融贷款常识介绍、比特币与区块链技术介绍、焦裕禄生平介绍、学生研究性学习辅导报告等,为学生提供了丰富的课程学习资源,让学生在参与社会实践之前就能够对社会实践的主要内容形成基本的认知和了解;手册的第三部分是理念活动的经典回放,包括活动的照片、活动中学生获奖的展示、学生参与活动的积累和思考、学生社会实践中进行的课题研究,同时,手册中还附上了部分获奖学生的调研论文,以起到同伴的引领和辐射价值;手册的第四部分是活动的记录,包括微视频拍摄的分工及计划、我的课题实践活动随笔和个人研究性课题报告等内容;手册的最后一部分是课程评价的内容,设计了涵盖自我评价、同伴评价、教师评价和综合评价等维度的课程评价体系,力求完整展现学生参加社会实践课程的经历、成长和感悟。

总而言之,课程实施涉及教师、课程、学生三个要素,但是,三者之间是怎样的关系,不同的理论视角、取向对此有不同的认识。教师、课程、学生是课程中的永恒要素,不管我们将课程理解为目标、内容、学科还是经验,课程实施的本质就是探讨教师、课程、学生三者间的关系。从课程发展历程来看,人们对课程实施中要素的认识也是逐步明晰的。教师、学生都被认为是课程实施的重要参与群体,而在三者的关系理解中出现了多种观点,但总的趋势是不断增强课程、教师、学生三者间的互动关系[①]。依靠三本手册,学校将每一项社会实践课程的实施方案、教育内容、活动记录等有针对性地进行归总,集校本教材、记录手册、活动须知和学生评价等功能于一体,既很好地关联了教师、学生和课程之间的内在联系,确保了课程实施的成效,体现出了非常丰富的实践和应用价值,也构成了学校社会实践长效机制建构的核心技术。同时,通过对三本手册的解读,可以形成一些编制社会实践课程指导手册的共性经验(参见表 5 - 2),这对于同类学校因校制宜地开展社会实践活动课

① 夏雪梅,崔允漷.学校课程实施过程互动理论模型的建构[J].教育发展研究,2013,33(24).

程建设,开发有针对性的社会实践课程指导纲要、操作手册等,都具有重要的指导意义。

表 5-2 社会实践课程指导手册编制建议

手册名称	课程目标	学习资料	课程实施	真实记录
课程建议手册	拟定实践活动的《课程实施纲要》:明确培养目标,包括实践活动需要注重提升的学生核心素养目标(含核心价值观目标、实践学习目标等)	明晰教育背景:相关的国际教育发展的经验与趋势、教育部门的要求、社会发展的需求、学生年龄特点的需求、活动的经验成果等	明晰课程实施各个环节:明确领导小组、工作小组及其职能;安排课程实施的相关流程及相关部门;明确实践活动的关注点	实施流程具体情况的记录:筹备会议、带队教师会议、学生课程辅导、学生实践动员、研究性学习活动实施、成果反馈与收集等具体情况
教师指导手册	学习并贯彻实践活动的《课程实施纲要》,明确活动意义,了解各活动环节,认真落实每项活动要求	与实践活动相配套的资料:教师学习资料;教师须遵守的管理制度,包括教师应该知道的应急预案等;历年实践活动中的教师心得	每位教师的具体工作任务:整个实践活动环节的实施要求;实践活动中的主题教育活动流程及需教师配合的教育载体设计与安排;教师需要携带的物品等	整个实践活动教师的真实记录:班级研究性学习课题的情况、每个班级的班务会记录、每天的随笔等
学生活动手册	学习并落实实践活动的《课程实施纲要》,明确活动意义,了解各活动环节,在实践活动中努力达成目标	与实践相关的学习资料包:实践活动的具体安排;研究性学习的指导;须遵守的社会实践活动行为规范,并熟知安全预案;介绍当地及主题教育活动的人文知识;历年该活动学生、家长经典论文、感言、摄影作品等	每位学生需要完成的任务:参见各项准备工作;按照该实践活动的时间安排表,完成需要达成的各项实践任务;及时完成研究性学习的各阶段任务;准备需要携带的物品等	整个实践活动学生的真实记录:实践日记、主题教育感悟、实践活动小结、课程评价、特殊记录等

第二节 社会实践过程管理的规范

过程管理是一个管理学领域的概念,是为了更好地实现过程增值而进行的一些管理行为。过程管理最早产生于经济领域,它是在充分借鉴了业务过程再造、全面质量管理等理论的合理内核之后提出的,这一理念以追求卓越管理为目标,强调过程设计的科学性和有效性,并对其不断优化和改善以实现投入的增值。过程管理有助于更好地了解过程,找到问题的症结和最佳解决策略,从而保证产出的质量。

近年来,随着教育领域对于质量追求的日盛,过程管理的理念开始在教育改革和发展中越来越多地被提及。早在 2005 年,联合国《全民教育质量提升报告》就基于过程管理的视角,构建了"投入—过程—产出"的教育质量评估与提升模型,其将内部教育过程分解为学习者特征、投入、教学过程和产出四个相互联系、相互影响的要素,形成了基于过程管理的教育质量概念框架[①]。如今,在各级各类的教育改革中,有效的过程管理一直被视作是确保教育质量的关键要素。

从课程建设的角度思考高中的社会实践活动,活动的开展过程就是课程实施的过程,这一过程蕴含着复杂的人事物关系,需要系统的规划、部署和协调,这也就意味着只有对社会实践的实施过程进行跟踪性的过程管理,才能保证社会实践的实施过程中不走样、不失真,确保课程实施的成效。从曹杨二中的经验来看,学校非常注重社会实践课程的过程性管理,建构了从课程实施前到实施中再到实施后的一系列过程性规范,形成了完整的社会实践过程管理体系,有效保障了社会实践实施成效,也为社会实践长效机制的建构进一步提供了支持和保障。

一、立足课程,周密安排

活动课程又称为经验课程、儿童中心课程,是与学科课程相对的课程类型。社会实践活动课程既传承了活动课程所具备的特征:课程的学习需要学习者运用已有经验,经过学习后对经验进行改造;打破严格的学科界限,有步骤地扩充学习教材,强调在活动中学习,而教师从中发挥协助作用。同时,社会实践活动课程还应以活动为中心,具有开放的情境,并以自我发展和自主学习为目的,强调个体体验的丰富与个人品质的提升;在活动空间上向自然环境、学生的生活领域和社会领域延伸。活动课程的教育目标较学科课程的内涵应更为丰富,并且通过社会实践中的各项活动加以落实。

如何有效地在较短的时间来提升实践活动的实效性,离不开周密的活动课程

---

① 李韦潼. 工学博士生培养质量现状与问题研究——基于过程管理理论[D]. 天津:天津大学,2015.

安排。曹杨第二中学在每个重大社会实践活动课程中，尽可能地挖掘周边教育资源，结合时政，开展各项主题教育活动。有的社会实践活动课程还会针对不同特长的学生，在不同时空进行。借助专业教育机构或教育基地的教育资源，扎扎实实地提升社会实践活动课程中每项实践活动的目标达成度。曹杨二中在每项社会实践活动课程的实施方案中，详细地罗列了每项社会实践活动每天的活动安排。每年相对固定，又进一步精细化。因此，每项活动的安排、师生的作息都能做到有条不紊，张弛有度。其中，最为关键的是前期工作的扎实，每次实践活动实施前，务必事无巨细地做好踩点工作：大到住宿地的落实、来回交通的确认、教育基地的情况、与接待学校的沟通，小到音响设备的落实、旗帜条幅的配套、雨天方案的考虑、对方联系的信息等。返回后，对活动安排再研究、再落实，确保万无一失。这种前期的周密部署和安排是社会实践课程有序实施的基础性条件。

二、部门协作，规范流程

曹杨第二中学对每项社会安践活动课程目标的达成，都孜孜不倦地追求"没有最好，只有更好"。面对繁忙的高中学业，如何确保社会实践的活动实效？学校经过多年的探索，形成了与学校"两级管理"相匹配的、有条不紊的部门协作操作模式：就部门而言，每个重大的社会实践活动也是学校的重大教育任务，由学校德育工作领导小组牵头，覆盖学校德育、教学、后勤各行政部门，包括分管德育校长、科研校长、后勤校长，以及政教处、团委、教导处、年级部、总务处等负责人（参见表5-3）；从时间上来看，活动课程按照不同时间要求至少从活动前两周开始筹备（有的至少提前四周时间），收尾工作最快在活动后一周内，最晚的要有六周时间。

表5-3　曹杨二中社会实践期间各行政部门的工作职能

行政部门（个人）	部门职能
校长	校务会议组建社会实践领导小组和工作小组，确定社会实践时间、地点、对象等重要环节
分管校长	协调各部门落实相关工作，代表校方主持各类会议，全程参与社会实践活动等
政教、团委	对外联络，建立各种评价保障制度，负责仪式教育，负责社会实践评价信息的录入工作等
教导处	负责研究性学习的培训，学习资料包的建立，课题指导教师的配备，课题评价等

续 表

行政部门（个人）	部门职能
年级部	协调各项资源的基本运作,明确时间、地点,组织班主任开展具体的推进工作
总务处	准备音响设备,购置物品,制作横幅,提供校旗,购买车票等后勤保障工作

德育工作领导小组在每个重大社会实践活动前,均通过会议提前议定课程实施流程,根据实际情况,合理调整该活动课程的前置与后续环节,各行政部门各司其职进行落实,才能做到全校一盘棋,不打乱正常的教育教学秩序,且得到最佳的效果。同时,尽可能地设置预案和预备队,应对可能出现的问题。在重要环节或关键时间,设置检查点,进行相互的补位与提醒,力求万无一失(参见表5-4)。社会实践活动更是一个对班主任队伍进行专业化锻炼和培训的过程。很多班主任缺乏锻炼和培训,社会实践活动就是对他们最佳的教育方式,实践活动的良好效果,班级学生的良好表现,都会给他们带来感动和自信。每天一次班主任碰头会,让他们发言进行相互教育,同时不断指出班主任工作的要点,能够使他们成长得更快。

表5-4 曹杨二中社会实践活动课程实施流程和规范

时间	工作内容	负责部门
社会实践前的相关工作安排	初步确定社会实践活动课程实施的时间,建立领导小组和工作小组	校务会议
	与各主要实践基地进行初步联系,掌握可能出现的变故	政教处
	召开工作领导小组会议,初步安排相关事项的操作事宜	分管校长
	相关人员实地踩点,对相关操作事宜进行确认	领导小组
	汇总本次活动的师生(男女)名册、身份证号,汇总教师联系电话;建立教师专用微信群,便于及时沟通信息	年级部
	与火车站联系,落实往返车票事宜	政教处总务处
	完成社会实践全套三本手册的初稿,听取各方意见	政教处

续　表

时间	工　作　内　容	负责部门
	召开年级班主任会议,正式启动社会实践课程	年级部
	各班学生进行信息汇总,并完成实践活动的分组	班主任
	召开第一次全体学生会议:作学生研究(探究)性课题的辅导报告以及进行拍摄影像等专项培训,提出相关要求	教导处 年级部
	确定主题教育活动后,落实相关学生和服装等道具;进行主持、朗诵、节目的排练	政教处 团委
	制作主题教育活动的横幅,准备校旗、国旗等,维修班牌	总务处
	拟定、下发《告家长书》,回收回执	年级部
	召开全体任课教师会议:明确社会实践的意义及预设目标,为全体任课教师布置工作任务,并进行课题指导动员	分管校长 教导处 年级部
	学科教师结合课堂教育,进行相关学科知识拓展,并指导课题	任课教师
	各班对学生身体状况进行仔细排摸,特殊情况上报年级部;年级部根据情况进行具体安排;落实学生住宿安排	班主任 年级部
	召开该年级家长会:宣传活动的意义,介绍活动安排,布置需要家长配合的相关事宜;学生的身体健康状况家长务必与班主任沟通	分管校长 年级部
	召开第二次全体学生会议:对社会实践活动课程进行宣传动员,并明确各项纪律要求及具体布置任务	分管校长 政教处 年级部
	利用午会课时间,对该年级播放与社会实践相关的纪录片、教育片,落实活动保险等	政教处
	社会实践三本手册定稿并完成印制,下发给师生	课程研究所
	汇总研究(探究)性课题,组织各课题小组汇报课题方案;汇总各小组的预设考察路线,建立手机联络网等	班主任
	召开年级部学生自管会会议,建立学生自主管理机制	年级部
	全体带队教师工作会议:强调即将正式实施的社会实践各环节班主任的工作要点;对安全预案进行培训	领导小组 工作小组

续　表

时间	工 作 内 容	负责部门
社会实践中的相关工作安排	出发(班主任需提前半小时到位,领导小组更要提前)、到站,以及每次集中上车、返回宿舍等,均进行点名	班主任
	严格按照社会实践活动安排表操作,如果存在调整,年级部及时通知到相关教师	分管校长年级部
	班主任和搭班教师须跟班,加强联络,准点安全打卡;挑选班中可能存在问题的小组进行跟班	班主任搭班教师
	组织开展仪式教育活动,相关部门提前到场,准备设备、道具;相关学生提前到场走台;活动结束后,做好扫尾工作	分管校长政教处团委
	每晚各班召开班务会:班主任组织各小组交流心得,分享经验,对存在的问题进行指导,对第二天的活动提出要求	班主任领导小组
	利用教师集中用餐时间,对班主任进行工作提醒;晚上学生休息后或者学生无需教师在场时,召开班主任会议	领导小组工作小组
	检查各寝室就寝情况,对不守纪的寝室进行教育;安排教师夜间值班巡逻	带队教师学生自管会
	如发现安全隐患或者安全事件,立刻启动安全预案	全体带队教师
	结束活动,离开宿舍,班主任检查本班各宿舍,对学生遗留物品进行清查,督促学生维护个人和学校的良好形象	班主任搭班教师
社会实践后的相关工作安排	返校第一周,根据激励清单、负面清单的要求,完成学生评价工作,汇总成综合评价学分,并录入到学生评价系统中	年级部班主任
	返校第二周,通过升旗仪式、校会课、黑板报、橱窗、微信、校刊等展示研学旅行的成果;政教处检查学生评价的录入情况	政教处年级部
	返校的第三周,进行课题的中期检查,指导教师指导各小组进行课题结题、论文或调查报告的撰写工作	教导处年级部

续　表

时间	工 作 内 容	负责部门
	返校的第四周,各班进行研究性课题成果展示交流,并评出班级等第奖,推荐本班获奖课题(1 个)上报至年级部	教导处 年级部
	在此基础上,学校评选优秀学生、优秀小组、优秀指导教师、优秀班主任、优秀班级,给予专项表彰	领导小组

"众人拾柴火焰高",管理的难点在于如何把各司其职做到位,我们注重社会实践过程中的流程管理,就是要确保社会实践过程中按时间顺序做到以下几点:首先,不断精准——将所有工作流程化,第二年可以在前一年的基础上补充修正;其次,责任到位——责任落实在责任部门和责任人身上,形成关键时候、关键环节的把关落实;第三,防患未然——建立各项活动的应急预案,建构活动应急队伍等,确保活动的有序开展。

三、明确要求,形成预案

社会实践实施的过程既包含着课程理念和目标的不断落实,课程要素的不断整合和价值实现,也包含了对学生参与课程的管理,甚至可以说,学生的管理工作贯穿了社会实践的全过程。学生管理的主要对象是学生,他不同于财产和物品,学生的行为是复杂的,学生管理既有家校环境、教育决策、时间方式的干扰,又受到情感、态度、动机等突发的非理性因素影响,从复杂性科学理论的角度来看,教师与学生并没有建立起明确的、线性的认知对应关系,两者的相互理解呈现不规则运动和突变的可能,而学生管理作为学校管理体制的一部分,具有现代科层制的表现,其秩序运行的初始条件中包含着可能导致巨大结果差异的初始敏感因素,学生管理过程的不可重复、不可逆特征加大了管理难度。为了化解这种难度,既需要教师积累丰富的教育智慧,以保证教师能够在复杂的学生管理问题面前灵活选择干预的方式,也同样需要对学生参与社会实践的过程进行全方位明确的要求,并充分考虑社会实践过程中可能遇到的突发性事件,做好相关工作的应急预案设计。

一方面,从对学生的要求看,曹杨二中结合学校"博雅君子"培养的素养要求,明确了学生在社会实践过程中所应该坚持的原则和注意的问题,主要包括:

安全第一:珍爱生命,提高自理、自护能力;按照操作规程进行实践;未经带队教师允许,不得擅自离开实践基地;不接待家长探望。文明守纪:严格遵守实践基地的纪律要求,以及学校实践要求,以学校和集体利益为重;按照各实践点的时间安排,准时集合、休息;住宿同学,准时起床洗漱或熄灯就寝,不随意串寝室、夜间不得离开宿舍楼。待人接物:尊重指导教师及相关工作人员,学会感恩;一切行动听指挥,服从指导教师的命令和要求,如产生矛盾,先服从命令,后及时向班主任或学校随队教师报告。团结协作:当同学遇到困难时,热心助人;团队任务尽心尽责;学会分享。爱护公物:爱惜劳动工具,不浪费材料;节约水电,养成随手关灯、关空调的习惯;住宿学生,离开宿舍要关门窗,并保管好宿舍里的被褥、床铺、桌椅、热水瓶等生活用品,不得在墙上乱涂乱写。文明就餐:尊重食堂工作人员的劳动,爱惜粮食,不挑食,不乱倒剩饭剩菜;用餐保持安静,清洗碗筷注意节水。保持整洁:保持实践(住宿)区域的整洁卫生,工具用完放回原处,养成复原的习惯;住宿同学注意内务整理,认真打扫。每天的内务评比,做好记录并及时反馈。自理自立:实践期间一律穿校服,佩戴校徽,团员佩戴团徽;业余时间安排好学习自修,写好社会实践日记。上述几个方面的明确要求规定了学生在社会实践期间的可为与不可为,为学生画出了明确的行为底线,能够帮助学生树立起良好的纪律意识和规范意识,降低社会实践过程中突发性问题的发生概率。

另一方面,从对教师特别是班主任的要求上,曹杨二中结合每一项社会实践活动的具体要求,对班主任的工作提出了针对性的建议,如在"军训在绿舟"社会实践课程中,学校明确规定了班主任在社会实践前、中、后各个阶段的具体工作,其中活动前工作包括:组织动员,结合年级部的要求,对学生进行包括国防教育重要性、安全教育、文明规范要求在内的各种教育;根据学生的材料,初步排摸学生情况(包括家庭状况、身体状况、兴趣特长);安排宿舍,选定寝室长和公寓楼长,督促建立"文明公约",并要求打印好各自带好;向年级部人才库推荐相关人才,如朗诵、主持等学生;准备一个节目,代表班级参加军训联欢会的演出;落实军训中班级的摄影(有条件安排摄像)的同学,收集军训中的素材,为后期宣传做好准备;思考班集体建设的目标、载体、策略,预设军训达成的初步成果;对学生身体健康做好了解,尤其是患心脏病、哮喘病、糖尿病和传染病等的学生,上报年级部。活动中的工作包括:班主任跟班军训,全面了解每位学生的行为举止、思想动态、健康状况,并做好记录,建议建立每位学生的成长记录档案;及时与年级部保持信息畅通,有利于年级部建设;组织本班学生积极参加军训期间开展的各项主题教育活动;在确保学生安全的前提下,充分发挥学生的主动性、创造性、积极性;和学生干部一起组织好每天的班务会；充分利用班务会的时间，增强小组间的交流，表扬闪光的人和事，增强班级的凝聚力和战斗力；每天通过班主任交流会将情况及时向领导小组通报，并根据领导小组的要求，及时调整下一步工作策略；每天批阅学生的军训日记，收集好的日记或感悟，在班级微信中及时刊登，每天让家长能通过微信看到孩子的身影（照片）或文字；特殊情况及时通报年级部，由领导小组及时处理。活动后的工作包括：组织学生完成军训综合素质评价；收集优秀的照片、文字，组织各层面的展示活动，如黑板报、军训展板等；积累典型个案，开发教育资源，研究学生教育；组织学生代表参与开学典礼展示或发言。这种明确的规定形成了班主任指导学生社会实践的明确要求，提升了社会实践的过程管理和过程指导的有效性。

此外，针对学生社会实践过程中可能会出现的问题，学校在社会实践课程实施之前就会制定完整的应急预案，充分考虑不同问题发生的可能情况，设计科学的应对举措，以"南京生存训练"社会实践课程为例，学校专门制定了"南京生存训练"应急预案，预案明确提出，成立突发事件"应急领导小组"，该小组由校长、书记、随队学校领导、年级主任、班主任和学生自管会成员组成。应急领导小组履行下列主要职责：指挥有关教师立即到达规定岗位，采取相应的应对措施；安排教师开展相关的抢险排危或者实施求救工作；根据需要对师生进行疏散，并根据事件性质，报请学校安全工作领导小组迅速依法采取紧急措施；根据需要对事件现场采取控制措施。预案明确了意外事件的报告和处置程序：一旦发生意外伤害事故，事故现场的教师或学生立即向突发事件应急处理工作领导小组现场总指挥汇报；现场总指挥应在第一时间赶赴现场，组织抢救工作，并负责向教育局主要领导报告；带队教师应立即检查学生的伤害程度，必要时立即拨打120，并向120详细说明学生的情况和位置，同时保持联系；带队教师应同时实施安全、有效的应急措施，必要时向当地110、119等社会、政府各救治排险机构请求援助；现场教师有责任对可能影响善后处理的现场证件、证物等进行保护；向外发布突发事件情况，需经校突发事件处理领导小组同意，在确定性质的基础上以学校名义发布或经上级有关部门鉴定核实后由主管部门发布；任何人不得主观臆测、夸大其词，也不得瞒报、谎报或者授意他人隐瞒、缓报、谎报突发事件；突发事件现场处理完后，相关教师和学生应将事件经过真实、详细地形成书面文稿递交给有关部门。预案设计了一系列学生安全保障措施：每位参与活动的成员都必须提供手机号码；组织机构向每位参与者提供一份可供联系的电话号码，其中注明领导者名单；出发前要教育学生发现问题或发生事故时要及时报告，班主任和跟班老师要加强巡视，分管领导要做好监控；活动结束后要在规定的地点按时集合,清点人数上报,并有秩序上车,班主任及跟班老师跟车,待学生回到住处后,才能离开;出发前,将活动具体安排以《给家长的一封信》方式告知家长,并召开家长会通报有关情况;每班班主任备份所有学生家长联系方式,以便及时联系。预案还对一些突发性的细节问题进行了明确,提出了应对的具体办法(参见表5-5),这种针对性的设计为师生处理社会实践中的突发事件提供了根本遵循,有效解决了师生和家长对于社会实践可能存在的安全顾虑等问题,提升了学生对社会实践活动的参与程度和家长的支持程度。

表5-5 曹杨二中社会实践应急预案(南京生存训练为例)

序号	突发事件		应急预案
1	学生车票遗失		确认遗失的情况下,自行补票;或者由学生采用其他办法自行处理,车票班主任不得代为保管
2	学生身体不适(包括腹泻、发烧、低血糖、哮喘、心脏病等)		出发前,班主任仔细摸排,与家长沟通落实学生身体状况(如有严重的病史的,务必由医院提供可出行的证明,否则原则上不予批准出行);有其他病史的,班主任提醒学生务必携带应急药品;在活动过程中或在交通车辆上突发此类情况,应立即联系车长或驾驶员,并报工作领导小组,拨打120,及时就近送医
3	年级大型活动	突下暴雨	出发前,提醒携带雨具(雨伞或便携雨衣);主题集会穿雨衣,不得打伞;准备防雨布为音响设备做好防护
4		音响设备突发故障	联系实践基地的设备备用;年级部准备手提电脑一台
5	学生自主考察活动	手机、相机、皮夹等物品遗失/被盗	出发前小组成员相互提醒学生注意财物安全;如在住宿地财物被盗,及时联系班主任来协调处理;外出被盗(抢),可拨打110报警处理
6		乘错车或迷路	通过地图或手机百度地图等,提前查询好路线及交通;迷路时可向路人、警察等求助;万不得已,先向班主任汇报,征得同意后,可破例乘坐出租车
7		受到性骚扰	注意自我保护,小组间相互保护,可拨打110
8		与校外人员发生冲突	注意自我保护,小组成员要冷静对待,不得火上浇油,尽量以和平方式解决;如情节严重,及时联系班主任或拨打110;禁止暴力行为,和平解决矛盾

续　表

序号	突发事件		应急预案
9		遇到其他伤害	及时联系班主任,班主任联系分管领导,并报110
10		本校学生伤害他人	
11		饮食出现意外	出发前,班主任强调饮食安全;如情况严重,报120,并第一时间报分管领导
12		小组成员失散	出现有组员有意或无意失散的,在找寻无果的情况下,原地停留,组长必须报班主任;直到全部归队后方可继续开展活动
13		男女生交往过密	出发前,班主任合理分组;活动中,组长有责任汇报,以图片和同学为证;活动后,班主任了解情况,并给予相应处理
14	教师出现意外		及时联系分管领导协助处理
15	其他		如遇其他紧急情况,立即拨打带队领导电话

四、建立小组,制度保障

曹杨第二中学最大限度地在社会实践活动中将道德自律、利他主义、爱国情感、平等观念、竞争意识、团队精神、合作精神、责任意识融为一体,构建促进每个学生德性成长的"道德生活体验场"(确保社会实践活动过程中"道德生活"的真实性和"道德体验"的丰富性)。实践证明,学校通过各种渠道让学生熟知"博雅君子"的规范,然后通过社会实践这一载体对学生进行不断的训练,乃至于锻造。持之以恒,促使学生的人格趋于完善,三观更加端正。

每项重大社会实践活动如何促使每位学生的全面发展与个性成长?其中一个最有效的办法是建立以4—8人为单位的活动小组。这是因为:一方面开展研究性学习,人数不宜过多,因为确保安全,人数也不宜过少;一方面发挥学生的特长,事先进行分工及要求,包括组长负责、财务管理、卫生监督、影像记录、物品看管、行程向导等,而问卷调查是每位学生必须参与的,且要完成一定的数量。

"雷打不散"是小组活动的底线,"整点打卡"安全汇报制是整个管理体系由下而上的保险带;同时,政教处针对每项实践活动特点,提出与之配套的实践活动综合评价指标,呈现给学生"激励"、"负面"两份清单,让学生明确"博雅君子"在实践活动中如何展现风采,如何在社会大课堂中有意识地磨砺自己,约束自己,提升自己。

小组是每项社会实践活动的最小单位,是充分展示学生的主体作用,发挥学生主动性的最佳方式。然而安全、有效地管理好每个小组是活动成功的重要保证。有要求(两份清单、博雅君子文明素养的要求等)、有计划(出发前就要拟定小组三天两夜的行程)、有任务(每组有课题、有拍摄视频、体验文章的任务)、有汇报(每天晚上班务会、每天整点的安全打卡)、有评价(返回后,根据完成任务及个人表现情况,进行自评、互评、教师评价、自管会评价和综合评价,录入到高中学生综合评价系统等)的活动特点,确保了对小组的有效管理,进而确保了社会实践活动的质量。

第三节　社会实践评价体系的建构

社会实践是课堂教学的延伸和补充,它在加强学生的实践创新能力、科学人文素养和社会责任感,让学生了解社会、适应社会,帮助学生实现理论和实践的结合等方面发挥着积极作用。随着课程改革的推进,许多地区和学校积极开发了丰富多彩、切合本地本校实际的社会实践课程。然而,社会实践改革的过程一直伴随着种种问题,其中评价领域的问题尤为突出。如何寻找发力点避免社会实践流于形式？如何建立科学合理的社会实践评价机制确保评价结果的权威可信？如何以完善的激励性评价引导学生积极参与社会实践不断提升综合能力？这些都成为了当下中学社会实践课程建设和改革探索的热点[1]。面对这一热点问题,曹杨二中以高中综合素质评价改革为契机,充分考虑过程性评价、表现性评价和发展性评价理念,建构了激励导向的社会实践评价体系,有效保障了社会实践课程实施的成效。

一、准确把握社会实践评价的新理念

社会实践的评价,归根到底是对学生的评价。学生评价理念的沿革同样能够作用于社会实践评价体系的建构。我国从 20 世纪 80 年代起开始对大规模教育考试进行改进和研究,近年来,愈益呈现出两个主要特征:一方面是评价改革与基础教育课程改革的契合度越来越紧密,通过评价引领课程与教学改革,促进新的教育理念的不断落实;另一方面,充分借鉴西方现代评价体系研究成果,综合运用现代教育测量理论和技术,推动考试的标准化和科学化建设。

---

① 郑友民. 真实践破解实践难题：社会实践评价机制探索[J]. 上海教育,2015(Z1).

整体回顾新课程改革以来的学生评价可以发现,随着课程改革的深入和评价改革的实施,教师的评价观念总体上正在发生深刻的变革,传统评价中的一些弊端在实践中被教师小心地"规避",多数教师都在努力践行着新的评价理念和要求,注重尊重学生,以表扬和激励为主,倡导学生的自我评价和同伴评价,避免评价过程中的一言堂现象。同时,从教师自身出发,包括学校、学生和家长,对于考试分数的认识趋向于理性,但总体而言,与教育发展真正相适应的评价体系并未真正得以建构,评价领域的改革,依然是教育改革中最为艰巨的任务。

着眼于未来的学生评价,应能促进每一个学生的发展,实现每一个孩子基于个人基础的不断提高,彰显出鲜明的促进发展的价值取向;应该全面关注学生身心发展,真实记录和展现学生在教育生活中的点滴表现,为分析和促进学生的成长提供丰富、详实和真实的数据资料,表现出鲜明的真实性评价特征;应该注重评价过程与学习过程的结合,扭转通过评价给学生下结论、贴标签的原有思路,不仅仅关注学生的学习结果,更关注学生的学习过程,表现出鲜明的过程性特征。基于上述分析,过程性、真实性和发展性,应该成为我们设计当下教育可行的学生评价方式的三个基本的关键词。

过程性评价是在学习过程中完成的、建构学习者学习活动价值的评价,它强调评价者与被评价者的交互作用,强调评价者对评价情境的理解,强调过程本身的价值。过程性评价作为对学习的评价,是通过一个过程(评价过程)对另一个过程(学习过程)进行的表征,两个过程由于学习者的全程参与得到联结,形成一种依存并互融的关系。学习过程因评价而得到协调,评价的功能因价值的确认而得以彰显。促进学习者对学习内容的终极价值建构成为学习过程与评价过程的共同目的[①]。

真实性评价植根于美国著名哲学家和教育家杜威的经验教育理念,美国学者格兰特·威金斯(Grant Wiggins)被认为是最早提出"真实性评价"这一术语的人。在威金斯看来,所谓的真实性评价,是指"我们直接考查学生在一些有价值的认知任务上的表现"。在威金斯看来,相比较于传统的纸笔测验,学生学习过程中的任务更能够接近和体现最新的教育理念,也能够更好地反映出学生的真实学习状态,通过对这些任务的科学设计,能为学生更充分地展示自我提供相应平台,也就更有助于通过科学的方式对学生的学习情况进行客观公正的评价[②]。随着评价领域对于真实性评价理解的日渐深刻,注重对学生学习过程中日常表现的积累和分析成

---

① 谢同祥,李艺. 过程性评价:关于学习过程价值的建构过程[J]. 电化教育研究,2009(06).
② 杨向东."真实性评价"之辨[J]. 全球教育展望,2015,44(05).

为一种确保评价真实性的有效路径,这也就意味着,注重运用表现性评价的方式来开展学生日常评价,已经成为一种评价改革过程中的共性选择。

发展性评价是近年来评价改革的又一关注热点。中华人民共和国教育部2001年6月8日颁布的《基础教育课程改革纲要(试行)》(教基〔2001〕17号)指出,要"建立促进学生全面发展的评价体系。评价不仅要关注学生的学业成绩,而且要发现和发展学生多方面的潜能,促进学生在原有水平上的发展"。倡导发展性学生评价是落实《基础教育课程改革纲要(试行)》精神的具体体现。发展性学生评价观,是面向未来的、适应中国教育发展的、具有中国特色的教育评价新理念;是有利于学生身心全面和谐发展的、个性化的、民主的、自由的、全新的学生评价体系;能够促进学生身心全面和谐发展,尤其是多元潜能的开发和个性的张扬;其重要的目标是培养学生的创新精神和实践能力[①]。综合现有的相关研究,要保证评价的发展性,应该在评价主体多元化、评价内容多样化上做出改变,同时,要注重纠正评价过于注重甄别选拔的功能定位。

二、合理建构社会实践评价的新路径

针对上述社会实践评价的新理念,曹杨二中结合不同社会实践课程的具体内涵、目标和要求,对社会实践课程的评价体系进行了科学设计,形成了与社会实践课程理念、目标、内容相适应的评价手段、评价工具,有效保障了社会实践课程实施的成效,保障了社会实践对于学生成长成才价值的发挥。

以"军训在绿舟"社会实践课程的评价为例,在学生活动手册上,除了要求学生对军训活动的全过程进行详细记录之外,还专门设计了涵盖不同评价主体和不同评价项目的学生评价"双向细目表"(参见表5-6),这种针对性的工具开发,不仅很好地体现了现代学生评价的理念,也让教师、学生开展的社会实践评价行为有现实的依据和载体,避免了评价过程中的盲目现象。

表5-6 曹杨二中社会实践评价表(以军训课程活动为例)

项目	分值	自我评价	同学评价	教师评价	综合评价
能做到自理自立	20				
积极参与各项主题教育活动	20				

① 韩立福.全面发展性学生评价观——一种面向未来教育的评价理念[J].教育理论与实践,2004(05).

续　表

项目	分值	自我评价	同学评价	教师评价	综合评价
掌握队列及各项军事技能	30				
团结协作，热情助人	10				
认真填写《学生活动手册》	20				
奖惩分	加减分				
合计	100				
自我评价(300字)					
学生自主管理委员会评价					
该同学军训课程总体评价分数(　　　)分					

　　审视曹杨二中的社会实践评价，可以发现两个方面的显著特征。其一，注重质性评价。在社会实践课程实施过程中，学生通过分工协作、走访调查、实地观察、研究探讨，能力有提高，行为有规范，素质有提升，因此，评价注重质性评价，主要是通过学生讲述感悟、交流课题成果，老师评析活动得失、公开展示活动成果、表彰奖励优秀成果等形式，力求全面而真实地展现学生在社会实践课程实施中的所经、所想、所获。目前，学校已经将社会实践纳入学生综合素质评价体系，将学生社会实践的经历与成果纳入学生成长档案，成为资料包的重要内容。其二，倡导学生的自我管理与评价。学校开展社会实践的过程中，注重发挥学生自主管理委员会的自我管理功能，制定社会实践奖励清单和负面清单，由学生自主管理委员会在动员宣传大会上，对全体同学进行宣传和布置，依据清单的具体要求，在活动实施的过程中，进行自我评价和学生互评。清单充分发挥了评价的导向和激励作用，使学生自我约束、自我提高。

第六章

曹杨二中构建社会实践长效机制的实践成效

作为一项学校教育改革项目的社会实践长效机制,必须经受改革成功与否的价值拷问。对于学校教育改革而言,教师、学生、课程是评判改革成败的关键因素。曹杨二中的社会实践长效机制建设,注重培养学生的研究能力,关注学生培养的诸育融合,提供了核心素养培育的现实载体,因而,有助于学生的全面发展。社会实践的实施过程,既是学生生命成长的过程,也是教师专业发展的过程,通过社会实践,教师的课程领导能力得到提升,师生关系更加和谐,教师主动反思、提升的意识得到强化。社会实践长效机制的建设促进了学校特色品牌的诞生,这其中社会实践课程体系是学校品牌的核心竞争力所在,校内外对学校社会实践项目的广泛认可则是这种教育方式变革成功的最重要表征。

纵观人类社会的教育发展历史,教育改革无疑是推动教育发展的重要路径和方式,甚至可以说,教育的发展史就是教育的改革史。特别是当教育发展遇到新的问题的时候,人们往往会想到通过必要的改革破除旧的思想观念,形成新的教育发展路径,从而推动教育发展整体向好。然而,改革并非自然而然就是一项"革故鼎新"的行动,良好的改革愿景、美好的改革蓝图并不意味着改革的必然成功[①],这也就意味着教育领域的改革成功与否必然有其相应的评价标准[②]。对于教育改革的标准目前学界并未形成一致性的研究结论,但是就学校改革而言,学生、教师、课程是其基本的要素,作为一项学校教育改革项目,曹杨二中社会实践长效机制的建构、变革是否是成功的,必然回归到学生、教师、课程这三大领域进行分析,只有促进了这三个领域的发展并带来了学校整体面貌的改观和知名度的提升,作为一项改革的社会实践长效机制才能够是成功的。

第一节　社会实践促进了学生的全面发展

自教育产生之后,教育的本质始终是成人对于儿童生活经验的主动干预,因此,儿童的成长是教育的基本价值所在,也是不同历史阶段教育改革的基本目的所在。改革作为对各主体之间社会利益关系变迁或调整的行为,就是要构建满足多数人的需要的社会利益关系。因此,教育改革应该以追求人的全面发展作为其终极价值标准。从终极目标上说,评价教育改革成功与否的标准,要看教育改革在多大程度上促进了学生的全面发展[③]。曹杨二中在开展社会实践的过程中,始终将社会实践的教育性价值之发挥作为首要的原则,力求通过社会实践活动的开展为学生的生命成长和全面发展提供新的载体。

一、通过学习研究促进学生主动发展

组织学生开展研究性学习既是新课程改革理念的基本要求,也是促进高中学生学习能力提升和素质全面发展的重要方式。目前研究性学习论文更多地在大学自主招生时,作为录取指标中的一项参考。而曹杨二中社会实践活动中的研究性学习尤其以小组为单位,更多的是一种经历和体验。其关键在于:考验团队协作,

① 朱丽. 什么是成功的教育改革——教育改革成效评价标准构想[J]. 教育发展研究,2011,31(06).
② 王生胜. 教育改革评价的现状与标准[J]. 教学与管理,2006(06).
③ 袁国,贾丽彬. 人的全面发展——教育改革的基本价值标准[J]. 教育理论与实践,2018,38(20).

经历研究性学习的整个过程,设计问卷、完成采访、统计数据、阐释观点,才能最终形成研究性学习报告。有了这样的经历,再结合学生个人今后发展,抓住适合的社会实践,进行课题研究,完成一份促使自己专业发展的好论文,其发现问题、分析问题和解决问题的能力自然提升。从学校角度而言,要大规模组织开展探究性、研究性学习确实是个难点。除了进行课题的指导外,一方面,要召开学科教师工作会议,布置任务,结合日常的教学,引发学生的思考,以学生为主体,设计与实践活动相关的课题;另一方面,从班主任工作要求上,按时间节点,政教处、教导处、年级部逐步推进,最终在教师和学生的共同努力下形成丰富的研究选题,使学生养成必要的研究能力。

多年来,曹杨二中逐步形成了"主体性、体验式、活动化、探究型"的德育实施形态,提升了学生"感知社会、观察社会、研究社会和提升自我"等理性思维与学术修身能力。学校不断强化在实践活动中,实践与学科知识的学习相融合,与研究性学习相整合。将高一年级每周一节的探究性学习课,整体打包,集中使用。其实施步骤分成以下五个阶段:课题选择期:利用寒暑假的优秀探究性学习课题展示为契机,组织专题辅导,组建课题小组;自拟课题期:自聘课题指导教师(可以是任课教师,可以是家长,更可以寻找专业人士),拟定课题实施计划(包括预案),设计问卷;实施课题期:收集资料,留下考察足记,做好影像记录,完成足够的问卷积累;后续研究期:对资料进行选择,在指导教师的指导下,最终形成报告;成果展示期:以多媒体、论文或者影集、网页等多种成果方式,进行交流,通过升旗仪式、校会课、网络、微信、校刊等多种形式进行展示。近两年来,学校各小组探究性学习的成果,从文字、照片,拓展到微视频,记录更为生动,成果更为丰富,这就是社会实践带给学生的最显著改变,也是学生最重要的能力提升。

二、通过诸育融合深化学生多维体验

人的全面发展需要德智体美劳等诸多教育的共同作用,新时代中国特色社会主义全面发展教育并不是德智体美劳诸育的简单相加,而是诸育有机结合成的整体。毫无疑问,德智体美劳诸育是有区别的,不可互相取代。但是,它们之间又有着密切的联系,不可互相分离。弄清它们之间的联结点、结合点,变诸育分离为诸育有机结合,这是优化全面发展教育的整体结构、充分发挥其整体功能,应该采取的一项具有战略意义的措施①。正是基于这样的基本认识，曹杨二中借助社会实践活动，寻找德智体美劳诸育之间的有机融合，关注学生多维度的积极情感体验，促进学生道德成长和全面发展。曹杨第二中学诸育融合的有效经验就是集各类资源于一体，形成有效的"体验场"，遵循"实践—体验—感悟—内化—外显"的学生成长规律，促使他们全面发展。社会实践是一个诸育融合的有效载体，曹杨二中始终倡导学生"在集体中热爱集体，在生活中磨炼生活，在自然中探究自然，在社会中了解社会"。因此，紧扣每项重大社会实践活动，必然有"德育"——核心价值观教育（包括爱国主义教育、中华美德教育、仪式教育等）、有"智育"——融合学习认知（包括学科知识的拓展与运用、研究性学习实践活动等）、有"体育"——劳其筋骨（包括跋涉、劳动、服务、慰问等）、有"美育"——在实践中加深理解和体验，有所感悟和思考，受到情感熏陶，获得思想启迪，享受审美乐趣（包括发现美、欣赏美、感悟美、创造美等），也有劳动技术教育，让学生在学工和学农的过程中体会劳动的艰辛，养成尊重劳动者的情感价值。每项社会实践活动课程目标的设定，围绕道德水平（如民族精神的培育）、成长经历（如生存能力的磨砺）、学习能力（如研究性学习的开展）、人生规划（如个人心智的提升）四类发展目标，使"中国学生核心素养"与之并轨，进一步加强诸育的融合。

三、通过目标融合提升学生核心素养

核心素养是当下课程与教学改革的热点问题，纵观国内外近年来的教育研究成果，关于核心素养体系建构和培养方式的研究占据了重要的组成部分。尽管不同国家和国际组织对于核心素养的具体界定不同，形成的框架体系也有所差异，但是其本质上都在追问未来社会应用的人才形象，从而更好地回答"教育需要培养怎样的人"以及"教育应该怎样培养人"这两个根本性问题。在实践之中，核心素养不仅是一种人才培养的框架体系，也是课程与教学改革的重要目标向度，基于核心素养的教学改革正在中小学之中普遍得到重视和探索，如何实现核心素养的课程转化已经成为一个热门的探究话题。将高度概括的、抽象的、共性的核心素养，转化成"让教师便利、让学生着迷的教学工具和教学依据"，离不开核心素养的课程转化。当我们用核心素养的视角看待学校课程建设的时候，我们可以清晰地感觉到两个方面的问题：第一，学生核心素养与课程建设的关系还不够紧密；第二，教师运

---

① 王幼群. 略论德智体美劳诸育的结合点[J]. 重庆社会科学，1994(02).

用课程和教学培养学生核心素养的方式还有待丰富。针对上述两个方面的问题，曹杨二中主动将中国学生核心素养体系与社会实践进行有机对接，按照核心素养的标准重新制定了每一个社会实践课程的具体培养目标，将核心素养落实到了社会实践过程之中，不仅设计了宏观的评价指标，也形成了具体的操作要求。这样的校本性转化让核心素养的落实有了现实的载体，进一步密切了核心素养理念与学校课程建设、教学改革和人才培养之间的联系，使学生核心素养的提升成为有源之水，有本之木。

对于社会实践带来的素养的提升，学生自己撰写的感悟或许就是最好的证明：

2010 年 4 月 24 日，迎着习习春风，我校高三年级一行五百余人，踏上了去嘉兴南湖的路途，2010 届高三学子在中国革命圣地举行庄严的成人仪式。

虽然高三的学习非常紧张，但是高三的全体师生都十分重视这次的成人仪式，因为这不仅仅是高三的最后一次社会实践活动，更是一次学生在高考前对自己心灵的洗礼。在经过成人仪式后，拿到成人证的高三学生们就是中华人民共和国的公民了，他们将要真正担负起家长、老师和国家给予的期许和责任。

成人仪式在美丽的南湖湖畔的南湖革命纪念馆前的广场举行。同学们追溯先辈的光辉事迹，回首高中三年的日日夜夜，体味 18 岁成人的那份喜悦，感悟 18 岁肩头的那份沉重。随后为了玉树灾区那些同龄人更好地站起来，高三的全体师生举行了一个非常简短的"情系玉树大爱无疆"爱心捐款仪式。同学们付出的不仅是自己的一份爱心，还有自己的一份社会责任感。之后，家长代表钱女士对全体高三学生表达一个母亲在孩子成人之时的心情。在聆听了家长的教诲和期盼后，同学们不禁回忆起 18 岁的生命旅途中自己父母带来的些许感动。之后全体高三学生庄严地举起右手，面向鲜红的国旗，在谈俊老师的带领下许下自己成人的铮铮誓言。侯文英书记更是向全体同学表达了学校、老师对每一位高三同学在成人之后向着更高的目标奋力前行的期盼。最后，各个班级的学生轮流排队，带上成人帽，手拿成人证和宪法，用相片将这庄严神圣的一刻记录下来。

"十八岁"是人生路上的一道分水岭，它是成熟与稚嫩的挥手告别，它是责任与梦想的启航，更重要的是它是一个标志，标志着从那天开始高三的同学们将开始担负起祖国的建设者和接班人的责任。在阳光明媚的春日，18 岁的脚步悄然而至。同学们坦然接受这一切责任和使命。责任、信念和梦想是 90 后的年轻一代前进的风帆；创造、激情和无所畏惧是他们青春的象征。

（2010 届　高三学生自管会）

学农,有苦、有乐、有喜、有悲,然而也有成果,是丰硕的成果。因为学农不仅使我学会了一些简单的农活,还教会了我对待疲劳、艰苦乃至于知识的态度。因此,我要感谢学农,就像古人感谢天神赐予丰收;我要祭祀学农,就像古人祭扫天神赐予硕果!

(2001 届 侯方华)

幸好,在我们生活在这个"乱花渐欲迷人眼"的纷扰世界时,在我们这一代"90后"甚至开始漠视生命,抑或是对生命不抱希望任其颓废消沉之时,我们有了它——南京生存训练,它给我们的心灵如同投下了一剂明矾。我们终于开始悟懂,渐渐在心中种下一颗颗信念的种子。于是,我们开始重新审视生命,审视自己之前的生活态度、生活方式。我们受到的震撼也绝非仅仅一时,而将是持久的。幸好,三日的南京之行我们获得了许许多多。那一颗颗信念的种子渐渐萌芽,终有一天,它会长成一棵屹立不倒的大树,请相信,"90后"的一代会爆发出无限的力量!

(2012 届 乔立玮)

有人说,世界上有许多民族,但没有一个民族能像我们中华民族这么坚韧、这么宽容、这么博大。我想他是对的,先生的身上,正集中了这一切的美德:为了中华民族的事业坚定不移,以博爱的精神包容一切。正是他,躺在这儿的伟人,写就了中国历史上重要的一页。从兴中会、中国同盟会,到中华革命党,直至最后的中国国民党,中山先生的一生,无不与中国历史的进程紧密相连。于是,来自四面八方的人流便络绎不绝了。举步维艰的时候,人们怀着绵绵的哀思而来,带着不竭的力量而去;国泰民安之时,这里花圈、花篮举目皆是,告慰亡灵、激励自己。这里的墓志铭是"天下为公""世界大同",在这里,一切有着拳拳报国心的华夏后裔,都能寻找到失落的梦,一脉相承的根,永恒的人类之光。这里不是陵墓,它记载着中山先生的一生,它是孙中山精神的化身,是伟大的中山魂——正义凛然的民族之魂。

(2001 届 唐辰)

第二节 社会实践加速了教师的专业成长

教师专业发展是教师的核心使命,是学校制度设计的重要出发点,也是基础教育改革与发展过程中一个广受关注的重要命题。教师专业发展,不论是从理念上看,还是从实践上看,都在经历着一个重要的转型。在 20 世纪 80 年代之前,教师专业发展的核心任务是想办法接近一套既定的角色和规范体系,将自我融入到社会普遍的期望之中①,这一时期的教师专业发展本质上是一种丧失教师自我的被动式发展,教师无权设计发展的模式和目标,只能在已有的体系中不断完善和追求。20世纪80年代之后,教师专业发展的理念发生了很大转变,教师不再是一种被动的发展者,不再是教育专家提出的发展意见的盲目执行者,而是他个人专业成长历史的建构者②,教师在自身专业发展过程中的自主设计、自主构建、自主实施和自主达成,成为教师专业发展过程中的一种风尚和趋势。从这个角度出发,在实现社会实践成效的过程中,曹杨二中在培养学生多方面素养的过程中,也为教师的专业成长搭建了实践舞台,唤醒了教师生命主体的超越性,增强了教师专业发展的内驱力,突出了教师经验的自我反思和建构,坚持了教师专业成长的实践导向,在很大程度上缩短了教师的成长周期,加速了教师的专业成长速度,从而让社会实践项目的实施过程真正成为了教师专业成长的达成过程。

一、提升了教师的课程领导能力

教师课程领导力是教师为学校课程设计、开发、实施提供建议的能力,这其中包含了课程的理解能力、设计能力、开发能力、实施能力和评价能力,等等。作为一种综合性的能力,教师的课程领导力既是教师专业发展的重要组成部分,也是教师适应课程与教学改革需要,并在改革过程中充分彰显自我、提升自我并最终实现教育质量提升的重要条件③。正如很多研究所指出的,在现代教师专业发展体系中,教师的课程领导能力被视作一种重要的专业发展指标,而从教师队伍建设的实际情况看,教师要么缺少足够的课程领导意识,要么缺少参与课程设计、开发和实施的实践机会,这些都导致了教师课程领导能力的普遍薄弱。在曹杨二中的社会实践课程开发中,教师的课程领导地位是首先得到保障的,教师需要综合考虑学生的实际情况、学校的办学理念和人才培养目标、可能掌握的社会实践资源,在此基础上对社会实践课程进行整体设计,明确不同类型课程的理念、目标、内容、实施和评价方式,这一过程正是教师不断接触课程,不断参与课程,不断加深对课程的理解力、策划力、执行力和评价力的过程。由此可以认为,社会实践课程的开发,为教师课程领导能力的提升提供了有效的载体。

① 李政涛.倾听着的教育:论教师对学生的倾听[J].教育理论与实践,2001(07).
② 黄耀红,周庆元.教师专业发展的问题反思与理念重构[J].中国教育学刊,2007(07).
③ 曹甫臣.教师课程领导力内涵及其提升路径[J].江苏教育,2018(66).

二、建构了和谐的师生关系

教育教学是一个系统,影响这一系统生命力的因素有很多,师生关系就是一个重要的因素。自从有了教育活动,即有师生关系的发生。中国传统社会特别注重人文精神、人文关怀和人文关系,因而师生关系也备受重视。"一日为师,终身为父",折射并彰显了教师在传统社会中所受到的尊重和所处的社会地位,也表明了尊师重道作为一种文明素养,早已渗透到社会大众中,并成为中国社会一种普遍的教育观念。现代教育强调以学生为主体,"以人为本"思想是现代教育思想的一个显著特征,也是建立新型师生关系的一个基本观念①。由此,建构和谐良好的师生关系,既是教育领域落实以人为本的内在要求,也是保障教育教学成效的重要条件。对于教师而言,能否主动出击建构良好师生关系,也是衡量其专业发展水平的重要标志。不容置疑,教师要与学生保持良好关系,必须充分了解学生,深度接触学生,特别是掌握学生课堂学习之外的状态和表现。在曹杨二中的社会实践课程中,我们要求班主任和其他相关任课教师全程参与,既保证学生充分的自主学习,也保证教师的及时指导和跟进。在社会实践的开展过程中,教师和学生同吃同住,教师有了更多的时间和机会了解学生,学校要求教师撰写工作日记,便于教师更好地发现不同学生的个性,准确定位每一个学生的优缺点,这些都有助于教师更好地走进学生并深度了解学生,这便于师生之间形成良好的信任和合作关系,也是教师实现专业成长的一种重要表征和体现。

一切从改变自己开始(教师感言)

历经一天一夜,途经四省,行程千里,我们来到定西、榆中、会宁开始了"西进陇原,感知梦想"的博雅西部行社会实践活动。

走进黄土高坡,走进陇西农家,我们初体验了耕作,感受着农民的真挚与淳朴。看到他们脸朝黄土,背朝天,日复一日,年复一年地重复劳作,体会到"谁知盘中餐,粒粒皆辛苦"的艰辛。参观甘肃农村30年发展的典型代表——大坪村时,我们了解到大坪村"战天斗地,艰苦奋斗"的精神。也许这就是红军战士无坚不摧、勇于吃苦、不畏艰难的革命精神的最好传承。

老师相信你们能够做到。因为你们能够连续6晚睡在只有睡袋相伴、尘土飞扬的硬板上,老师心疼,而你们却挺了过来;热水供应紧张,洗澡困难,你们克服了;土豆丝、土豆片、炒土豆、烤土豆、炖土豆,这是你们这些天吃得最多的,你们俨然成了

---

① 王明芳,吴岳军. 师生关系的反思与前瞻[J]. 教育理论与实践,2013,33(06).

土豆王国的一员;从 2 度到 18、19 度的昼夜温差让很多同学难以适应这样的气候,出现身体不适的情况,但是你们一直在坚持,我们看到了同学间的相互照顾和鼓励;这些天的经历让很多同学学会了感恩父母、感恩老师、感恩学校;也让有些同学萌发了志愿西部、支教西部的想法……

做你没做过的事情叫成长,做你不愿意做的事情叫改变,做你不敢做的事情叫突破。蜕变的过程是痛苦的,但每一次的蜕变都会有成长的惊喜。

一切从改变自己开始,从这一刻起,我们想要看到你的改变!

三、促进了教师的自觉反思提升

反思是人类独有的特质与功能,是哲学家首先倡导的一种促进人自身成长与发展的有效方式。在哲学史上,洛克较早探讨了反思现象。他认为反思是获得观念的心灵的反观自照,在这种反观自照中,心灵对自身观念活动做出反身觉察。20世纪 80 年代以来,作为哲学、心理学重要研究与实践范畴的人类的反思行为开始在教育领域蔓延,并逐渐引起教师专业发展的重视,在教师专业发展的过程中,人们越来越注重教师的反思,关注教师的反思意识与策略,探究教师的反思方式与途径。这是因为,教师每日每时所进行的教育教学活动是他们思维的结果,而有意识地、审慎地对这种思维活动的前提、过程、结果进行批判考察,是促成教师在每一个教育活动中实现教育意义的重要基础[①]。通过及时有效的反思,教师能够更好地总结经验教训,加深对教育现象和教育问题的理解,进一步形成良好的自我认知,明确自身成长与发展的路径。在曹杨二中看来,教师的自觉反思意识是其专业成长的重要基础和保障。社会实践活动的每一天,学校都坚持班主任和带队教师例会制度,在学生就寝之后专门拿出时间组织教师集体讨论社会实践实施过程中遇到的问题,这样做不仅能够集思广益在第一时间发现问题、解决问题,从而保障社会实践课程的实施成效,而且能够帮助教师,特别是新入职的青年教师、青年班主任养成良好的总结反思习惯,这种习惯能够作用到这些老师今后的工作和学习之中,成为他们专业发展道路上的制胜利器。

第三节　社会实践形成了学校的特色品牌

追求办学特色,打造学校品牌,是现代学校管理的一个重要特征,也是学校管

---

① 张菁. 在反思中促进教师专业成长——"教师发展学校"中教师的反思[J]. 教育研究,2004(08).

理者的普遍追求。有研究指出,学校品牌管理产生的社会基础建立在对现代社会所要求的培养优质人才的回应和承诺上。学校品牌管理产生的制度基础在于遵循校本管理的理念来构建现代学校制度,从而为学校品牌管理提供制度保障。学校品牌管理也是对以泰罗为代表的科学管理理论的传承和发展①。因此,打造学校办学品牌,不仅蕴含着丰富的教育因素,也同样有坚实的社会和制度基础。学校品牌是一种有特定学校名称和标志、跨越时间和空间、在与社会各界的互动关系中产生的精神凝结和文化积淀,是集知名度、美誉度、认可度和忠诚度于一身的无形资产,对于促进学校的可持续发展,有着极其重要的作用②。特别需要指出的是,学校的特色品牌并非自然而然就能形成的,它必须有现实的载体和支撑,必须凸显出学校的独特定位和发展过程中的与众不同。社会实践活动几乎每个学校都在研究,但是曹杨二中的社会实践活动得到了更多的认可和关注,成为学校的特色亮点和品牌,这其中的原因至少包含两个方面:

一、以课程建设形成学校品牌的核心竞争

课程是学校的核心元素,是决定办学成效的关键,也是学校办学特色、办学品牌的核心竞争力所在。选择学校意味着选择课程,选择课程意味着选择了未来。一所学校,无论以什么名称和标志去描述自己的办学理念、办学品牌或办学特色,其核心表现都是课程。如果说商业品牌最终体现在一个个产品上,那么教育品牌则体现在一个个培养的学生的思想和成就中。因此,无论学校品牌以什么名称或形式表现,其最终目标都要通过所培养的学生呈现。所以,一所品牌学校始终要将"培养什么人"和"怎么培养人"作为思考的问题和追求的目标。那么,所追求的育人目标又如何体现呢?这就需要课程。课程就如商品生产的流水线,是学校的育人路径。学校通过设置一门门课程,再通过一节节课程的实施,塑造着一个个学生。因此,课程是学校最为重要的品牌内容,也是学校品牌内涵最核心的表现形式③。曹杨二中社会实践活动最大的亮点就是进行了课程化的系统设计,形成了"一个课程建设理念、一个课程体系、三类课程手册"的成果,建构了具有非常鲜明的个性化特征的社会实践课程体系,并把这种课程与学校的其他课程深度融合,形成了具有学校特征的课程图谱,为学校人才培养奠定了良好的基础。由此可以认

① 李清刚,黄藏. 论学校品牌管理的社会和制度基础[J]. 教育理论与实践,2011,31(10).
② 刘阳,闫建璋. 学校品牌的开发与维系[J]. 教学与管理,2012(01).
③ 杨志成. 课程是品牌学校的核心竞争力[J]. 北京教育(普教),2012(06).

为,因为有了社会实践活动课程化的设计,曹杨二中的课程体系是独一无二的,是颇具特色的,这种个性化、特色化的课程体系构成了学校最为显著的特征,也是学校品牌竞争力的最重要体现。

二、以丰富成效获得学校内外的共同认可

学校品牌建设得好与坏,师生、家长、社会的认可程度是重要的衡量因素。从实践的成效看,因为有了社会实践课程体系的建设和实施,因为有了社会实践长效机制的建构,学校的知名度越来越广,社会认可程度越来越高,主要体现在以下几个方面。第一,社会实践教育效果得到了在校生和毕业校友的充分认可。为了改进社会实践活动,学校曾经对高二、高三年级学生就几项社会实践活动中的"道德自律、利他主义、平等观念、团队精神、合作精神、竞争意识、责任感、爱国情感"等8项因子进行检测(样本容量1 300以上)。结果表明:学生对道德水平的自我评价中,道德自律、爱国情感和责任感处于极好水平;平等观念、团队精神、竞争意识处于较好水平。同时,对556名校友进行的问卷调查表明,有60.5%的校友认为高中阶段社会实践活动对于自己现在的综合素质影响最大,高出"学科学习"20多个百分点,这充分表明了学生对于社会实践育人价值的高度认可。第二,通过这个课程体系培养,学生素质得到了国内外一流大学的充分认可。近年来,清华、北大对我们参加自招面试的学生给予很高评价,认为我们的学生经历丰富、心态阳光、人生规划清晰、学术能力强。我校参加所有大学自招的学生面试通过率远高于上海同类中学,达到全市最好水平。由于综合能力、社会适应性与后续发展表现突出,参加中国高考之后的众多学生被德国精英大学录取,我校学生已经在德国大学中留下深刻印象,这也给上海教育界带来了很大的震动。德国前教育部长 Thies 前来我校考察,对社会实践活动和培养模式给予高度评价。第三,学校的社会实践长效机制建设获得了教育主管部门的高度认可。2004年和2013年,上海市教委曾经在曹杨二中两次召开"中学社会实践活动现场会",推进全市中小学社会实践活动课程建设。2010年上海市四部委联合以"沪教委德2010〔2号〕《上海市社会实践课程安排实施方案》"文件形式将我校的成果推广至全市中小学。2014年3月,本成果被评为上海市基础教育教学成果特等奖,并在随后开展的全国基础教育教学成果奖评比中获得大奖。同时,上海市教委委托曹杨二中成立"上海市中小学社会实践活动课程研究所",为全市中小学在社会实践活动课程方面提供基本经验并负责示范推广。第四,应教育部中学校长培训中心要求,我校10年来先后给全国高中校长班

学员超过1 500个校长介绍社会实践活动课程,接待了全国15省市600多人次的"观察员"随班观摩社会实践活动,赠送大量三类课程手册,使得这些学校"敢做、愿做、会做、精做",受到同行广泛好评。第五,中央电视台、《文汇报》等有关媒体多年来对我校许多重大社会实践活动做过报道,对我校以社会实践活动为载体注重学生的培养给予了高度评价。

下文是人民网对我校南京生存训练社会实践项目的一篇公开报道:

767个上海孩子的南京生存训练①

3月18日上午,767个上海曹杨二中高一学生挤出南京火车站:在这个陌生的城市,等待孩子们的,是三天的生存能力训练。

生存训练,从考验家长开始

凌晨2点刚过,三五成群的学生,在父母陪同下赶到上海火车站南广场。3点,学生开始排队,准备上车。此时,还有200多位家长不愿离开。高一(16)班的学生家长张先生说:"反正已经来火车站了,等孩子们上火车再走吧。"张先生家住普陀区长风公园附近,夜里没有开火车站的班车,于是他三天前预定了一辆出租车。凌晨2点,出租车开到楼下,他才把熟睡的女儿叫醒。全家人不放心,连年过六旬的爷爷也跟来送孙女。

高一(11)班学生刘晔的母亲说,儿子一向很听话,可这回跟她争了半天。原来,学校建议每人随身带的现金,不要超过250元,儿子只愿带200元,妈妈不同意,非要儿子带上800元。"他从来没离开过上海,3天的餐费、交通费、门票就要200元,多带点钱,万一出什么意外,多点钱可以帮帮忙啊!"最后,母子双方都让了步,刘晔带了300元。上车前,母亲还不忘叮咛:"记得按时吃饭,少吃零食。"

生存训练不是培养"现代鲁滨逊"

"生存训练,不是把孩子们扔到荒岛上,让他们像鲁滨逊一样生活!在现代社会,训练孩子尽快适应一个陌生的环境,学会独立生存,比单纯的磨难教育更重要。"18日傍晚,曹杨二中校长王志刚向记者说起此行的安排:这些学生,七八个人一个团队,每天早上7点被老师"赶"出宾馆,不是去看风景,而是要找人调查,完成自己的课题。翻看孩子们的课题,真是吃惊——"夫子庙与城隍庙之比较""南京人与上海人""从江南贡院看中国科举制度"……这些十六七岁的少年,要在三天内完成大学者研究一辈子的课题!

学生在南京街头转悠,王校长和老师待在宾馆内,很放心:"跟他们说好了,每天步行两小时,不允许打车,每到正点给老师发个平安短信。如果有人打车,我们也不追究——他们是自己的法官，应该对自己的行为负责。"对自己的学生，校长的评价很苛刻：在上海，他们老觉得是名牌中学学生，很能干，可是，一出门，没老师带着，没家长护着，有的人马上变"低能"了——坐火车不留票根，到出口被拦住了；心不在焉，听错宾馆，摸错地方，又不开手机，自己干着急；不会讨价还价，在夫子庙被人家一蒙一个准……校长说，要让不虚心的孩子，"撞撞南墙"，让太老实的孩子见见社会，所以要处处"为难"他们：坐的火车，24元一张票——民工常坐的班次！住20元一晚的招待所，打地铺，最多一间挤108人；出门自己问路，自己找饭，回家不仅要完成调查报告，还得带份礼品给父母！

"跑路累，动脑筋累，找到路子真开心！"

20日上午，记者在夫子庙肯德基餐厅碰到16岁的张聪颖子，小姑娘连说"累"——跑路累，动脑筋更累。"我们做的课题，是日军1644细菌部队调查。在上海，找不到什么资料，生物老师建议我们找南大。昨天上午，我们跑到南大历史系，一位韩老师找了好几篇论文给我们，又推荐我们去南师大找到张教授，聊了很长时间。下午，我们又赶到军区总院。那儿有日军的实验室……一天下来，浑身发瘫。不过，当我们抱回一大堆资料时，觉得真有成就感！"

性格外向的张聪颖子，在团队中负责"外联"，其他同学分工记录和整理资料。"我每天骑车上学，回家也常帮妈妈拣菜，很独立的。这次来南京，我睡前约好出租车，早上两点一个人打车去车站……可一到南京，我才知道，什么东西都要重新学。来南京前，我们让南京亲戚寄了南京地图，可一下火车，捧着地图头都看晕了！问了很多人，我发现南京市民对公交线路很熟，只要多问，不会坐错车。问路，最好不要找行色匆匆的人，人家没时间，找卖报纸的、修车的，他们会告诉你。吃饭，也不容易。第一天，我们在江东门一个小饭店，下几碗牛肉面，人家不愿意，好不容易买到方便面，借了长板凳，大家坐着吃面。后来，我们白天干脆找肯德基，又干净又快，晚上找个便宜的小饭店。昨天晚上，我们去傣妹火锅城，就是问公交车师傅的，八个人吃了60元，吃得真好！"学会与人相处，也是"重大成就"。遇到事情，大家商量，有不同意见，举手表决，少数服从多数！包括日程安排，怎么花钱，甚至往左转往右转，都可表决。"像去吃火锅，有的同学脚上起泡，不想动，可投票下来还是去！"

和张聪颖子同班的侯燕曦，说自己学会了"说话"："第一天去南京大屠杀纪念馆，向一位行人问路时，我很客气地叫了声'阿姨'，那人马上问：'我有那么老吗？'瞪了我们一眼走了。现在，我不管看见谁，都想办法把别人叫得开心一点，年轻的一律叫哥哥、姐姐，中年人才叫叔叔、阿姨。"

幸福的"小鬼当家"

对从未离开父母的上海少年来说，在南京生活，很苦很累，也很兴奋。19日下午5点，记者在夫子庙看见蒋澄杰，小伙子正在跟地摊主人砍价。五分钟后，他花两块钱买下一只小塑料盆，直径20厘米左右，说晚上洗脚用。为什么不买大些的？他笑着说："只用一两天，大了，不经济。"

晚上，蒋澄杰端着小盆，回到宾馆大厅，打了些热水来，洗起脚。盆太小，一次只能放进大半只脚，他小心翼翼忙了四次，才把两脚勉强洗完。边上的同学看了，都笑起来。蒋澄杰住的大厅，20多米长，10多米宽，挤满了90张床铺。此时，回营的学生，有的在大声聊天，有的看起杂志，有的静静躺着……

8点，各班开起班会。记者走进二楼的一个小房间，16班的33个孩子在开会，班长主持，各小组踊跃发言，议题依次是课题感受、一天消费、一天得失、明日计划。班主任苏老师站在门外，脸带微笑，拿着小录像机，静静地录下"小鬼当家"的幸福。

"到过南京，才晓得上海不是什么都有。"

快离开南京了，张聪颖子说自己有些想法变了：以前，总觉得上海什么都有，这回到南京一看，发现这里的名胜古迹真多，保护得真好，公交车开到哪儿，抬头都能看见城墙！这些，是繁华的上海没有的。张聪颖子用"非常人性化"来形容南京。她比较起两座城市的市民：如果说上海人很温情，那南京人非常热情。"在南京，从大学教授到路边行人，很少有人拒绝帮助我们。有时，我们走在路上，后面有人赶上来，热情地问我们从哪来，干什么，怎么看南京人……"对孩子们的感触，连续10年带队来南京搞生存训练的王志刚校长，听了最高兴："通过切身经历，他们学会了比较，开阔了眼界，丢掉了大上海的优越感！"

下 篇
未来的展望

第七章

高中社会实践长效机制建设的经验启示

　　总结曹杨二中社会实践长效机制建设的经验,可以发现五个方面的基本特征:注重社会实践活动的课程化设计,注重规范社会实践的内外部管理,注重社会实践与学校办学理念的有效衔接,注重现代教育理论对社会实践课程建设的有效引领,注重建构完善的社会实践保障体系。结合上海市曹杨二中近三十年来"多维有序"的社会实践课程的实战经验,构建我国城市高中社会实践长效机制应进一步细化落实相关政策制度并提供相应安全保障,同时建立申报审核制度来加强课程管理工作,并通过多元评价来综合考察课程实施效果。在这一过程中还应充分尊重学生的主体性,通过不断创新来提升实践育人系统自我更新的能力。

学生的生命成长是学校教育、家庭教育和社会教育共同作用的结果。社会教育是一种区别于家庭教育和学校教育的独特教育形式,对个体实现社会化,促进社会发展和进步,最终促进人的全面发展有重要的作用和价值。长期以来,中国的教育改革对家庭教育和学校教育较为重视,而对社会教育则较为忽视,社会教育无论是理论还是实践方面都显得十分薄弱①,或者也可以认为,我们在教育改革的过程中,一直在强调教育的社会功能,而忽视了社会的教育功能。在经济社会快速发展、社会生活丰富多彩、信息传播手段日益多元的形势下,人们越来越清醒地认识到,社会教育在青少年的成长发展,尤其是青少年思想意识形成和社会化过程中发挥着越来越重要的作用②,也正是基于这样的认识,如何通过社会实践等载体,有效整合社会的教育资源,发挥社会资源的育人价值,已经成为教育改革过程中颇受重视的领域。正如我们一直所强调的,中小学的社会实践活动并非教育研究和实践的新领域,如何通过有效的组织,充分发挥社会实践活动的综合育人价值,让学生在社会实践过程中通过丰富的经历和体验充分感受时代发展气息,体验社会生活百态,丰富各领域的知识储备,提升综合素质和能力,从而实现全面发展、健康发展的目标,是中小学教育不能忽视的内容,也是实现教育目标的应有选择。

回溯我国基础教育改革与发展的历史可以发现,在各个不同的教育时期,尽管具体的提法不同,但是对于社会实践重要性的认识和对学校教育体系中社会实践的开展方式一直有所研究和实践,特别是现代教育体系建构之后,教育与生产劳动的有机结合成为教育必须遵循的基本特征,这也是社会主义教育体系的重要特色和标志。在这一理念下,各级各类学校的社会实践活动都有不同程度的开展,但是,这些开展往往是比较零散的,缺乏系统性的设计,对于社会实践也缺少理论层面的整体性研究,这在很大程度上导致了学校教育中的社会实践活动往往沦为"玩玩乐乐"的休闲活动,学校组织开展的兴趣不大,教师和家长反对质疑之声不绝于耳,社会实践在学校教育中的行动出现了摇摆性,相关的政策没有得到很好地落实③,社会实践的教育价值和功能没有得到淋漓尽致的发挥,确保社会实践活动持久进行的有效机制没有真正得到建构。为此,必须加强研究,提高认识,创设条件,积极推进,探索社会实践功能发挥的长效机制。曹杨二中在探索社会实践有效运行的过程中积累了丰富的经验,通过对曹杨二中社会实践活动有效性的分析、特征

① 龚超,尚鹤睿.社会教育概念探微[J].浙江社会科学,2010(03).

② 共青团上海市委员会.社会教育与青少年全面发展[J].中国青年研究,2013(03).

③ 殷世东,孔丹丹.论中小学社会实践[J].现代教育科学,2011(10).

的总结,能够形成对普通高中社会实践长效机制建设的相关经验和启示。

第一节　曹杨二中社会实践长效机制建设的经验

教育源于人类的生活经验,在其诞生之初就是经验传递的过程。但是在学校教育日益发达的今天,人们惊讶地发现,教育愈发展,人类却离纯粹的、鲜活的、真实的经验越来越远①。教育经验的意义是不言而喻的,因为人们都很清楚,现代教育体系是一个复杂庞大的体系,教育事业的推进,固然需要相关理论的支撑,但是教育变革本身是一项实践性很强的社会活动,必须要有一大批具有丰富教育实践经验的教育工作者来支撑教育的改革发展,这也就意味着,源于实践的教育经验不仅是教师成长的重要源泉和基础,也是教育变革的重要动力。不论是对于教师的发展和学校的改进而言,还是对于学生生命成长的需求而言,教育领域对于经验的渴望都是毋庸置疑的,由此,从某种程度上说,教育的改革和发展过程本质上是一个不断积累、反思和推广教育经验的过程②。对于教育改革而言,经验的价值更为重要,特别是面对复杂的教育变革环境,实践中形成的经验只要加以系统化的整合和梳理,就能够成为指导同类学校进行变革的重要理论素材,成为推动教育整体改革的重要路径和方式。就高中社会实践长效机制的建设而言,曹杨二中的实践成效已经获得教育领域广泛的认可,如何总结这些经验,形成具有普遍指导意义的理论框架,是发挥样本学校教育改革成效辐射价值必须面对的问题。总体而言,曹杨二中的社会实践长效机制建设所积累形成的经验,主要体现在对于关涉学校教育改革发展的基本问题的注重之上。

一、注重社会实践活动的课程化设计

课程是教育教学活动的最基本概念,也是最重要概念,这种基础性和重要性体现在两个方面:一是几乎任何包含着"课程"的衍生概念都是以"课程"这个主体概念为基础的,课程概念母体的清晰和明确性在很大程度上影响着这些衍生概念的清晰性和明确性,要形成对课程衍生概念的准确理解,首先要对课程本身形成准确理解;二是教育教学领域的任何概念都能够与课程相互关联,在阐释自身概念和范

---

① 刁益虎.教育经验的困境及其突破——狄尔泰体验哲学的视角[J].当代教育科学,2018(11).
② 吴刚.教育经验的意义及其表达与分享[J].全球教育展望,2004,33(08).

畴的过程中也往往会直接或间接地运用到课程的概念,因此,对于课程概念理解的准确与否,也同样关系到教育教学的基本命题、基本理念、基本范畴等的清晰度和严谨性①。随着现代课程理论的发展,对于课程概念的解读越来越丰富,总体而言,超越课程即教材、课程即经验、课程即活动等狭隘的思维,从"大课程观"的角度理解课程成为一种普遍的趋势。在这种理解趋势下,越来越多的研究者认为,应该跳出课程本身来理解课程,也就是说,不能仅仅从课程的存在形态、类型、要素、体系等维度去把握课程,也不能简单地把课程理解为一种发展过程,从现代课程观的视角看,理解课程的过程中更应该关注的是课程对于学生的发展价值,从这个角度出发,那些能够滋养学生内心世界,促进学生知识、道德、情感、体验、价值观念等成长的要素和资源,都是课程的概念范畴②。从这个角度理解课程,社会实践活动理所当然地应该成为一种重要的课程资源和课程形式,理所当然地应该进行课程化的系统设计。从当前很多学校社会实践的具体实施看,社会实践更多的只是被当作一种拓展学生能力与素质的活动,甚至是一种与日常教育教学活动相脱离、相背离的活动,其主题设计是随意的,活动开展的时间、空间和形式也是没有经过精心设计的,这种零散的活动只能作为学生成长的点缀,而无法发挥其理应承担的育人价值。曹杨二中深刻地认识到,社会实践要真正承担起育人的成效,就必须进行课程化的开发和设计,这是促进社会实践活动科学化、有效化、时代化、规范化的必然要求,也是彰显其教育价值的必然选择。学校通过二十多年的持续探索,对种类不同的社会实践活动进行课程化的理论剖析,明确每一类社会实践课程的课程理念、课程目标、课程实施方式、课程评价体系,最终建构了一种系统性的"功能多维、层级有序"的社会实践课程体系,并实现了社会实践课程与学校课程图谱的有机融合,使得社会实践课程成为学校课程与教学整体变革的重要组成部分。与此同时,为了保障课程实施的成效,学校专门开发设计了三类课程实施指导手册,明确了每一类社会实践课程的实施方案、实施要求、课程资源、过程性指导方法和具体评价路径,这就为社会实践课程的具体实施提供了保障。从上述经验中我们可以认为,脱离了课程化的整体设计,社会实践就只能是游离于学校整体育人体系之外的零散性活动,只有真正进行课程化的整体设计,社会实践才可能是系统的、长久的,才能真正发挥育人成效。

---

① 宋国才.中国课程概念研究四十年:回顾与展望[J].湖南师范大学教育科学学报,2018,17(06).
② 陈佑清.课程即发展资源——对课程本质理解的一个新视角[J].课程·教材·教法,2003(11).

二、注重规范社会实践的内外部管理

任何一项社会活动的顺利进行都离不开科学规范的管理。从管理理论的沿革发展看，如何对管理的过程进行科学化提升是伴随着现代工业革命进展而形成的新命题，在工业革命的催生下，机器大生产代替了原有的手工劳动，生产效率极大提升，生产规模不断扩大，衍生的直接问题就是对生成过程管理方式的变革需求，也就是说传统的凭借经验、直觉的管理方式已经难以适应大规模生产的需要，要破解这一核心问题，就需要管理理念和行为的重构和创新。在这一过程中，新的管理理念不断探索和生成，其中最为著名的就是泰勒的科学管理理论①。科学管理理论讲述了应用科学方法确定从事一项工作的"最佳方法"，概括为：科学，而不是单凭经验办事；和谐，而不是合作；合作，而不是个人主义；以最大限度的产出，取代有限的产出，每人都发挥最大的工作效率，获得最大的成功，就是用高效率的生产方式代替低成本的生产方式，以加强劳动力成本控制。科学管理理论在管理上坚持如下原则：对于任何的劳动，都需要对其要素进行科学的界定，用科学的思维代替陈旧的凭借经验的管理模式。重视工人素质的提升，强调通过教育培训提升工作的职业能力。重视工作任务的合理分配，不论是管理者还是工人，都需要对自己的职业分工负责。管理的最重要目的是为了追求效率。多年以来，管理领域对于科学管理理论的褒贬不一，但是从学校的角度看，社会实践能否发挥应有的价值，过程性的规范管理是重要的决定因素，在这其中，科学管理理论具有非常重要的指导性价值，特别是在社会实践过程规范从无到有的阶段，科学管理的思想是非常必要的。在实践中，曹杨二中注重将科学管理理论运用到社会实践过程管理之中，通过机构的组建、制度的设计和过程性的跟踪指导，确保了社会实践的有效运行和成效发挥。每一次社会实践活动开展之前，学校都要成立专门的社会实践课程领导小组和活动指导小组，科学选择小组成员，确保社会实践各项活动落实到人；学校根据实践需要，制定了丰富的相关制度，包括课程实施方案、突发事件处置预案等，这些制度性的规范为社会实践课程的实施提供了根本保障；学校针对社会实践的共性规律设计了周全详细的流程，很大程度上保障了社会实践的规范性。同时，学校注重选配专业的指导老师，对学生进行社会实践的过程性跟踪指导，及时解决学生问题，提高学生参与社会实践的积极性。正是因为有了这种规范科学的过程管理，曹杨二中的社会实践活动才能在实施过程中不走样，才能取得预期的成效。因此，

---

① 王晓敏，张宝生. 泰勒的科学管理理论在我国管理实践中的应用[J]. 北方经贸，2016(07).

要建构社会实践长效机制,必须首先强化社会实践的过程管理,强化内外部的监督和约束。

三、注重现代教育理论的引领支撑

"教育理论与教育实践的关系"是教育界长期以来争论不休的一个老话题①,可谓仁者见仁智者见智,各种观点林林总总。教育理论与教育实践相联系,便是其中之一。关于教育理论如何与教育实践相联系,主要有两种不同的观点,一个方面是把教育理论作为"主动方",希望"教育理论联系教育实践",强调教育理论应当把教育实践作为问题之源、服务之本、检验之标。这是对教育理论的要求,也是人们迄今谈论"教育理论与教育实践相联系"时的重心所在。另一个方面则是把教育实践作为"主动方",希望"教育实践也要联系教育理论"。作为一种纠偏性主张,它强调教育实践应当把教育理论作为引领之旗、实施之据、检验之标。这是对教育实践的要求,也是近些年来一些教育理论工作者在谈论"教育理论与教育实践相联系"时所赋予并提醒人们关注的另一层意涵②。在曹杨二中看来,尽管教育理论与教育实践的隔阂一直存在,但是教育活动作为一种兼具科学性与艺术性的活动,它必然离不开教育理论的支撑和引领,这一基本判断是不可能改变的。从现实的情况看,尽管学界对于教育理论工作者持有的脱离教育实践而创生理论的行为多有批评,但是曹杨二中坚持认为,在丰富的教育理论体系中学会如何结合实际进行选择和运用才是弥补教育理论与实践鸿沟的关键性问题。社会实践活动从一种种零散的活动一步一步成长为一个完善的课程体系,这一过程之中,我们所经历的绝对不是随意的思考和简单的整合。我们运用现代课程理论,明确了社会实践课程体系的基本内涵;运用生活德育理论、活动德育理论等,建构了学生道德生活场这一支撑社会实践课程建设的核心理念;运用核心素养体系的研究成果,明确了核心素养的课程与教学价值,进而构建了指向核心素养体系的社会实践课程目标系统;运用社会学、心理学、哲学之中关于实践的界定,明确了社会实践的理论基础和多维度价值。可以认为,正是因为有了丰富的理论支撑,学校社会实践课程体系的建设才能够是科学系统并经得起检验的。从这个角度出发,任何学校社会实践长效机制的建设都应该基于对相关教育理论的主动选择和内化吸收,缺少了理论的支持和引领,社

---

① 叶澜. 思维在断裂处穿行——教育理论与教育实践关系的再寻找[J]. 中国教育学刊,2001(04).
② 吴康宁. 何种教育理论? 如何联系教育实践? ——"教育理论联系教育实践"问题再审思[J]. 南京师大学报(社会科学版),2019(01).

会实践长效机制的建设将难以到达理性的层次。

四、注重与学校办学理念的有效对接

对于办学理念的研究和实践是当前基础教育的热点问题。然而,对于什么是办学理念,很难找到较为一致的界定,不同研究者常常有不同的认识:有的认为办学理念是校长基于"办怎样的学校"和"怎样办好学校"的深层次思考的结晶[①];有的认为办学理念指的是学校的一些教育观念、思想和价值追求的集合体,是学校在系统分析自身优势、弊端、资源等基础上经过慎重思考和反复探究形成的个性化的教育哲学[②];有的认为办学理念是建立在对教育规律和时代特征深刻认识基础之上的,它回答的是"学校是什么"、"学校具有什么使命"、"学校发挥什么作用"等一些基本问题[③]。但是,不论我们从怎样的角度理解和界定办学理念,一个基本的价值判断是不容置疑的:一所学校的办学理念,是一所学校的灵魂,是一所学校文化的核心。办学理念的表述与落实,直接关系到学校发展的未来[④]。从学校的改革和发展看,当前对于办学理念的研究更多的是集中于如何提炼生成学校个性化的办学理念,但是对于办学理念如何落实的研究却不多。在曹杨二中看来,办学理念的凝练只是基础性的工作,如何通过学校课程、教学、育人的系统变革来体现和落实办学理念,才是关涉学校发展的根本性问题。随着时代的发展和社会的进步,我们对办学理念进行了深入的理性思考。其中对"文理相通"通在何处,做了新的阐释:第一,文理分科知识的相通;第二,思维的相通;第三,创新素养的相通;第四,实践能力的相通。"相通"即"通识",即成就"通才",为我们的社会提供建设者和接班人,"通才"的终极目的是"通人",即要求我们每个人的为人为学的追求永无止境。沿着"通识—通才—通人"的方向,我们寻找到了值得借鉴的路径——以人文精神的传承、传播以及创生,全面引领所有教育教学活动向着"培育有教养、有学识、有创新精神和实践能力的博雅君子"的方向迈进,即所谓"人文引领"。"人文引领"是在所有教育教学活动的设计中自觉地运用人文精神审视其教育价值,把人文教育渗透到各学科教学领域、各种教育活动之中,注重对学生科学价值观和普世情怀的培育,用人文精神指引学生的发展。具体地说:第一,学生的人文知识素养的培育要

---

① 何晓秋. 办学理念和理念办学[J]. 中小学校长,2004(10).
② 郭元祥. 论学校的办学理念[J]. 教育科学论坛,2006(04).
③ 陈如平. 如何提出和提炼学校的办学理念? [J]. 教育情报参考,2007(01).
④ 罗欣,郑金洲. 办学理念:问题探寻与改进策略[J]. 上海教育科研,2011(06).

见长;第二,学生的人文视野要宽阔,侧重学生社会责任感与价值追求方面的引领;第三,学生的人文情怀要体现;第四,学生的人文精神要鲜明。"人文引领"在促进学生的人文知识、人文视野、人文情怀的发展上的具体体现是:合作精神、公平和正义感、对社会和国家的责任、对多元文化的包容、对生命的乐观、对和平的热爱、对未来充满理想、坚忍不拔的毅力等。"文理相通、人文引领"的办学理念旨在引领学生明确人生的价值追求,弘扬美好的普世情怀,为学生博雅人生打下坚实基底;引领教师注重对学生的新精神和实践能力的培养,使每个学生实现个性自由发展、潜能充分发挥、素质全面提高,为社会造就有涵养的、具有渊博知识的、引领社会进步的创新型人才。处于现代化进程中的中国,在发展过程中,每个公民需要正确的价值、思想、道德观念来引领。我们要用世界的眼光和中国的文化精髓教育学生,引领学生思想的进化,实现人的进化、社会的进化,达到长治久安的目的。如何让这个复杂社会系统和谐发展,需要我们学生在未来人生发展中具备深厚的人文素养和突出的创新素养,成为现代公民。从学校的办学理念出发,学校在进行社会实践基地建设、主题选择、活动设计和课程开发的过程中,充分融合了这种理念,并力求使得社会实践活动的开展成为彰显和落实学校办学理念的重要载体与方式。不论是南京生存训练、博雅西部行等整体设计,还是筑梦行动、军事训练等具体活动,实际上都透露着学校对于学生人文精神培育的重视,都体现了文理相通的价值追求。让社会实践活动与学校办学理念有效对接,就能够保证社会实践在学校人才培养体系中的价值和作用,消解师生、家长对于社会实践的刻板印象,让社会实践真正成为学校整体改革和发展的有机组成部分。

五、注重建构社会实践的保障机制

社会实践是一个前后相继的过程,曹杨二中在大量文献研究和实践积累的基础上提出,要建构社会实践长效机制必须满足两个基本条件:其一,要有完整的制度体系,其二,要有"动力源",理顺社会实践各利益主体之间的内在关系。要顺利达成每项社会实践活动的目标,建立卓有成效的保障机制尤为关键。学校党政一把手齐心协力,提供多元的课程保障、有序的组织保障、专业的队伍保障、完善的制度保障和充足的基地保障,为每项实践活动的顺利开展保驾护航。第一,课程保障:社会实践活动只有纳入到课程体系中,才能有最根本的保障,围绕学生综合素质的培养,契合办学理念,安排适恰的时间,将社会实践排进教学课表、有课时计划、有组织实施、有师资队伍、有经费落实、有安全管理、有学分评价。第二,组织保障：学校党组织在活动的开展中充分发挥党支部战斗堡垒作用和党员的先锋模范作用，带领相关教师，尽心尽责地落实每个社会实践活动；同时，通过这些活动提升教师的专业能力，形成骨干教师队伍。第三，队伍保障：德育工作领导小组对每项社会实践活动进行周密的安排，发挥灵魂作用；年级部是每项社会实践活动关键的实施者，年级部主任和班主任是最前线的中坚力量；学生自主管理委员会成员是学生领袖，起到助推作用；政教处（团队）、教导处、科研室对社会实践活动课程进行策划及进行相关的研究工作，发挥好评价、验收的作用。第四，制度保障：为确保实施，每项重大社会实践活动均形成会议流程制度，包括德育工作领导小组协调会、班主任专题工作布置会、学生思想和课程辅导动员会、专题家长会等，活动结束后开展成果汇报会（升旗仪式或校会课）、课题展示会等；为确保安全，每项社会实践活动均要前期踩点，做好与基地学校的对接，形成较为健全的保险制度、突发事件应急制度和定时报到制度等；为做好宣传，利用校园网，及时做好宣传报道工作，巩固成果，形成辐射。第五，基地保障：充分利用各种社会资源，为开展各类实践活动建立实践基地，挖掘基地潜在的教育资源，形成相对固定的社会实践基地。以上这五项保障，体现了制度有体系，还确保了利益关系"动力源"。办学理念有了依托，学校课程有了特色，教师发展有了舞台，学生发展有了载体，真正解决领导"不愿做"、校长"不敢做"、行政"不会做"、教师"随便做"的问题。

第二节　未来高中社会实践长效机制建设的设想

　　社会实践是中小学德育不可或缺的重要载体。然而，为数众多的中小学社会实践活动长期达不到国家课程期望的育人目标。那么，如何提高我国高中社会实践课程立德树人的实效性呢？只有构建长效保障机制才能切实有效地推进社会实践课程的发展，并使其不断自我更新、优化完善。值得一提的是，社会实践活动课程的教材或课程资源是生成性的，教学过程是实践性的，评价是综合性的，所以它不可能有统一的教材，不可能有接受式的教学，不可能有传统意义上的客观评价，所以它不可能通过简单的"课程化"来达成长效良性运行。在总结曹杨二中在社会实践活动课程实施的经验教训的同时，不断反思我国基础教育课程改革的现状，针对影响社会实践课程有效实施的主要因素，未来高中社会实践长效机制的建设，应该着重围绕以下几个方面进行思考和探索：

一、制度引领，细化落实并提供安全保障

我国中小学社会实践活动是由国家统一设计、地方监督实施、学校参与开发和组织管理的特殊性课程。由于我国目前地域差异、城乡差别依旧较大，国家提出原则性的指导纲要来界定课程内涵，表述课程目的并规定时间空间等后，具体"怎么做"则应由地方出台课程开展的指导细节，制定与当地教育水平、教育资源相匹配的课程实施指南。这些课程实施指南，既需要从知识技能、过程方法、情感态度和价值观等领域对不同阶段学生参与社会实践的多维度目标进行精准的设计，也需要从课程建设的整体视角，对社会实践课程的性质、理念、内容、实施和评价等进行科学的顶层架构，形成横向拓展、纵向延伸的完整社会实践课程网络。

此外，许多学校不敢做社会实践的压力来源于安全方面的考虑。安全问题是开展社会实践活动的重中之重。只有解决好安全保障问题，才能确保中小学社会实践活动的长效性和有效性。在曹杨二中近 30 年的社会实践中，不是几任校长胆子大，而是在于活动课程设计和组织的"多维有序"。得益于课程的设计满足学校育人和学生发展的多维需求，校方在活动实施过程中有序安排，并与学生与家长形成共识、形成合力。从多年的实践成效看，学校对于社会实践的各个环节都考虑到位，不论是前期的宣传发动，还是实践期间的跟踪保障、活动组织，还包括活动之后的总结梳理，除了及时与家长和实践基地保持必要的沟通和联系之外，学校还特别注重将每一个环节都通过制度化的设计进行明确，这些制度既包括三类课程指导手册，也包括专门的《社会实践安全指导》和其他涉及到活动宣传、组织、保障、评价等领域的制度，这些制度通过学生自学、家长学校专题培训等保障每一个学生和每一位家长都深入了解。这一系列制度性的保障，既强化了学生的安全意识，也让所有的实践环节都置于制度的保障之下。这种制度化的保障提醒我们，一定要坚持开展社会实践活动，不能舍本求末、因噎废食，但也应尽快出台学校教育教学多元评价标准和社会实践等学校教育活动的安全免责条例，这都是为中小学校长减压的尚方宝剑。

二、建立申报制度，强化课程管理

逐步建立和完善中央、地方和学校各司其职、各负其责的三级课程管理体制，这是构建高中社会实践课程长效机制的必经之路。凡是学校参与开发的校本课程，都应经过"申报——审核"程序。社会实践活动是学校充分利用和开发本土课程资源的"因校制宜"的校本课程，所以，学校要按中央及地方《指导纲要》的规定

"申报"活动课程,各级地方政府也可成立专门的教学研究室"审核"并指导学校实施课程。学校可扩大现有"德育室"的功能,由德育室负责社会实践活动的审核、指导与研究。同时,我们要在现行的社会实践活动中发现好的典型,树立模范,总结经验,从而提炼出课程申报要点,建立申报范式。曹杨二中的"南京生存训练"作为本校的社会实践活动的品牌课程,已经坚持了 30 多年,其课程方案便可作为申报范式,供其他学校参考借鉴。

曹杨二中通过典型社会实践个案"南京生存训练"的精心设计与实施,围绕办学理念和育人目标完成了对学校所有社会实践活动多维、逐级、有序的整体设计,把握了社会实践活动课程设计的核心技术。与此同时,《课程建议手册》、《教师指导手册》、《学生活动手册》的高质量课程文件降低了课程实施的难度,使得社会实践成为领导敢做、教师愿做、学生乐学的综合育人课程。可见,只有当社会实践活动课程拥有详实的课程目标、周密的实施方案、细致的行动预案时,其发展才是可持续的。通过广泛地收集、整理和总结已有的典型案例,同时不断审核和认证新的活动课程方案,进而推广复制,才能使得我们的社会实践课程真正做到有序、高效、可控。

三、强化评价功能,主张多元综合考察

课程评价作为一种价值导向活动,在评价过程中受价值观的影响较大,从不同的课程价值取向出发,对课程的价值有不同的理解。要对社会实践活动做出有效的课程价值评价,需要认识和把握社会实践活动课程评价的特点和实质,使课程评价具有可参考性和实用性。

在评价过程中要重点关注以下五点:一是要关注活动设计的针对性,更要关注学生在活动中有效性结果的生成过程;二是要以人的发展为本,要把学生素质的整合发展作为根本目标,在实际比较评价中,要强调多元参考,要把主观标准和客观标准相结合,反对唯一正确的标准;三是要强调课程评价内容、评价依据、评价方式、评价资料收集等方面的综合性,要关注学生在活动中的真实表现、体验和感悟,关注学生在活动中的态度、情感、价值观和认知变化,特别是要充分认识和尊重学生在开展学习活动、实践活动和解决实际问题中在思想、理念、方法等层面表现出的差异性与多样性,鼓励不同观念学生在学习和实践过程中进行自我评价与相互交流学习,实现互助成长;四是要重视学生在活动过程中的个性化表现,要重视个体的动机、兴趣、爱好、情绪、情感等变化;五是要采用多元化评价方式,要从多渠道收集相关信息,有科学的平衡换算方法和评价手段。2014 年底教育部出台了《关于

加强和改进普通高中学生综合素质评价的意见》(教基二〔2014〕11号),对普通高中学生综合素质评价的内容和程序进行了明确的描述与规定,特别是做出了将社会实践作为综合素质评价五个具体评价领域的明确规定,为学校开展社会实践活动提供了最重要、最准确和最直接的指导。这无疑为强化社会实践活动课程评价功能亮出了尚方宝剑。随后上海市颁布了《上海市普通高中学生综合素质评价实施办法(试行)》,这一新的政策文件对高中学生的综合素质评价问题进行了更加全面、细致的解读,也在很大程度上提升了综合素质评价的可操作性,不仅体现了国家层面高中阶段教育的共性要求,也让上海的地方特色和独特教育理念融入其中,高中的社会实践改革,必须顺应这些政策的要求,把握政策带来的"红利"。此外,还要给社会实践活动基地"裁判权",而不仅仅是"考勤权",更不能是"人情权"。我们要为通过审核认证的社会实践活动基地提供来实践的学校或者学生团队的课程实施方案、评价指标和评价标准,基地的评价结果直接反馈到区县主管部门。与此同时,把学校实施社会实践活动课程的质和量与学校的评优、校长的晋级挂起钩来。

四、充分尊重并调动学生主体性

学生随着年龄的增大,其自主意识越来越强。据此,在社会实践课程设计、实施以及评价的各个环节中均应充分发挥学生的主体作用。在调研中我们发现学生们普遍认可的评价方式主要集中在学生互评和学生自评中。在曹杨二中的实践操作中,我们也发现给予学生"互评权"是非常重要的。在实践活动开展之前,应该让学生知晓评价指标和评价标准,随后评价结果由学校汇总,用"模糊综合评判法"换算成等第或者分数,对最终的评价结果学生及老师们都是比较认可和信服的。

从社会实践课程的转型发展来看,仅仅关注体验性学习是远远不够的。只有尊重主体性,强化研究型的社会实践课程实施形态,才能真正吸引学生们主动参与其中,才能真正将社会实践的综合效益最大化。同时,社会实践不能流于表面和形式,深度研究能力是当下我国城市高中学生在社会实践课程中必须习得的本领。学校不仅要在制度上确保学生们的主体性得以尊重,更要加大社会实践课程评价指标的改革力度,倡导全体教师坚持教书与育人并重,引导学生家长积极支持社会实践课程的开展。

五、创新完善机制,提升自我更新能力

社会实践课程的设计眼光不能狭隘,应不断拓展社会资源,社区、城市,国内、

国际都有可用的资源,激发创造性才是关键。民族精神、生命教育、爱国情感、社会参与意识和责任感等人的道德品行必须是在真实的道德体验和情感冲突中培育和增强的。所以无论是从国家层面、地方层面还是学校层面,社会实践课程的设计既不能功利,也不能空洞,应该从学生的全面发展、成人成才的导向、国家社会的未来需求来挖掘社会实践育人价值。大都市的孩子可以到国家级贫困县去体验"三农",为什么农村的孩子不能进城来体验"现代"? 吃苦耐挫、了解底层社会是一种价值,向往未来、向往美好也是同龄人应有的权利。正因如此,曹杨二中社会实践课题组还协助了甘肃榆中一中、定西东方红中学开展"都市体验"社会实践活动,到目前为止7年多的时间里已有300余名来自偏远地区的高中生受益于此,获得了各界一致好评。

着眼于未来的中学社会实践,要深刻把握当今时代发展给教育带来的新问题、新形势和新任务,切实用新的理念和思维去拓展新的实践育人工作,从理念、目标、内容、方法的创新完善等系统视角着手,为社会实践过程中存在的疑难问题寻找新的解决模式,不断地吸收实践中创造的新做法和新经验,修订和完善原有实践育人长效机制,让学校的实践育人活动与时代发展和教育变革保持"同频共振",发挥其独特优势和价值,不断提升对学生的吸引力,成为学生健康成长的有效路径。只有正确认识和把握学生社会实践活动的这一发展趋向,才能从根本上推动这项工作从经验走向科学,从精英走向大众,从无序走向有序。在形成多方合力,达到多方共赢的同时,也使得社会实践课程系统的自我更新能力得以提升,"多维有序"地可持续发展下去。

实践育人是一项复杂的社会系统工程,应当探索和构建科学的工作模式。社会实践活动课程的长效保障机制相应措施有很多,要想取得较好的实施效果还任重道远,还需整合各方面的力量,使得政府、学校、社会等多方各司其职,教师、学生、家长全员齐参与,形成一股具有教育理想、敢为人先的合力,营造全社会重视和关心社会实践育人的良好氛围,不断推进该课程的有效实施和发展。让我们不忘育人初心,砥砺前行,让社会实践之花盛开,为学生的幸福人生添彩!

主要参考文献

1 南京师范大学教育系.教育学[M].北京：人民教育出版社,1984.

2 (德)赫尔巴特.普通教育学[M].李其龙,译.北京：人民教育出版社,1989.

3 (美)杜威.民主主义与教育[M].王承绪,译.北京：人民教育出版社,1990.

4 叶澜.教育概论[M].北京：人民教育出版社,1991.

5 冯契.哲学大辞典[M].上海：上海辞书出版社,1992.

6 马克思,恩格斯.马克思恩格斯选集：第一卷[M].北京：人民出版社,1995.

7 黎明.两千年纪末的历史反思[M]//武宁.风雨敲书窗.北京：中华工商联合出版社,1999.

8 钟启泉,崔允漷,张华.《基础教育课程改革纲要(试行)》解读[M].上海：华东师范大学出版社,2002.

9 (美)弗雷斯特·W·帕克,格伦·哈斯.课程规划——当代之取向[M].谢登斌,等,译.杭州：浙江教育出版社,2004.

10 莱文.教育改革：从启动到成果[M].项贤明,洪成文,译.北京：教育科学出版社,2004.

11 杨小微.全球化进程中的学校变革：一种方法论视角[M].上海：华东师范大学出版社,2004.

12 王小云,王辉.大学生社会实践概论[M].北京：中国经济出版社,2005.

13 唐汉卫.生活道德教育论[M].北京：教育科学出版社,2005.

14 朱小蔓.情感德育论[M].北京：人民教育出版社,2005.

15 (加)迈克尔·富兰.教育变革新意义[M].赵中建,等,译.北京：教育科学出版社,2005.

16 钱贵晴.综合实践活动课程与教学论[M].北京：首都师范大学出版社,2007.

17 李强.中国社会变迁30年[M].北京：社会科学文献出版社,2008.

18 林崇德.21世纪学生发展核心素养研究[M].北京：北京师范大学出版社,2016.

19 中华人民共和国教育部.基础教育课程改革纲要(试行)[Z].2001年6月8日.

20 刘秋梅.从一份问卷调查看中学社会实践活动[J].教育科学研究,1994(02).

21 王幼群.略论德智体美劳诸育的结合点[J].重庆社会科学,1994(02).

22 顾成昕.谈大学生社会实践的现实意义及基本形式[J].辽宁高等教育研究,1996(05).

23 周甜.大学生社会实践的存在问题及对策思考[J].山东省青年管理干部学院学报,1999(01).

24 张新平.教育政策概念的规范化探讨[J].湖北大学学报(哲学社会科学版),1999(01).

25　戚万学.活动道德教育模式的理论构想[J].教育研究,1999(06).

26　王荣党.大学生社会实践的理论渊源[J].学术探索,2000(03).

27　戴东风,邢瑞煜.社会实践与大学生素质培养[J].石油大学学报(社会科学版),2000(06).

28　李雁冰."研究性学习"可资借鉴的两种评价方法[J].教育发展研究,2000(11).

29　张华.综合实践活动课程:理念与框架[J].教育发展研究,2001(01).

30　叶澜.思维在断裂处穿行——教育理论与教育实践关系的再寻找[J].中国教育学刊,2001(04).

31　李政涛.倾听着的教育——论教师对学生的倾听[J].教育理论与实践,2001(07).

32　高德胜.生活德育简论[J].教育研究与实验,2002(03).

33　夏心军.浅谈社区服务和社会实践课程的建设[J].教学与管理,2002(34).

34　杨明全.教师的课程角色:一个倍受关注的课程话题[J].全球教育展望,2003,32(01).

35　马奇柯.试论大学生社会实践的重要理论依据[J].湖北社会科学,2003(04).

36　陈佑清.课程即发展资源——对课程本质理解的一个新视角[J].课程·教材·教法,2003(11).

37　韩立福.全面发展性学生评价观——一种面向未来教育的评价理念[J].教育理论与实践,2004(05).

38　吴刚平.教育经验的意义及其表达与分享[J].全球教育展望,2004,33(08).

39　张菁.在反思中促进教师专业成长——"教师发展学校"中教师的反思[J].教育研究,2004(08).

40　何晓秋.办学理念和理念办学[J].中小学校长,2004(10).

41　陈珍国.从应然到实然——浅析上海二期课改的伦理学意义[J].上海教育,2004(10A).

42　王爱华.社会实践活动的概念、特征与内容探析[J].常熟高专学报,2004(03).

43　王生胜.教育改革评价的现状与标准[J].教学与管理,2006(06).

44　阎孟伟."道德危机"及其社会根源[J].道德与文明,2006(02).

45　戴锐,吴树烈.社会实践德育问题的探讨[J].中国教育学刊,2006(03).

46　郭元祥.论学校的办学理念[J].教育科学论坛,2006(04).

47　杨晓虹.中学社会实践活动的现状分析及对策研究[J].当代教育论坛,2006(10).

48　李家成.透析学校变革的复杂性——当代中国学校变革理论建构的起点之一[J].教育理论与实践,2006(11).

49　陈如平.如何提出和提炼学校的办学理念?[J].教育情报参考,2007(01).

50　李逢五,朱权华.作为课程形式的社会实践活动[J].新课程(综合版),2007(6).

51　黄耀红,周庆元.教师专业发展的问题反思与理念重构[J].中国教育学刊,2007(07).

52　王艳玲.新课程改革与教师角色转型[J].全球教育展望,2007(10).

53　司晓宏,吴东方.复杂性理论与教育的复杂性研究[J].教育研究,2007(11).

54　董伟武.生活德育理论及其应用局限简论[J].理论与改革,2008(04).

55　王兆璟.论有意义的教育研究[J].教育研究,2008(07).

56　殷世东.美、俄、法三国中小学综合实践活动课程常态化开设的启示[J].外国中小学教育,2009(01).

57　华京生,华国栋.区域教育研究的意义、特征和路径[J].教育研究,2009,30(02).

58　谢同祥,李艺.过程性评价:关于学习过程价值的建构过程[J].电化教育研究,2009(06).

59　陈向阳.基于多学科视角的产学合作教育分析[J].教育与职业,2009(32).

60 龚超,尚鹤睿.社会教育概念探微[J].浙江社会科学,2010(03).

61 史晖.课程实施落差的表现、成因及其消解[J].中国教育学刊,2010(04).

62 金素梅.试论公民道德危机及化解策略[J].中州学刊,2010(05).

63 上海市中小学(幼儿园)课程改革委员会.为每一位学生的终身发展奠基——上海市中小学"二期课改"的探索与实践[J].上海教育科研,2011(01).

64 程斯辉,汪睿.论高中教育的复杂性及其对高中教育改革的要求[J].教育学报,2011,7(02).

65 邵文英,王凤晨.情境德育场:基于场域理论视角的德育研究[J].河北学刊,2011,31(03).

66 高峰.现代教育理念下的中小学社会实践[J].首都师范大学学报(社会科学版),2011(03).

67 李清刚,黄葳.论学校品牌管理的社会和制度基础[J].教育理论与实践,2011,31(10).

68 林滨.从道德危机到存在危机——重建社会信任的思考[J].道德与文明,2011(05).

69 朱丽.什么是成功的教育改革——教育改革成效评价标准构想[J].教育发展研究,2011,31(06).

70 殷世东,孔丹丹.论中小学社会实践[J].现代教育科学,2011(10).

71 罗欣,郑金洲.办学理念:问题探寻与改进策略[J].上海教育科研,2011(06).

72 李雁冰.论综合素质评价的本质[J].教育发展研究,2011,33(24).

73 刘阳,闫建璋.学校品牌的开发与维系[J].教学与管理,2012(01).

74 葛晨虹.社会道德问题与道德实力重建[J].西北师大学报(社会科学版),2012,49(01).

75 徐岩,等.新课程实施以来学生评价改革的回顾与思考[J].课程·教材·教法,2012,32(03).

76 杨颖东.学校变革的复杂性探析:复杂科学的视角[J].教育发展研究,2012,32(04).

77 秋石.认清道德主流坚定道德信心——再论正确认识我国社会现阶段道德状况[J].求是,2012(04).

78 杨义芹.当前中国社会道德治理论析[J].齐鲁学刊,2012(05).

79 杨志成.课程是品牌学校的核心竞争力[J].北京教育(普教),2012(06).

80 刘宇.学生的课程参与:内涵、条件与策略[J].课程·教材·教法,2012,32(07).

81 共青团上海市委员会.社会教育与青少年全面发展[J].中国青年研究,2013(03).

82 姚计海,王喜雪.近十年来我国教育研究方法的分析与反思[J].教育研究,2013,34(03).

83 王明芳,吴岳军.师生关系的反思与前瞻[J].教育理论与实践,2013,33(06).

84 劳凯声.学校安全与学校对未成年学生安全保障义务[J].中国教育学刊,2013(06).

85 徐冬青.未来中国教育政策的价值选择[J].教育发展研究,2013,33(11).

86 檀传宝.立德树人实践应有的三大坚守[J].人民教育,2013(21).

87 夏雪梅,崔允漷.学校课程实施过程互动理论模型的建构[J].教育发展研究,2013,33(24).

88 辛涛,等.基于学生核心素养的课程体系建构[J].北京师范大学学报(社会科学版),2014(01).

89 王晓莉."立德树人"何以可能——从道德教育角度的审思与建议[J].全球教育展望,2014,43(02).

90 柳夕浪.从"素质"到"核心素养"——关于"培养什么样的人"的进一步追问[J].教育科学研究,2014(03).

91　刘献君. 立德树人是教育的根本目的[J]. 中国高等教育,2014(Z1).

92　王卫华. 从防范到赋权:教师之于课程的角色审视[J]. 湖南师范大学教育科学学报,2014,13(03).

93　施久铭. 核心素养:为了培养"全面发展的人"[J]. 人民教育,2014(10).

94　项贤明. 教育改革中的问题辨析[J]. 中国教育学刊,2015(01).

95　郑友民. 真实践破解实践难题:社会实践评价机制探索[J]. 上海教育,2015(Z1).

96　李志义. 成果导向的教学设计[J]. 中国大学教学,2015(03).

97　杨向东. "真实性评价"之辨[J]. 全球教育展望,2015,44(05).

98　刘志军. 关于综合素质评价若干问题的思考[J]. 课程·教材·教法,2016,36(01).

99　魏峰. 从个案到社会:教育个案研究的内涵、层次与价值[J]. 教育研究与实验,2016(04).

100　王晓敏,张宝生. 泰勒的科学管理理论在我国管理实践中的应用[J]. 北方经贸,2016(07).

101　吴康宁. 教育究竟是什么──教育与社会关系的再审思[J]. 教育研究,2016,37(08).

102　核心素养研究课题组. 中国学生发展核心素养[J]. 中国教育学刊,2016(10).

103　夏永庚. 论学生的课程权力[J]. 教育发展研究,2016,36(Z2).

104　周子,杨开山. 浅谈如何做好中小学社会实践基地课程建设[J]. 中国校外教育,2017(02).

105　徐海娇,柳海民. 教育理论实践价值的限度及其生成[J]. 中国教育学刊,2017(04).

106　周洪宇,鲍成中. 论第三次教育革命的基本特征及其影响[J]. 中国教育学刊,2017(03).

107　徐晶晶. 实验东校:以社会实践课程推进学习方式转变[J]. 上海教育,2017(09).

108　周光礼,姜尚峰. 高考改革 40 年:意义建构与制度变迁[J]. 复旦教育论坛,2017,15(06).

109　戴锐,曹红玲. "立德树人"的理论内涵与实践方略[J]. 思想教育研究,2017(06).

110　中国教育科学研究院课程教学研究所课程组. 深化课程教学改革是落实立德树人教育根本任务的必由之路[J]. 中国教育学刊,2017(07).

111　夏晓娟,余芬. 高中生社会实践课程体系及运行机制的研究[J]. 上海教育,2017(21).

112　陈静静. 创新素养培育的实践误区与解决方案──基于创新素养模型、阶段特征与人才类型的剖析[J]. 教育发展研究,2017,37(18).

113　张浩. 研学旅行的灵魂是实践育人[J]. 人民教育,2017(23).

114　陈世旭. 理论的价值[J]. 文学自由谈,2018(1).

115　何云峰,王宁,毛荟. 多学科视角下"实践育人"的观照与释读[J]. 教学与管理,2018(03).

116　刘腊艳. 基于核心素养的教育改革:课程、教学与教师专业发展[J]. ,现代教育论丛,2018(01).

117　潘希武. 学校课程体系构建的基础性框架[J]. 教育学术月刊,2018(03).

118　刘志林,张惠. 高考新政背景下高中综合素质评价的诉求和反思[J]. 教育探索,2018(03).

119　刘志军,张红霞,等. 新高考背景下综合素质评价的意蕴、实施和应用[J]. 华东师范大学学报(教育科学版),201836(03).

120　王正平,林雅静. 立德树人:教育伦理的根本原则[J]. 道德与文明,2018(04).

121　杨晓. 研学旅行的内涵、类型与实施策略[J]. 课程·教材·教法,2018,38(04).

122 顾明远.再论教育本质和教育价值观——纪念改革开放 40 周年[J].教育研究,2018,39(05).

123 宋国才.中国课程概念研究四十年:回顾与展望[J].湖南师范大学教育科学学报,2018,17(06).

124 王稳东.探究:教育实践变革的内在逻辑[J].教育学报,2018,14(06).

125 姚琳,李夏.改革开放 40 年我国高中阶段教育政策的价值变迁[J].西南大学学报(社会科学版),2018,44(04).

126 高翠欣,等."以生为本"教育理念的现实困境与对策研究[J].学校党建与思想教育,2018(14).

127 张伯成,吕立杰."课程体系"概念综述及审思[J].黑龙江高教研究,2018(08).

128 周洪宇,胡佳新.知识视域下的实践育人及其意义向度[J].教育研究,2018,39(08).

129 曹甫臣.教师课程领导力内涵及其提升路径[J].江苏教育,2018(66).

130 刘丽群.我国高中教育政策 40 年:历史轨迹与发展愿景[J].中国教育学刊,2018(09).

131 戚万学,唐爱民,韩笑.改革开放 40 年德育理论研究的主题及进展[J].教育研究,2018,39(10).

132 刁益虎.教育经验的困境及其突破——狄尔泰体验哲学的视角[J].当代教育科学,2018(11).

133 严孟帅.交互参与:论教育理论与实践的过程之维[J].教育理论与实践,2018,38(13).

134 袁国,贾丽彬.人的全面发展:教育改革的基本价值标准[J].教育理论与实践,2018,38(20).

135 林璇君,林晓凡.核心素养视域下的教学改革启示[J].教育现代化,2018,5(35).

136 吴康宁.何种教育理论?如何联系教育实践?——"教育理论联系教育实践"问题再审思[J].南京师大学报(社会科学版),2019(01).

137 丁明明.建立中学社会实践机制研究[D].长春:东北师范大学,2009.

138 曲强.布迪厄社会实践观解读[D].长春:吉林大学,2012.

139 陈鑫.中小学校课程方案评价指标体系的建构[D].济南:山东师范大学,2014.

140 李韦潼.工学博士生培养质量现状与问题研究——基于过程管理理论[D].天津:天津大学,2015.

141 刘芳.中小学社会实践基地课程设计研究[D].武汉:长江大学,2017.

142 涂远.社会实践缘何变味成"四处盖章"[N].工人日报,2004-04-01.

143 王晓易.温总理谈食品安全[N].羊城晚报,2011-04-29(B05).

144 周洪宇,鲍成中.扑面而来的第三次教育革命[N].中国教育报,2014-05-02(07).

145 田保华.课堂革命让核心素养落地[N].中国教师报,2017-12-06(04).

146 Fullan M.,Pomfret A. Research on curriculum and instructionimplementation [J]. Review of Educational Research, 1977(1).

147 Fullan M. Change forces:Probing the depth of educational reform [M]. London:Falmer, 1993.

148 中共中央办公厅.中共中央国务院关于深化教育改革全面推进素质教育的决定[EB/OL].(1999-06-13)[加引用时间]. http://www. chinalawedu. com/falvfagui/fg22598/12450. shtml?from = groupmessage.

149 中华人民共和国国务院.国务院关于基础教育改革与发展的决定[EB/OL].(2001-05-29)[加引用时间]. https://news. qq. com/a/20111213/001134. htm.

150 中华人民共和国中央人民政府.教育部关于印发《基础教育课程改革纲要(试行)》的通

知[EB/OL]. (2001 - 06 - 08)[加引用时间]. http://www. gov. cn/gongbao/content/ 2002/content_61386. htm.

151　中共上海市教育卫生工作委员会,等. 关于印发《关于进一步落实中小学生社会实践工作的若干意见》的通知[EB/OL]. (2010 - 01 - 20)[加引用时间]. http://www. shmec. gov. cn/web/xxgk/rows_content_view. html?article_code = 411042010001.

152　中华人民共和国教育部. 国家中长期教育改革和发展规划纲要(2010—2020)[EB/ OL]. (2010 - 07 - 29)[加引用时间]. http://old. moe. gov. cn/publicfiles/business/ htmlfiles/moe/info_list/201407/xxgk_171904. html.

153　外报: PISA 实践能力测试上海学生位列 7[EB/OL]. (2014 - 04 - 09)[加引用时间]. http://china. cankaoxiaoxi. com/2014/0409/372737. shtml.

154　上海市教育委员会. 上海市普通高中学生综合素质评价实施办法(试行)[EB/OL]. (2015 - 04 - 15)[加引用时间]. http://gaokao. zxxk. com/article/771459. html.

155　中华人民共和国教育部. 读万卷书也要行万里路——教育部等 11 部门印发《关于推进中小学生研学旅行的意见》[EB/OL]. (2016 - 12 - 19)[加引用时间]. http://www. moe. gov. cn/jyb_xwfb/gzdt_gzdt/s5987/201612/t20161219_292360. html.

156　杨鸿燕. 强化核心素养教育理念[EB/OL]. (2017 - 03 - 18)[加引用时间]. http:// theory. gmw. cn/2017-03/18/content_24001991. htm.

157　搜狐教育网. 什么是核心素养,为什么课改要提核心素养[EB/OL]. (2017 - 08 - 19) [加引用时间]. https://www. sohu. com/a/165869598_479702.

158　中华人民共和国教育部. 教育部办公厅关于公布第一批全国中小学生研学实践教育基地、营地名单的通知[EB/OL]. (2017 - 12 - 06)[加引用时间]. http://www. moe. gov. cn/srcsite/A06/s3325/201712/t20171228_323273. html.

159　中国首次进入全球创新榜前 20 位,众多单项指标排名全球第一[EB/OL]. (2018 - 07 - 11)[加引用时间]. https://baijiahao. baidu. com/s?id = 1605688087061876011&wfr = spider&for = pc.

后记

　　金秋十月，丹桂飘香，建国 70 周年庆典刚刚闭幕。当我读完三校稿的最后一页时，窗外已是一片晨曦，感觉可以松口气了。推开窗户，一阵凉风袭来，我不禁又想：作为教育部重点课题《高中社会实践长效机制研究》的结题成果，到底回答了最初提出的问题没有？社会实践的教育学、心理学、社会学的理论基础是什么？高中社会实践长效机制建设的重点、难点到底在哪里？我们 25 年的实践与积累提炼出来的经验在推广应用上价值几何？有多大可能？新高考综合素质评价能够实质性推动社会实践吗？这些我最为看重而且一直在努力探求的问题，只能等待您读完本书后给出答案。

　　感谢袁振国教授接受我的请求为本书作序，并且为曹杨二中点赞——实践育人的典型成功案例。但同时，袁教授给我也给所有一线的中小学校长提出了一个直接又深刻的问题：我们的教育为什么一定要有社会实践？就像学界现在正在探讨的"为什么要突出劳动教育强调五育并重？"一样。袁教授的序言开宗明义："教育的核心目的在于促进学生的发展，这种发展不能拘泥于单纯的知识和能力维度，更为重要的是学生内心的日渐强大和素质的综合提升，即要通过教育让每一个孩子充满自信，充满对成功的渴望以及对未来的希望，赋予每一个孩子适应未来生活的综合素养。"其中"不能拘泥于……，更为重要的是……"是我们一线校长的纠结，也正好戳中了在升学过度竞争中苦苦挣扎的校长们的痛点。在我们都明白"为谁培养人？培养什么人？"的今天，"怎样培养人？"这个问题再次萦绕于心：为什么我们的教育必须与生产劳动和社会实践相结合？

　　带着这个问题，在"不忘初心牢记使命"主题教育活动中我一直在马克思的《资本论》、毛泽东的《矛盾论》、《实践论》、胡福明的《实践是检验真理的唯一标准》等原著里寻求答案。马克思不仅把生产劳动看作人类社会存在和发展的基础,也把它看作培养全面发展的人的根本途径。马克思在《资本论》中谈到"未来教育"时已经提出,"生产劳动同智育和体育相结合","是造就全面发展的人的唯一方法"。(《马克思恩格斯文集》第5卷,人民出版社2009年版,第556—557页)1934年1月,毛泽东在江西瑞金召开的第二次全国苏维埃代表大会上论述苏维埃文化教育的总方针时,要求"使教育与生产劳动联系起来"。他在1958年又强调,"教育与劳动结合的原则是不可移易的"。(《毛泽东、邓小平、江泽民论教育》,中央文献出版社、人民教育出版社、北京师范大学出版社2002年版,第9页、第73页)1978年4月,邓小平在全国教育工作会议上提出,教育与生产劳动相结合,是培养全面发展的新人的"根本途径"。(《邓小平文选》第2卷,人民出版社1994年版,第107页)我国教育法已经对教育"必须与生产劳动和社会实践相结合"作出明确规定,指明了培养人的途径。

《实践论》是毛泽东关于马克思主义认识论的代表著作,写成于1937年7月。他在论述实践与认识的关系中写道:"通过实践而发现真理,又通过实践而证实真理和发展真理。从感性认识而能动地发展到理性认识,又从理性认识而能动地指导革命实践,改造主观世界和客观世界。实践、认识、再实践、再认识,这种形式,循环往复以至无穷,而实践和认识之每一循环的内容,都比较地进到了高一级的程度。这就是辩证唯物论的全部认识论,这就是辩证唯物论的知行统一观。"这一论述引导着我党不断深化对教育规律的认识,这一实践和认识发展过程也在我党教育方针中以概括的形式反映出来。胡福明的《实践是检验真理的唯一标准》是毛泽东《实践论》在今天的根本要求,是教育必须坚守的基本准则。教育要引导与促进学生成长,其中社会实践、科学实践、劳动实践有利于发现真理、有利于检验真理、有利于发展真理。

习近平继承和发展了党的教育方针,多次强调:社会主义建设者和接班人要成为国家发展的中流砥柱,要深明大义,有为实现强国之梦作出个体贡献的自觉担当,把自己的人生同民族的命运紧密联系在一起,扎根人民,奉献国家;要有坚定的意志,执着的信念,珍惜时代际遇,在实现中华民族伟大复兴的时代浪潮中施展抱负,展现出未来社会发展引领者应有的胸襟气魄和精神风貌;要有高尚品德和真才实学,知行合一、以知促行、以行求知,认知国情,用脚步丈量民情、用行动贴近民生。

可见,教育与实践(包括社会实践、科学实践和劳动实践)的结合,这是当前基础教育回答"三个根本问题"的最优选项——既是我党的一贯宗旨,也是新时代的迫切需要,更有关乎千秋大业的深远意义。新高考改革确实给高中教育带来了结构性、系统性的应变,但只是"两依据一参考"这种招录方式的变革力度还不足以推动"高中育人方式"实现根本转变。我们(基础教育包括学界)急需回答两方面的问题:教育与实践必须结合的学理和载体分别是什么?《教育发展与研究》2019年第10期发表的本课题另一篇研究论文《以社会实践承载新时代劳动教育的价值与使命——上海市曹杨第二中学构建劳动教育课程链的启示》(王洋、易臻真),既是对我们一以贯之的实践与探索的总结,更是我们后续研究的新起点。

在社会实践活动课程推进过程中,我们深切意识到课程建设是一个长期与长效过程,长效机制建设是关键,也是重要保障,需要多方协同,不仅要达成共识,还要形成合力并携手行动。围绕学校办学目标和学生发展进行系统规划,拓展利用并整合优质的社会资源,为回归教育本质提供最佳路径,使学校真正肩负起培养全面发展的时代新人的重任。本书就是基于对上述问题的思考,展开的行动研究,从理论与实践两个维度,对高中社会实践长效机制建设相关问题的理性思考与实践探索。课题研究的过程是破解关键问题与难题的过程,成果的编著过程,不仅是研究与实践成果的提炼过程,也是一个回顾学校课改历程、感受学校发展的反思过程,是一个再次发现学生和教师,尤其是发现社会实践对师生共同成长带来魅力的过程,同时也是发现自我对教育新理解的学习过程。"实践、认识、再实践、再认识"的马克思的辩证唯物论的知行统一观与毛泽东的实践论是我们的行动指南。此刻,最真切的感受是语言文字的乏力,不足以表达鲜活的实践,只有置身其中才能真切体验到社会实践的教育意义与价值。

教育与生产劳动相结合是培养全面发展人才的重要途经。劳动和实践的结合,这是当前基础教育改革的突破点。曹杨二中的育人理念和育人体系中,注重劳动教育在培养全面发展人才过程中的独特价值,把劳动实践作为社会实践的重要内容,以更丰富的劳动实践承载劳动教育的多维价值是多年来学校不断探索并实践的课题。通过对社会实践的内容设计和实施方式创新,建构社会实践与劳动教育之间的内在关联,使社会实践真正成为落实劳动教育方针,实现劳动教育价值的有效载体,探索形成了依托社会实践活动开展劳动教育的有效路径。进一步总结这方面的有效经验是我们下一步深化本课题研究的一个重点。

近几年我们开办的国际理工教育,使我们对德国、意大利、荷兰、以色列教育有所了解。比如德国双元制,以色列高中生毕业后均要参军后再上大学,让学生在社会实践中真正理解国家的需要和自己的学习需求,以实践为导向、以创新、创业能力为导向的制度设计,给予我们很多有益的启迪。所以,加强国际比较研究是本课题深化研究的另一重点。

本书是课题组集体智慧的结晶,是一届又一届师生长期坚守的结果。我还要特别感谢以王志刚老校长为代表的二中老领导、历届师生为我们的社会实践活动课程建设打下的深厚基础;感谢我的搭档、分管德育工作的学校党委侯文英书记,她不仅具体组织了学校多年的各类社会实践和劳动实践活动,而且为本书的架构提供了有益的建议;感谢我的同事易建平副校长、科研室主任李希凡老师、科研员牟宗红老师和社会实践活动课程研究所常务副所长孙英俊老师共同设计并完成统稿和校对工作;感谢杭州师范大学刘涛老师、华东师大城市发展研究院的易臻真老师为本书编写给予的具体指导和支持;感谢正在我校挂职副校长的华东师大开放学院的李宝敏老师为本书所做的工作;感谢华东师大出版社刘佳编辑的辛勤付出。感谢所有的二中人! 感谢所有社会实践的支持者和本课题研究的参与者!

期待本书的呈现能激发更多同行的对话,而这本身既是我们履行课题研究的职责所在,更是转变育人方式、践行新时代教育改革的使命所在! 教育改革实践永远在路上,我们期待与您同行!

王洋

2019 年 10 月 7 日晨于曹杨二中文瑞楼